A

Otegha Uwagba

Wir müssen über Geld sprechen

Frauen, Finanzen und Freiheit

Aus dem Englischen
von Yezenia León Mezu

Atlantik

Die Originalausgabe erschien 2021 unter dem Titel *We Need to talk about Money*
bei 4th Estate, einem Imprint von HarperCollins*Publishers*, London.

Atlantik ist ein Imprint des Hoffmann und Campe Verlags, Hamburg.

1. Auflage 2022

www.hoffmann-und-campe.de
Umschlaggestaltung: FAVORITBÜRO, München
Satz: Pinkuin Satz und Datentechnik, Berlin
Gesetzt aus der Garamond
Druck und Bindung GGP Media GmbH, Pößneck
Printed in Germany
ISBN 978-3-455-01325-2

HOFFMANN
UND CAMPE

Ein Unternehmen der
GANSKE VERLAGSGRUPPE

Für alle, die sich übersehen oder unterbezahlt fühlen.
Die abends mit Geldsorgen einschlafen und morgens mit ängstlichen Gedanken aufwachen. Die unsicher und mutlos in ihre finanzielle Zukunft blicken. Die davon überzeugt sind, dass es niemals besser werden wird.
Für euch ist dieses Buch.

Inhalt

Kapitel 1

Das Stipendiumkind

Ich kam an einem verregneten Septembermorgen in London an, mit Gänsehaut unter meinem dicken Schal und der Wollstrumpfhose, die Augen ungläubig aufgerissen beim Anblick des unerbittlichen Graus. Bis heute scheint mir London eine Stadt zu sein, die auf unerklärliche Weise ins Grau verliebt ist und es entschlossen in all seinen freudlosen Varianten feiert. Wohin ich damals auch sah, überall starrte sie mich an, diese unendliche Parade von Grautönen. Graue Gebäude, grauer Himmel, graue Straßen. Alles grau.

September 1995. Wie unzählige Migranten vor ihnen hatten meine Eltern ihr Leben in Nigeria aufgegeben und waren mit ihrer jungen Familie nach Großbritannien aufgebrochen. Ich war fünf Jahre alt, meine beiden älteren Schwestern S. und C. waren acht und neun. Ich weiß von diesen ersten Monaten hauptsächlich das, was mir meine Eltern seither erzählt haben, während ich in meinem eigenen Gedächtnis fast nur halb erinnerte, blasse Bruchstücke finde: ein Muster, einen Geschmack, einen Geruch. Meine Schwestern, meine Mutter und ich kamen zuerst, mein Vater konnte uns erst etwas später folgen. Das bedeutete, dass meine Mutter im ersten halben Jahr die wenig beneidenswerte Aufgabe hatte, allein mit drei kleinen Kindern über die Runden zu kommen, während sie versuchte, sich in einem unbekannten und zuweilen unbarmherzigen System zurechtzufinden. Wir vier verbrachten die erste Zeit in einer kleinen Sozialwohnung mit nur einem Schlafzimmer. Der verblasste rosafarbene Teppich war an vielen Stellen von Tausenden Schritten ausgetreten und grau. Obwohl nicht unbedingt auf die Güte von anderen Menschen angewiesen, profitierten wir doch von ihr. Ein älterer Cousin überließ uns zeitweise seine Wohnung mit dem rosa Teppichboden und schlüpfte selbst bei einem Freund unter, damit wir uns erst einmal in Ruhe zurechtfinden konnten. Er war es auch, der eines Abends einsprang und sich um C. und mich kümmerte, nachdem S. einen so schweren Asthmaanfall erlitten hatte, dass meine Mutter mit ihr in die nächste Notaufnahme rasen musste. Als sie Stunden später erschöpft nach Hause kam, wartete eine frisch zubereitete Lasagne auf sie, und ihre beiden gut gesättigten Töchter hatten von dem Drama des Abends nichts mitbekommen. Dann gab es im Schulbüro eine Person, die Mitleid mit meiner Mutter hatte. Denn so lange ihre drei Kinder nicht alle einen Platz an derselben Schule hatten, musste sie jede ihrer Töchter morgens zu einer anderen Grundschule bringen. Diese Person schob uns geschickt auf der Warteliste nach oben, sodass meine Mutter bald nur noch einen Weg zur Schule hatte und nicht mehr drei.

Schließlich zogen wir zu fünft in eine etwas größere Sozialwohnung, ein paar Kilometer von unserem ersten Wohnsitz entfernt. Das Geld war immer noch knapp, aber mit der Erfindungsgabe, die migrantischen Familien mit kleinem Budget eigen zu sein scheint, machten wir diese kleine Mietwohnung im Laufe der Jahre zu unserer eigenen. Meine akribisch haushaltende Mutter verwandelte die auf dem örtlichen Markt gekauften Stoffe in geschwungene, raumhohe Vorhänge und stellte liebevoll gepflegte Pflanzen in jede Ecke der Wohnung. Mein Vater wurde angehalten, unser Badezimmer in Sonnengelb zu streichen und Regale im pastellrosa Schlafzimmer aufzustellen, das S. und ich uns teilten (C. hatte als Älteste ein Zimmer für sich allein).

Nach und nach sammelten wir die verschiedenen Dinge des Familienalltags an, bis schließlich auf jeder Oberfläche dekorative Keramikgefäße und Fotos von Schülerinnen mit Zahnlücken standen. Jedes Jahr bestanden meine Eltern darauf, diese Fotos zu kaufen. Ich erinnere mich noch gut, wie stolz wir waren, als wir es uns endlich leisten konnten, die Teppichböden durch Laminat zu ersetzen, das, wie meine Mutter betonte, viel einfacher zu reinigen sei.

Es ist nicht leicht, genau zu sagen, wie viel Geld »genug« ist, da »genug« ein subjektiver Wert ist. Aber Tatsache ist, dass wir in diesen Anfangsjahren nicht genug Geld hatten. Erst als Erwachsene erfuhr ich von meinem Vater, wie sehr es ihn geärgert hatte, dass meine Eltern mir die zu klein gewordenen Schulschuhe nicht ersetzen konnten, woraufhin ich fröhlich posaunt hatte, wir seien »arm wie Kirchenmäuse« (eine Vorstellung, die ich sicher aufregender fand als meine Eltern und die sich in meiner kindlichen Phantasie mit einem Hauch Dickens'scher Romantik verband).

Dennoch fühlte ich mich in meiner Kindheit reichlich beschenkt, ja sogar reich. In den Sommerferien spielten meine Schwestern und ich stundenlang draußen, hüpften über Ritzen im Bürgersteig und schwangen uns von den Ästen der überwucherten Weide, die stoisch in der Mitte unseres Grundstücks stand und sich offenbar mit ihrem Schicksal als provisorisches Klettergerüst abgefunden hatte. Wir fuhren abwechselnd mit dem rosafarbenen Fahrrad, das unsere Eltern uns gekauft hatten, zählten unser Kleingeld für die Ausflüge in den Tante-Emma-Laden an der Ecke, rechneten auf dem Weg aus, wie viele Maoams wir damit kaufen könnten, und sangen auf dem Rückweg das Werbelied aus dem Fernsehen. Wenn es kühl und herbstlich wurde, eilte ich von der Schule nach Hause zu den ofenfrischen Würstchen in Blätterteig und dem süßen Tee, die mich erwarteten und die ich verschlang, während ich mir *Als die Tiere den Wald verließen* ansah. Die Freude grenzte fast an Wahnsinn, als ich an einem Weihnachtsmorgen ein sorgfältig verpacktes Päckchen öffnete und darin die *Spiceworld*-Kassette fand, deren Hülle im anschließenden Getümmel prompt zerbrach. Oder der Familienurlaub in einem Wohnwagen am Meer, wo wir eines Abends einfach chinesisches Essen zum Mitnehmen bestellten und dann schläfrig und gesättigt vom Hoisin-Geschmack dem prasselnden Regen draußen zuhörten.

Jung und unbeschwert wie ich war, bemerkte ich die Drogendealer nicht, die sich bei uns im Treppenhaus herumtrieben, wo sie, wie mir mein Vater versichert, nachts regelmäßig anzutreffen waren.

Ich war zehn Jahre alt, als Damilola Taylor, ein nigerianischer Junge im gleichen Alter wie ich, in einer Peckham-Siedlung auf so gewaltsame und abscheuliche Weise erstochen wurde, dass es monatelang die Schlagzeilen beherrschte. Ein Kind, umgebracht von zwei anderen, Danny und Ricky Preddie: Alle drei Namen sollten zum Synonym für die Gefahren des Lebens in den Vierteln mit Sozialwohnungen werden. Schon damals fiel mir auf, dass diese Geschichte die Aufmerksamkeit meiner Eltern zu beherrschen schien und dass sie vorübergehend verstummten, wenn in den Sieben-Uhr-Nachrichten davon die Rede war. Erst jetzt, wo ich älter bin, beginne ich zu verstehen, warum. Wie meine Eltern hatten auch Damilolas Eltern, auf der Suche nach dem sagenumwobenen »besseren

Leben«, Nigeria in Richtung Großbritannien verlassen, wo ihnen ihr Kind in einer Wohnsiedlung, nur wenige Kilometer von unserer entfernt, aufs Grausamste entrissen wurde. Das Bild, das monatelang nach Damilolas Tod in den Abendnachrichten und auf den Zeitungsseiten zu sehen war – ein Schulfoto, auf dem er süß in die Kamera lächelt –, hätte auch auf dem Kaminsims meiner Familie stehen können.

Doch im Laufe der Jahre verbesserte sich die Lage für uns langsam, und meine Eltern arbeiteten unermüdlich daran, unser Leben komfortabler zu gestalten. Ich war zehn, als wir uns endlich ein Auto leisten konnten. Mein Vater überraschte uns damit. Eines Nachmittags kam er nach Hause, führte uns auf den Balkon und zeigte nach unten, wo ein Toyota stand. Ein Gebrauchtwagen, der nun – unglaublich! – uns gehörte. Zuvor waren mir Autofahrten wie ein erhabener Luxus vorgekommen, der nur sehr selten vorkam. Nur manchmal eine Mitfahrgelegenheit bei Freundinnen oder eine Fahrt mit dem Minicab, wenn der Einkauf im Supermarkt zu schwer war, um mit dem Bus nach Hause getragen zu werden. Den Rest des Nachmittags fuhr mein Vater uns in der Gegend herum, und noch monatelang half ich ihm vor lauter Begeisterung sonntagnachmittags beim Waschen unseres neuen Autos.

Unsere Eltern sorgten dafür, dass meine Schwestern und ich immer alles hatten, was wir brauchten – und erfüllten uns auch die meisten Wünsche: eine neue Schultasche und Schreibsachen am Anfang des Schuljahres, die neueste CD oder die metallicblauen Rollerblades, die mein ganzer Stolz wurden. Wir waren immer – wirklich immer – topgestylt, denn meine Mutter betrachtete unsere Erscheinung als eine Erweiterung ihrer eigenen und verpasste uns sofort einen strategischen Ellbogenstoß, wenn sie sah, dass wir nachlässig waren. Unter ihrer Anleitung fing ich an, mir jeden Morgen vor der Schule ein frisches Hemd zu bügeln. Diese Angewohnheit behielt ich bis zur Universität bei, warf sie dann allerdings schnell über Bord. In meiner Kindheit bekam ich nacheinander Klavier-, Geigen-, Gymnastik- und Tennisstunden, kostengünstig dank verschiedener gemeinnütziger Organisationen, die meine Mutter aufgetan hatte. Ich gab sie allesamt kurzerhand wieder auf.

Aber so sehr meine Eltern auch versuchten, das Thema Geld in unserem Leben nicht zu einem Thema werden zu lassen, so sehr spürte ich von klein auf, dass es eines war. Wände haben Ohren, wie das Sprichwort besagt. Wenn es um Geld ging, entging mir nicht, unter welchem Druck meine Eltern standen. Sie hatten für drei Töchter zu sorgen, die einen endlosen Kreislauf von Wünschen und Bedürfnissen durchliefen. Ich bemerkte alles: die Art und Weise, wie meine Mutter über die Preise für Obst im Supermarkt schimpfte oder mit welchem Stirnrunzeln sie den Gaszähler um 20 Pfund auffüllte, weil die Menge ungewöhnlich schnell aufgebraucht war. Wenn ich meine Eltern zum Wocheneinkauf in den Supermarkt begleitete, achtete ich genau darauf, was auf dem Bildschirm an der Kasse erschien, und suchte in ihrem Gesicht nach einer Reaktion, wenn die Summe unerwartet hoch war. Mir war schmerzlich bewusst, wie Geld funktioniert und dass es nicht unerschöpflich ist. Ich hatte zwar die gleichen Wünsche nach neuen Kleidern und Spielsachen wie die meisten Kinder, fühlte mich aber schrecklich schuldig, wenn meine Eltern zu viel Geld ausgeben mussten für etwas, was ich haben wollte (oder, schlimmer noch, brauchte). So lernte ich früh, selbst zu unterscheiden zwischen dem, was ich mir wünschte, und dem, was meine Eltern sich meiner Ansicht nach leisten konnten. Ich war nie ein Kind, das um einen Nintendo oder ein teures Paar Turnschuhe bettelt, weil ich intuitiv wusste, dass diese Dinge unsere Mittel überstiegen.

Manchmal hörte ich spät in der Nacht meine Eltern über Geld sprechen. Das leise Summen ihrer angespannten Stimmen drang durch die Wand meines Schlafzimmers, während ich angestrengt zu verstehen versuchte, was sie sagten. In meiner Gegenwart schalteten sie oft auf Yoruba um, wenn sie ihre privaten Gespräche führten, und obwohl ich ihre Worte nicht ganz genau verstehen konnte, verriet schon allein ihre Körpersprache, dass es um Geldsorgen ging. Für mich lautete die wesentliche Botschaft, die ich in mich aufnahm: Geld ist etwas, mit dem wir uns herumschlagen, was wir drehen und wenden müssen, ein Widersacher, vor dem wir auf der Hut sein sollten, damit er uns nicht überrumpelt und in Gefahr bringt.

Die Beziehung unserer Eltern zu Geld prägt – wenig überraschenderweise – auch unser eigenes Verhältnis dazu. Von ihnen lernen wir den Umgang mit Geld – oder auch nicht. Wir verinnerlichen ihre Überzeugungen, Verhaltensweisen und Ängste genauso sicher, wie wir ihre Gene erben. Dies nennen Psychologen »finanzielle Sozialisation«, den Prozess, durch den wir unser begriffliches und emotionales Verständnis von Geld aufbauen. Vielleicht bist du in einem Haushalt aufgewachsen, in dem nie über Geld gesprochen wurde, und es ist dir bis heute ein unerklärliches Rätsel. Du hast weder gelernt, wie es funktioniert, noch welches die wichtigsten Finanzkonzepte sind. Dir wurden am Abendbrottisch, zwischen der Aufforderung, mit geschlossenem Mund zu kauen und nicht mit dem Essen zu spielen, keine elterlichen Weisheiten über Budgets und Sparen vermittelt. Vielleicht haben deine Eltern dich mit teuren Geschenken und Spielsachen überhäuft, um dir ihre Liebe zu zeigen, und jetzt, als erwachsener Mensch, zeigst auch du deinen Liebsten auf diese Weise deine Zuneigung. Das macht dich im besten Fall zu einem großzügigen und spendablen Menschen, im schlimmsten Fall zu einer Person, die von den Menschen in ihrer Umgebung leicht ausgenutzt wird. Vielleicht war das Geld in deiner Kindheit knapp, aber deine Eltern sahen sich gezwungen, den Schein zu wahren, und jetzt kreist auch deine Beziehung zum Geld darum, wie du nach außen hin erscheinst. Du machst mit der Kreditkarte haufenweise Schulden, kaufst teure Kleidung und Urlaube, die sich für auf Instagram geteilte Fotos eignen, weil dir deine finanzielle Realität im Grunde weniger wichtig ist als die Frage, für wie wohlhabend du von anderen gehalten wirst. Das Verhältnis unserer Eltern zu Geld wird sehr oft zu unserem eigenen, auch wenn sich diese Einflüsse manchmal eher schemenhaft zeigen – denke nur an das Kind aus ärmlichen Verhältnissen, das später zum Millionär wird und Geld für Extravagantes ausgibt, weil das endlich möglich ist (nur um dann als »neureich« abgetan zu werden). In meinem Fall verlief das Muster ziemlich linear; die Vorsicht meiner Eltern legte den Grundstein für eine ähnliche Skepsis in mir. Ich entwickelte eine unterschwellige Ängstlichkeit dem Geld gegenüber. Die wirkte sich allerdings erst viele Jahre später aus, als ich selbst über meine Finanzen entscheiden konnte.

Ich war ein unglaublich aufgewecktes Kind, was vielleicht etwas prahlerisch klingen würde, wenn diese Tatsache nicht den Rest meiner Kindheit bestimmt hätte. Mit drei Jahren lernte ich lesen, fasziniert von meinen älteren Schwestern. Sie beherrschten etwas, was mir wie der coolste Zaubertrick der Welt vorkam. Ich drängte meine Mutter, mir auch das Lesen beizubringen. Nachdem ich mit fünf Jahren in London angekommen war, hörten meine Eltern oft von den Lehrern, dass es in meinem Fall nicht darum ging, *ob* ich lesen konnte, sondern welche Bücher ich *noch nicht* gelesen hatte. Immer wieder wurden mir in der Schule Bücher vorgelegt, die ich zu Hause schon gelesen hatte.

Ich war durchgehend die beste Schülerin in meiner Klasse und für mein Alter so weit fortgeschritten, dass eine besonders gewagte Lehrerin mich gelegentlich die Arbeiten meiner Mitschüler korrigieren ließ, wenn ich mit meinen eigenen fertig war (auch wenn dies, um ehrlich zu sein, wohl mehr über den Personalmangel aussagt, mit dem sie konfrontiert war, als über meine Intelligenz).

Außerdem machte mir das Lernen tatsächlich Spaß. Ich habe es sogar geliebt. Ich las in den Nachrichten von Wunderkindern, die vorzeitig ihr Abitur gemacht hatten, und fragte mich, ob ich das auch schaffen könnte. Ich träumte mit der gleichen Inbrunst, mit der Kinder auf einen Brief aus Hogwarts warten, davon, dass ich eines Tages auf die Begabtenschule eingeladen werden würde. Ich war fleißig und akribisch und klug genug, um zu erkennen, wie klug ich war, und sonnte mich im warmen Lob von Lehrern und Eltern gleichermaßen. Ein bisschen altklug war ich vermutlich auch.

Und ich hatte das Glück, dass meine Eltern ein reges Interesse an meiner Bildung hatten. Sie betrachteten die Schule als eine von vielen Möglichkeiten für meine Schwestern und mich, unser Potenzial voll auszuschöpfen. Während meine Mutter uns Französisch beibrachte und Lehrbücher aus der örtlichen Bibliothek auslieh, damit sie und ich gemeinsam Spanisch lernen konnten, kümmerte sich mein Vater um meine Ausbildung in Mathematik und perfektionierte geschickt ein System mit geringem Aufwand und hohem Nutzen. Er gab mir Übungsaufgaben, die ich ausfüllte (wobei ich die Zeit stoppte) und bewertete (ebenfalls selbst, indem ich die Antworten hinten im Buch nachschlug). Dann meldete ich ihm mein Ergebnis, damit er mir gratulieren konnte, bevor ich mich an die nächste Aufgabe machte. Mir war nie klar, dass die zusätzliche Arbeit zu Hause einem bestimmten Zweck diente – ich war streberhaft genug, um Freude an der Leistung um der Leistung willen zu haben –, aber ich weiß jetzt, dass für meine Eltern viel auf dem Spiel stand. Sie wussten, dass ich als Schwarze, im Ausland geborene Migrantin in Großbritannien nur dann Chancen auf Erfolg haben würde, wenn ich eine makellose Schulbildung vorweisen konnte. Sie achteten darauf, mir nie die Last dieser Realität aufzubürden. Stattdessen wurde meinen Schwestern und mir einfach klargemacht, dass schlechte Noten in unserem Haushalt keine Chance hatten. Meine Eltern trieben unsere Lehrer und Lehrerinnen ebenso an, wie sie uns antrieben, denn sie waren besorgt darüber, wie leicht Schwarze Kinder in der Schule übersehen werden. Das sollte auf keinen Fall unser Schicksal sein. (Unzählige Studien haben gezeigt, dass Schwarze Schüler mit größerer Wahrscheinlichkeit bestraft oder ausgeschlossen werden als ihre weißen Mitschüler, und die Lehrer neigen außerdem dazu, ihnen schlechtere Noten zu prophezeien als die, die sie tatsächlich erreichen.)[1] Ein alter Familienwitz besagt, dass alle Lehrer, die meine Schwestern und mich je unterrichtet haben, meine Eltern schnell zu fürchten lernten. Denn die zögerten nicht, einen geharnischten Brief zu schreiben oder gegebenenfalls persönlich in der Schule zu erscheinen, wenn sie den Eindruck hatten, ein Aspekt unserer pädagogischen Bedürfnisse werde nicht erfüllt. Leider gab es unzählige derartige Vorfälle.

Als ich etwa neun oder zehn Jahre alt war, wurden einige Freundinnen und ich dabei erwischt, wie wir im Unterricht Zettel weiterreichten – ein seltener Fall von Fehlverhalten meinerseits. Auf verschiedenen Zetteln hatten wir kindliche Beschwerden aufgeschrieben. Sie reichten von der vermeintlichen

Bevorzugung der Jungen in unserer Klasse durch einen unserer männlichen Lehrer bis hin zu meiner vehementen Kritik am ungepflegten Äußeren und dem »schlechten Kaffeeatem« einer anderen Lehrkraft. Zusammen mit den anderen Übeltäterinnen bekam ich allerhand Schwierigkeiten. Uns wurden die Spielprivilegien entzogen, und wir mussten für den Rest der Woche allein zu Mittag essen. Unsere Eltern wurden informiert.

Aber eine Lehrerin, Mrs Leighton, berüchtigt für ihre offensichtliche Verachtung der Kinder, die sie unterrichtete, begann mich im Besonderen herauszugreifen und hinterhältige Bemerkungen zu machen, wann immer wir uns begegneten. Nach einigen Tagen bemerkten meine Eltern, dass ich nachmittags immer niedergeschlagener aus der Schule kam, und schließlich bekamen sie den Grund dafür heraus. Beschämt und unter Tränen erzählte ich, was geschehen war – und meine Eltern schritten sofort zur Tat. Der folgende Brief, der mich immer noch schockiert, wurde noch am selben Abend verfasst und an den Schulleiter meiner Schule gerichtet.

> Sehr geehrter Mr Levine,
> das Sekretariat hat uns über einen Vorfall in dieser Woche informiert, bei dem Otegha und einige Freundinnen im Unterricht Zettel ausgetauscht haben. Am kommenden Freitag wird es ein Treffen mit ihrem Klassenlehrer geben, um die Angelegenheit zu besprechen.
> In der Zwischenzeit möchten wir Ihnen einige von Oteghas Erfahrungen in der Schule in dieser Woche mitteilen:
> 1. Am Dienstag, den 28., wurde Otegha von Mrs Leighton verbal angegriffen, angeblich als Reaktion auf den oben erwähnten Vorfall. Sie sagte: »Deine arroganten Eltern haben gesagt, wir würden dich nicht angemessen fordern.«

Es handelt sich um eine direkte Anspielung auf eine Bitte, die wir vor vielen Monaten an Oteghas Klassenlehrer, Mr Stevens, gerichtet haben (und nicht an Mrs Leighton, die wir gar nicht kennen!). Diese Bitte wurde während eines Gesprächs über Oteghas Leistungen geäußert und war Teil einer vertraulichen Überprüfung ihrer Fortschritte und schulischen Leistungen. Wir denken, dass wir für diese Bitte nicht verurteilt werden sollten. Uns wurde auch nie mitgeteilt, dass unsere Bitte unangemessen sei. Wir haben sie in der Überzeugung geäußert, dass das Bestreben, den schulischen Fortschritt und die Leistungen unserer Tochter – oder jedes anderen Schulkindes – zu verbessern, keinen ungerechtfertigten Zynismus auslösen sollte. Offenbar ist aber genau dies der Fall, und unsere Bitte wurde zum Auslöser für einen verbalen Angriff auf Otegha, wie der Ausdruck »Deine arroganten Eltern« andeutet.

2. Später an demselben Tag griff Mrs Leighton Otegha erneut verbal an und bezeichnete sie als »doppelzüngig«. Wir glauben, dass diese abfällige Bemerkung, die Otegha später in Tränen ausbrechen ließ, völlig ungerechtfertigt ist. Wie die oben erwähnte Bemerkung ist auch diese geschmacklos und Teil einer vorsätzlichen Handlung.

3. Am nächsten Tag, Mittwoch, den 29., setzte Mrs Leighton ihre Angriffe auf Otegha fort und beschlagnahmte das Abzeichen, das Otegha als Mitglied des Schulrats erhalten hatte.

Es ist uns nicht bekannt, in welcher Eigenschaft sie so gehandelt hat. Wir sind jedoch der Meinung, dass Mrs Leightons Vorgehen, selbst wenn es im Zusammenhang mit dem Vorfall steht, in den Otegha zuvor verwickelt war, voreilig und ihre Taktik einschüchternd war. Schließlich wurde die Angelegenheit weder mit uns besprochen noch geklärt. Außerdem hat nicht Mrs Leighton Otegha in den Schulvorstand berufen – sie wurde von ihren Mitschülern demokratisch gewählt! Es gibt bestimmt einen weniger traumatisierenden und einschüchternden Weg, ihr das Amt als Klassensprecherin zu entziehen, sollte das beschlossen sein. Mrs Leighton setzte ihre verbalen Angriffe fort und sagte zu Otegha: »Du hältst dich wohl für eine kleine Göttin.«

4. Am selben Mittwoch, kurz bevor die Klasse zum Schwimmunterricht aufbrechen sollte, teilte Mrs Leighton Otegha mit, sie dürfe nicht mitgehen. Hätte Mr Stevens nicht eingegriffen, wäre Otegha bis zur Unterwerfung schikaniert worden.

Wir sind bereit, die Bezeichnung »arrogante Eltern« als böswilligen und unverschämten Unsinn abzutun. Wir nehmen es hin und betrachten es als Risiko von Eltern in der Erziehung eines Kindes. Wir sind jedoch nicht bereit, weitere verbale Angriffe, Einschüchterungen und Schikane durch eine Erwachsene und Lehrerin wie Mrs Leighton oder durch irgendeine andere Lehrkraft hinzunehmen.

Unserer Ansicht nach hat Otegha ein Recht auf eine faire Behandlung, die mit unserem Wunsch nach emotionaler Stabilität, Wohlbefinden und Sicherheit in der Schule vereinbar ist.

Wir bitten Sie dringend, diese Situation zu klären.

Unten auf dem zweiseitigen Schreiben standen die sorgfältigen Unterschriften meiner Eltern, und am nächsten Morgen übergab mein Vater das Schreiben persönlich im Schulbüro, von wo aus es den Schulleiter erreichte, der auf einen sofortigen Termin bestand. Bis zum Mittag war ich wieder Mitglied des Schulrates, und Mrs Leighton hat mich nie wieder belästigt.

Im Nachhinein ist es offensichtlich, dass sie meine Eltern und damit auch mich zu »hochnäsig« fand und beschlossen hatte, uns persönlich in die Schranken zu verweisen. Zu ihrem Pech hatte sie den Ehrgeiz meiner Eltern für ihre Töchter unterschätzt. Das Mantra »Bildung, Bildung, Bildung«, das Tony Blair bei seiner Machtübernahme 1997 erstmals aussprach, wiederholten meine Eltern häufig. Sie freuten sich darüber, dass ihr Glaube an die Kraft guter Bildung in einem der prägnantesten politischen Schlagworte jener Zeit zusammengefasst wurde.

Als es an der Zeit war, mich für eine weiterführende Schule anzumelden, setzte sich meine älteste Schwester für mich ein, was in die Familiengeschichte eingegangen ist. Sie überredete meine Eltern, mich nicht auf die örtliche staatliche Schule zu schicken, auf die C. selbst ging und wo ich ihrer Meinung nach nicht ausreichend gefordert werden würde. Stattdessen sollten sie mich auf eine Privatschule schicken, und zwar auf eine elitäre und sehr begehrte Mädchenschule mitten im Barbican. Dorthin gingen Töchter von Bank- und Kanzleiangestellten, zeitweise sogar die Tochter eines Premierministers.

Als ich einige Wochen später die Hochglanzbroschüre der Schule ansah, erwachte in mir der brennende Wunsch, an dieser Schule aufgenommen zu werden. Es sah aus wie im Paradies. Ich blätterte durch die Seiten, auf denen das Engagement der Schule für akademische Spitzenleistungen und ihre hervorragenden Prüfungsergebnisse beschrieben wurden, las die Beschreibung der umfangreichen Ausstattung (Schwimmbad, Tennisplätze, Turnhalle), sah die Bilder von lachenden Mädchen, die mal bei wissenschaftlichen Experimenten, mal in Aktion auf dem Sportplatz gezeigt wurden, bis ich zur diskreten Angabe der Schulgebühren auf den allerletzten Seiten gelangte: 3000 Pfund pro Semester. Wie um alles in der Welt sollten wir uns das leisten? Ich wusste, dass meine Familie nicht so viel Geld hatte. Vorsichtig sprach ich meine Eltern darauf an. Sie sagten, ich solle mir keine Sorgen machen, wenn ich die Aufnahmeprüfungen bestünde, würden sie »einen Weg finden«. Auf meine Nachfrage meinten sie, ich würde vielleicht ein Stipendium oder zumindest eine Teilfinanzierung bekommen, und sie könnten dann die Differenz übernehmen. Aber ich war immer noch beunruhigt. Nie zuvor hatte ich mir etwas so sehr gewünscht, aber die Chance, dass es tatsächlich klappen würde, schien mir gering bis gar nicht vorhanden.

Auf dem Weg zu den Aufnahmeprüfungen im Herbst versuchte meine Mutter mich zu beruhigen, als wir uns dem imposanten grauen Gebäude näherten, einem Betonbau in der Tradition des Brutalismus, der an diesem Tag anscheinend darauf ausgerichtet war, mich einzuschüchtern.

»Es ist nicht wichtig, okay? Geh einfach da rein und tu dein Bestes.«

Sie spürte meine Nervosität. Meine sonst so zuversichtliche Art wurde gedämpft durch den Ernst der Lage und die Horden quatschenden Mädchen, die alle garantiert klüger und besser vorbereitet waren als ich und die mit größerer Wahrscheinlichkeit zugelassen würden. Sie überließ mich den lächelnden Oberstufenschülerinnen, die zum Aushelfen angeheuert worden waren (wie viel älter sie schon aussahen – und wie selbstbewusst!), und gab mir einen Abschiedskuss.

Die erste Arbeit, Englisch, lief ganz gut, obwohl ich mich hinterher ärgerte, dass meine Bemühungen beim kreativen Schreiben ins Prosaische abgeglitten waren. Während wir darauf warteten, zur zweiten Prüfung aufgerufen zu werden, wurde ich jedoch immer angespannter, und meine Nerven bildeten einen schmerzhaften Knoten im Magen. Als die Matheklausur kam – damals mein stärkstes Fach, auf das ich alle Hoffnung gesetzt hatte –, war ich völlig am Ende. Ich ging die Fragen im Eiltempo durch und gab die Arbeit eine halbe Stunde früher ab, anstatt die Zeit zu nutzen, um meine Antworten noch einmal zu überprüfen, wie uns die Aufsicht führende Lehrkraft immer wieder geraten hatte. Ich legte meinen Kopf auf den Tisch und schloss die Augen. Nur das schien den Schmerz zu lindern. Als meine Mutter mich mittags abholte, war ich noch unglücklicher und entmutigter als zuvor und wollte nicht darüber sprechen, wie es gelaufen war. Ich hatte es vermasselt, das wusste ich. Sie drängte mich nicht, und wir sprachen nicht mehr über die Prüfungen oder die Schule.

Monate später, an einem hellen, den Frühling verheißenden Samstagmorgen, rutschte ein Stapel Post durch unseren Briefkasten auf den Boden. Als meine Mutter sie aufhob, erkannte sie auf einem der Umschläge das Wappen der Schule. Später erzählte sie mir, dass schlechte Nachrichten meist in kleinen, gute Nachrichten in großen Umschlägen stecken. Sie hielt den Atem an. Das königliche Abzeichen der Schule prangte auf einem dicken braunen DIN-A4-Umschlag. Wie durch ein Wunder befand sich darin ein förmliches Annahmeschreiben und das Angebot eines vollen akademischen Stipendiums. Ich hatte es unter die besten sechzehn der etwa fünfhundert teilnehmenden Mädchen geschafft und hatte mich damit für ein Stipendium qualifiziert, das die gesamten Schulgebühren für die nächsten sieben Jahre bis zur Oberstufe abdecken würde. Meine Mutter brach in hemmungslose Freude aus. So hatte und habe ich sie nie zuvor oder danach erlebt. Sie schrie erst ungläubig, dann vor Freude, dann wieder ungläubig. Ich wiederum hatte an diesem klaren Frühlingstag keine Ahnung, wie sehr sich mein Leben soeben verändert hatte.

An meinem ersten Tag in der neuen Schule lernte ich Mary kennen, ein ziemlich hochnäsiges Mädchen, das, wie ich später erfuhr, die Tochter eines berühmten Journalisten war. Auf dem Weg zur ersten Schulversammlung in die Haupthalle unterhielten wir uns höflich. »Wohnst du in Islington?« Nein. »Hampstead?« Nein. »Wo dann?« In Elephant and Castle. »Wo ist das?« Im Süden Londons. Sie schaute verwirrt, rümpfte die Nase und erklärte, sie sei noch nie südlich der Themse gewesen.

Ich weiß nicht, wie wir beiden elfjährigen Mädchen auf das Thema Reinigungskräfte gekommen sind, aber es war so, und ich erklärte ihr, dass meine Familie keine Reinigungskraft beschäftigte.

»Soll das heißen, ihr habt keine Putzfrau?«, fragte sie ungläubig, als hätte ich ihr gesagt, das Haus, in dem ich wohne, habe weder Dach noch Wände.

Ich starrte sie an und wusste nicht, was ich antworten sollte. Bis zu diesem Moment war es mir nicht einmal in den Sinn gekommen, dass Menschen Reinigungskräfte haben können. Ich kannte auch niemanden, bei dem das der Fall war.

»Wir machen selbst sauber«, sagte ich achselzuckend und drehte mich um und folgte den anderen Mädchen in den Flur.

In den Wochen vor dem ersten Schultag hatten meine Mutter und ich John Lewis besucht, den offiziellen Uniformlieferanten der Schule (er hatte diese Aufgabe kurz zuvor von Harrods übernommen). Wir gaben ein kleines Vermögen aus – 405 Pfund. Ein Betrag, an den ich mich auch nach all den Jahren noch gut erinnere. Selbst die Verkäuferin, die uns bediente, protestierte.

»Sie wird sicher nicht die Strickjacke, den Pullover *und* das Sweatshirt brauchen. Warum kommen Sie nicht wieder, wenn Ihre Tochter ein paar Wochen dort ist? Sie könnten dann kaufen, was Ihrem Kind fehlt«, schlug sie vor.

Aber meine Mutter war nicht in der Stimmung, sich beraten zu lassen. Ihr Stolz darüber, dass ich ein Stipendium bekommen hatte, überwog ihre übliche finanzielle Vorsicht, und sie bestand darauf, jedes einzelne Stück auf der Liste der vorgeschlagenen Schuluniformen zu kaufen, bis zu den Turnhosen, die ich kein einziges Mal tragen würde.

Meine Begegnung mit Mary war ein ungünstiger Anfang, aber zum Glück nicht wegweisend. Ich gehöre zu den Menschen, die ihre Schulzeit wirklich genossen haben; und in vielerlei Hinsicht hatte ich Glück – unter den Privatschulen war meine Schule so etwas wie eine Ausnahmeerscheinung, da die Atmosphäre des sozialen Snobismus, die in solchen Umgebungen oft herrscht, weitgehend vermieden wurde. Dass ich ein Stipendium hatte, unterschied mich nur insofern von anderen, als dass ich als »eines der klugen Kinder« galt. Das war nie etwas, was ich versteckt oder wofür ich mich geschämt habe.

Manchmal fällt es mir schwer, anderen Menschen meine Zugehörigkeit zu einer Klasse genau zu vermitteln. In einer so klassenfixierten Gesellschaft wie Großbritannien, in der die Bedeutung von Klasse so groß ist und einen solchen Einfluss auf den Lebensweg hat, sind die Definitionen, auf die wir uns verlassen, erstaunlich starr. Es gibt wenig Raum für Nuancen und wenig Wertschätzung für diese, insbesondere in der Mitte des Klassenspektrums, wo die Dinge wesentlich fließender sind als an den äußeren Rändern. Reich = Oberschicht. Wohlhabend = Mittelschicht. Arm = Arbeiterschicht. Dabei besteht die Klassenzugehörigkeit aus viel mehr als nur dem Einkommen oder dem Beruf. Beide können sich über Nacht drastisch ändern, ohne dass sich die grundlegende Klassenidentität wirklich ändert. Was macht also deine Klasse aus? Ist es die, in die du hineingeboren wurdest, oder die, zu der du gehörst, wenn du stirbst (obwohl das statistisch gesehen für die meisten Menschen wahrscheinlich ein und dasselbe ist)? Ist es dein Kontostand, oder sind es die Zeitungen, die du liest? Der Job, den du hast, oder der Job, den deine Eltern hatten? Couch oder Sofa? Tesco oder Waitrose? Es wäre einfach anzunehmen, ich gehörte zur Arbeiterklasse, weil ich in einer Siedlung mit Sozialwohnungen aufgewachsen bin – und tatsächlich gehen diese Erfahrungen oft Hand in Hand –, aber ich hatte nie das Gefühl, dass ich diesem Narrativ entspreche. Einer der einflussreichsten Denker zum Thema Klasse war der Soziologe Pierre Bourdieu, der 1979 seinen bahnbrechenden Text *Die feinen Unterschiede: Kritik der gesellschaftlichen Urteilskraft* veröffentlichte, in dem er sich mit Klasse und Kultur in der französischen Gesellschaft auseinandersetzt. Darin vertritt er die Ansicht, dass der Klassenhintergrund davon abhängt, wie viel »Kapital« die Eltern besitzen (Kapital in diesem Sinne bedeutet Ressourcen), und unterteilt dies in drei Bereiche: soziales Kapital (gute Beziehungen und Freundschaften mit einflussreichen Personen), wirtschaftliches Kapital (Einkommen, Vermögen, Besitz) und kulturelles Kapital (der »richtige« kulturelle Geschmack, Wissen und Bildungsnachweise). Oder, wie die Schriftstellerin Eula Biss es ausdrückt, »was man hat, was man weiß und wen man kennt«.[2]

Obwohl meine Familie nur über ein sehr geringes Einkommen verfügte und zur Miete in einer Sozialbausiedlung lebte, waren die Regale in meinem Zuhause voller Bücher, und meine illustrierten Enzyklopädien und *Harry Potter*-Bücher fanden Platz neben den politischen Biographien und den *Reader's Digest*-Ausgaben meiner Eltern. Die Dokumentationen von Radio 4 bildeten das unaufhörliche Hintergrundgeräusch in unserem Alltag, und die Wochenenden verbrachten wir mit Museums- und Galeriebesuchen, ob ich wollte oder nicht (oft wollte ich nicht). Am wichtigsten ist vielleicht, dass ich von zwei Eltern mit Hochschulabschluss großgezogen wurde, was statistisch gesehen bedeutete, dass auch ich mit ziemlicher Sicherheit einmal studieren würde. In unserem Elternhaus war das eine Selbstverständlichkeit, und ich begriff wahrscheinlich erst mit zehn oder elf Jahren, dass ein Studium nicht obligatorisch ist. Ich bin in einem Umfeld aufgewachsen, in dem es reichlich kulturelles Kapital gab – wir hatten nur nicht viel *tatsächliches* Kapital im herkömmlichen Sinne des Wortes. Mich *entweder* als zur Arbeiterschicht *oder* zur Mittelschicht gehörig zu bezeichnen, wie es die gängigen Kategorisierungen vorsehen, fand ich immer vereinfachend. In meinem Aufwachsen jedenfalls habe ich mich zwischen diesen beiden Kategorien bewegt.

Und trotz unserer unterschiedlichen Herkunft unterschied sich mein Alltag nicht allzu sehr von dem der Mädchen, mit denen ich zur Schule ging. Als ich ein Teenager war, hatten sich meine Eltern zu dem hochgearbeitet, was die meisten Leute wohl als untere Mittelschicht bezeichnen würden, und finanziell hatte sich unsere Situation in den zehn Jahren, seit wir in London angekommen waren, deutlich verbessert. Wir waren beileibe nicht reich, aber meine Eltern konnten es sich jetzt leisten, uns ein wenig zu verwöhnen, und das taten sie auch, indem sie mir jedes Mal, wenn ich mit meinen Freundinnen ins Kino gehen wollte, frische 20-Pfund-Scheine zusteckten. Meine Mutter – immer eine Ästhetin – förderte unser Interesse an Mode mit regelmäßigen Ausflügen zur Oxford Street, wo meine Schwestern und ich stundenlang durch die Gänge von H&M und New Look stöberten und von wo wir mit Taschen beladen zurückkehrten. Wir konnten reisen und besuchten in den Ferien befreundete Familien in Frankreich und der Schweiz, einmal sogar in Kanada. Meine Eltern waren immer darauf bedacht, dass ich mit meinen Freundinnen mithalten konnte, und so war ich zwar nicht die Erste in meiner Klasse, die ein Handy bekam, aber auch nicht die Letzte.

Irgendwann um die achte Klasse herum wurden Übernachtungen zu einer Art von sozialem Kapital, das nur Mädchen im Teenageralter verstehen können. Die Frage, ob du eingeladen wirst oder nicht, sowie die Zeremonie der Einladung selbst wurden zu einem politischen Drama mit hohem Stellenwert. Nachdem ich einige Male eingeladen worden war, schlugen meine Eltern vor (oder vielleicht bat ich sie darum), ich solle selbst eine solche Übernachtung ausrichten. Und so kam es, dass sich einige Wochen später an einem Freitagnachmittag sechs meiner engsten Freundinnen aufgeregt bei den Schließfächern versammelten, mit der leisen Selbstgefälligkeit von Mädchen, die hierfür auserwählt worden waren. Meine Mutter begleitete uns zum Abendessen in das damals *sehr* coole Hard Rock Cafe, bevor wir uns alle sieben in das Wohnzimmer unserer kleinen Wohnung drängten, um dort zu übernachten. Meine Eltern, darauf bedacht, dass meine allererste Übernachtung ein Erfolg wurde, hatten ihren Teil dazu beigetragen – sie füllten den Kühlschrank mit reichlich Snacks und gingen uns dann weitgehend aus dem Weg, ganz anders als die aufdringlichen Helikoptereltern, die ich manchmal bei meinen Freundinnen antraf. Es wurde in meiner Clique als einer der besten Übernachtungsabende gefeiert, und ich kam am darauffolgenden Montag gut gelaunt in die Schule.

Nach allen Maßstäben hatte ich also eine Menge – aber es war nicht zu übersehen, dass viele meiner Freundinnen sehr viel mehr hatten. Die Mädchen, mit denen ich umging, waren (so kam es mir vor) völlig frei von den nahezu ununterbrochenen finanziellen Berechnungen, die in meinem Hinterkopf herumschwirrten, sie schienen immer das zu besitzen, was gerade angesagt war – einen iPod oder ein Kleid von Urban Outfitters, gelegentlich eine Designertasche. Es gab zwei Schwestern, die in einem Auto mit abgedunkelten Scheiben zur Schule und wieder zurück chauffiert wurden und die an Tagen, an denen sie sich gestritten hatten, in getrennten Autos saßen. Es gab Mädchen, die ein zweites und manchmal ein drittes Zuhause hatten, die in georgianischen Stadthäusern im Zentrum Londons wohnten und in Monaco Urlaub machten. Wenn ich in meiner frühen Kindheit gelernt hatte, wie es ist, ohne viel Geld zu leben, dann fing ich in meinen Teenagerjahren an zu verstehen, was es heißt, Geld im Überfluss zu haben.

Überzeugungen aus der Kindheit lassen sich schwer abschütteln und können in der menschlichen Psyche so unauslöschlich sein wie ein Tattoo. Selbst als Erwachsene kehren die meisten von uns instinktiv zu den Gewohnheiten zurück, die wir als Kinder ausgeprägt haben.

In der Oberstufe kündigte mein Geschichtslehrer eines Morgens an, im kommenden Schuljahr werde eine Klassenfahrt nach Russland stattfinden, die unser Verständnis im Modul über die Sowjetunion vertiefen solle. Ich überflog das Erlaubnisschreiben, das wir mit nach Hause nehmen und unseren Eltern geben sollten, und mein Blick fiel auf die Kosten für die Reise. 600 Pfund! Ganz zu schweigen von all den Extras, die ich brauchen würde – Taschengeld für eine Woche in einem Land, das, wie ich gehört hatte, wahnsinnig teuer war, dazu passende Kleidung für die Minusgrade. In dem Schreiben wurde Skibekleidung als ideal vorgeschlagen. Dabei wurde davon ausgegangen, dass bei den meisten von uns Skibekleidung entweder stapelweise zu Hause lag oder besorgt werden könnte – was keine unerheblichen Kosten verursachte. Ich schätzte, dass die Reise alles in allem mehr als 1000 Pfund kosten würde, was mir als Sechzehnjähriger unvorstellbar viel erschien; und hier kam mein alter Instinkt aus der Kindheit zum Vorschein. Ich wollte meine Eltern nicht mit Geldsorgen belasten – zumal ich entschieden hatte, dass die Reise so etwas wie ein Luxus war. Auch wenn die meisten aus meiner Klasse mitfahren würden, für mein Verständnis des Themas oder meine Noten war die Reise nicht entscheidend. Ich nahm an, dass meine Eltern sich die Kosten entweder nicht leisten konnten oder, selbst wenn, doch sehr davon belastet wären. Ich wollte nicht, dass sie herumrechneten, woher sie das Geld nehmen und was sie einsparen könnten, damit ich lustig eine Woche lang durch Russland reisen könnte. Ich beschloss die Entscheidung selbst zu treffen. Ich habe ihnen den Brief nie gezeigt.

Ein paar Monate später, beim Elternabend, trafen wir uns zu dritt mit meinem Geschichtslehrer, Mr Phillips, der meine Eltern fröhlich über meine Fortschritte aufklärte. Alles lief gut – ich war eine fleißige Schülerin und auf dem besten Weg zu einer Eins in meinen Prüfungen. Ich atmete erleichtert auf. Immer befürchtete ich, eine der Lehrkräfte könnte meinen Eltern verraten, dass ich zwar eine hervorragende Schülerin war, aber auch auffallend widerspenstig, und dass ich während des Unterrichts unentwegt redete. Mehr als einmal musste ich mich unter die wachsamen Augen einer Lehrkraft ganz allein in die erste Reihe setzen, fern von meinen Freundinnen.

»Ich bin allerdings sehr enttäuscht, dass du nicht an der Russlandreise teilnimmst«, rief Mr Phillips aus und wandte sich an mich.

Ach, Mist.

»Was für eine Russlandreise?«, fragte meine Mutter, und alle drei – meine Mutter, mein Vater und Mr Phillips – drehten sich zu mir und sahen mich an, wobei Letzterer besonders verwirrt wirkte. Monatelang hatte ich vorgetäuscht, kein Interesse an der Reise zu haben, und mich den wenigen unzufriedenen Mädchen in meiner Geschichtsklasse angeschlossen, die aus ihren jeweils eigenen Gründen nicht mitfahren wollten. Das Verhalten passte nicht zu mir – ich war sonst eine begeisterte Schülerin, und eigentlich war Geschichte mein Lieblingsfach.

Als ich meinen Eltern am Abend auf dem Heimweg erklärte, warum ich ihnen von der Reise nicht erzählt hatte, waren sie niedergeschlagen. Sie erinnerten mich daran, dass meine Ausbildung das Einzige war, woran sie niemals sparen würden, dass sie so hart gearbeitet hatten, um sie unanfechtbar zu machen. Sie forderten mich auf, mich am nächsten Tag für die Reise anzumelden, aber bis dahin waren es nur noch wenige Wochen. Es war zu spät.

Jahre später saß ich mit meiner Mutter auf dem Sofa, wir sahen einen Beitrag über Russland, als sie aus heiterem Himmel sagte: »Weißt du, es schmerzt mich immer noch, dass du diese Russlandreise nicht mitgemacht hast.« Ich schaute sie überrascht an. Schon damals hatte ich kaum noch einen Gedanken daran verschwendet und die freie Zeit, die ich während der Abwesenheit meiner Klasse hatte, genutzt, um mit Freundinnen in der Schulbibliothek herumzuhängen. Nicht zum letzten Mal äußerte sie, sie habe ein leises schlechtes Gewissen, weil unsere frühere finanzielle Einschränkung mich dauerhaft mit unnötigen Geldsorgen belastet haben könnte.

Und doch war ich glücklich in der Schule, fühlte mich sicher und irgendwie wohl in einem Umfeld, in dem ich allen Grund hatte, unsicher zu sein – meine Schule war nicht nur extrem wohlhabend, sondern auch extrem weiß. Ich war eines von vielleicht vier Schwarzen Mädchen in einer Jahrgangsstufe von siebzig. Trotzdem gelang es mir, enge Beziehungen zu knüpfen, und ich verbrachte die meisten Abende damit, am Telefon die Ereignisse des Tages mit Mädchen durchzugehen, die ich nur wenige Stunden zuvor gesehen hatte, und mich in hysterische Lachanfälle zu steigern, bevor wir uns widerwillig voneinander verabschiedeten, um die Hausaufgaben zu erledigen. Ich konnte meinen Interessen nachgehen und schrieb regelmäßig für die Schulzeitung. Ich lieferte andächtige kleine Aufsätze über Feminismus und Politik und gelegentlich eine Kritik über ein Schultheaterstück ab. In meinem letzten Jahr wurde ich zur Schulsprecherin gewählt und verbrachte einen Großteil meiner Zeit damit, Spenden für Stipendien zu sammeln. Ich fand es wichtig, das Glück, das ich selbst hatte, weiterzugeben.

Wie viele andere entwickelte ich in meinen Teenagerjahren erste Ambitionen in Bezug auf Geld und Arbeit, und in dieser Hinsicht hinterließen diese Jahre zweierlei bleibende Spuren. Meine Schule leistete bemerkenswerte Vorarbeit für eine leidenschaftliche feministische Atmosphäre. Unsere Lehrer vermittelten uns früh und oft, dass Frauen den Männern unbestreitbar ebenbürtig sind (wenn nicht sogar besser). Das gut gemeinte Konzept hatte zur Folge, dass ich auf die Ungerechtigkeiten in der Arbeitswelt, die ich später kennenlernen sollte, schlecht vorbereitet war. Trotz aller guten Absichten bereitete mich die frühe Einführung in die feministische Welt kaum auf die Realität von Sexismus am Arbeitsplatz vor. Als Teenager hielt ich ihn für eine Art Spiel. Das Einzige, was ich tun musste, um zu gewinnen, war, hart zu arbeiten. Mädchen gegen Jungen. Es kam mir nicht einmal in den Sinn, dass Rassismus ein Thema sein könnte – *das* wurde nie diskutiert.

Hinzu kam die Nähe der Schule zur City. Das bedeutete, dass wir einem ständigen Angebot von Veranstaltungen zum Berufsleben im Bankensektor ausgesetzt waren – stell dir eine

Schar großäugiger Teenagermädchen vor, die zum Beispiel eine Führung durch den Handelssaal von Merrill Lynch erhalten. Mit fünfzehn konnte ich schon eine Liste aller großen Investmentbanken herunterleiern. (Das war 2006, vor dem Finanzcrash, als das Bankenwesen noch nicht so ein Imageproblem hatte wie heute.) Zu einer Karriereveranstaltung wurden ein paar Ehemalige eingeladen, damit sie während des Mittagessens über ihre jeweiligen Branchen sprachen. Eine von ihnen war ins Investmentbanking einer der großen Banken gewechselt, und unser kollektiver Blick richtete sich sofort auf sie. Sie war der Inbegriff dessen, was wir uns unter einer erfolgreichen berufstätigen Frau vorstellten – strahlend und gepflegt, in einem schick geschnittenen Anzug und auf schwindelerregenden Absätzen, die ganze Zeit selbstbewusst auf ihrem BlackBerry tippend, um ihren gigantischen Verlobungsring zur Schau zu stellen. Sie wirkte unglaublich erwachsen, und als wir den Saal verließen, waren sich einige von uns einig: Ja, auch wir wollten im Investmentbanking arbeiten.

Es wäre ungehörig, mich darüber zu beschweren, dass meine Schule uns ermutigt hat, eine gut bezahlte Arbeit anzustreben, und das tue ich auch nicht. Es ist ein großes Privileg, wenn eine junge Frau in Richtung einer finanziell lohnenden Karriere gelenkt wird und wenn die Wege in diese Branchen entmystifiziert werden, während sehr viele junge Frauen genau das Gegenteil erleben. Dennoch führte die Konzentration auf das Bankenwesen und andere Unternehmensberufe dazu, dass ich mir die Arbeitswelt anders vorstellte, vor allem, was das Gehalt betraf. Ich stellte mir vor, dass ich mit Mitte zwanzig ein sechsstelliges Gehalt beziehen würde und dass dies völlig normal war. Als ich die Schule verließ, hatte ich zwei wichtige Schlüsse über den Verlauf meiner Erwachsenenjahre gezogen: Ich würde zwangsläufig viel Geld verdienen, und der Aufstieg auf der Karriereleiter als Frau würde ein leichtes Unterfangen sein.

Es reicht zu sagen, dass ich mich in beiden Punkten geirrt habe.

Kapitel 2

Oxford – Stadt der träumenden Türme

Die Fahrt nach Oxford war eine schweigsame Angelegenheit, meine Eltern summten zur Musik aus dem Radio, während ich still auf dem Rücksitz saß, um mich herum Bücher und Bettzeug. Ab und zu drehte sich meine Mutter um, schaute mich neugierig an und fragte schließlich neckend: »Du bist sehr still! Nervös?«

»Nein!?«, gab ich spöttisch zurück, voll pubertärem Trotz, beleidigt über die bloße Andeutung.

Meine Eltern warfen sich einen wissenden Blick zu, als sie sich wieder umdrehte, und konnten ihr Lächeln kaum unterdrücken.

Genervt verdrehte ich die Augen, starrte weiter aus dem Fenster und beobachtete, wie sich die Landschaft von dem Grau der Autobahn in das gedämpfte Gold der gepflasterten Straßen und Kalksteintürme Oxfords verwandelte, bis das Navi schließlich anzeigte, dass wir unser Ziel erreicht hatten.

Wir saßen einige Augenblicke im Auto und waren uns plötzlich unsicher, bis einer der älteren Studenten, der sich für die Erstsemesterwoche freiwillig gemeldet hatte, mit den Fingerknöcheln an die Scheibe klopfte.

»Neu auf dem College?«, fragte er.

Ich nickte dankbar, und gemeinsam begannen wir vier,

meine Habseligkeiten in mein neues Zuhause zu bringen, ein Zimmer in einem jahrhundertealten, im gotischen Stil erbauten Gebäude, mit Blick auf eines der berühmten grünen Gevierte von Oxford.

Ich hatte monatelang auf diesen Tag gewartet, doch nun fühlte sich alles, was ich tat, seltsam aufgeladen und bedeutungsschwer an: wie ich meine Bettdecke glatt strich und wie ich meine Beine übereinanderschlug, als ich an diesem Nachmittag in der Einführungsveranstaltung saß. Ich hatte die langweiligen letzten Monate in der Schule mit Tagträumen verbracht. Wie würde es in Oxford sein? Ich entwarf Dutzende von Szenarien und verschiedene Theorien, die auf den Informationsfetzen basierten, die ich mir zusammengesucht hatte. Ich fand die Aussicht aufregend, zum ersten Mal woanders zu leben, ohne Regeln, Ausgangssperren und elterliche Aufsicht und frei, die Teile von mir abzulegen, aus denen ich herausgewachsen war. Ich überlegte mir genau, welchen Eindruck ich machen wollte und wie – welche Kleidung ich an diesem entscheidenden ersten Tag tragen würde (ein bretonisches Top und kniehohe braune Lederstiefel, falls es euch interessiert), wie ich mein Zimmer einrichten würde, sodass es Persönlichkeit ausdrückte. Schließlich entschied ich mich für die gleiche IKEA-Massenware wie alle anderen. Meine Aufgabe war es, mich zwar vielleicht nicht völlig neu zu erfinden, aber doch eine Version von mir zu entwerfen, die zu dieser neuen, erwachseneren Lebensphase passte. Cooler, kultivierter, vielleicht sogar ein bisschen … *geheimnisvoller.* Ich überlegte kurz, zu diesem Zweck mit dem Rauchen anzufangen, verwarf die Idee aber und beschloss stattdessen, mehr schwarze Kleidung zu tragen. Auch die Aussicht auf Jungs begeisterte mich, nachdem ich sieben Jahre lang auf einer reinen Mädchenschule gewesen war, wo der Anblick des anderen Geschlechts selten und meist enttäuschend war. Monatelang ging ich dieselben Fragen durch: Was für Freundschaften würde ich schließen? Würde ich beliebt sein? Würde ich eine Eins bekommen? Wie würden die Jungs sein? Würden sie mich heiß finden? Würde ich *den Richtigen* treffen?

Und dann gab es da noch einige, etwas ernstere Befürchtungen, geschuldet dem Ruf Oxfords als eine Bastion der Privilegien, beherrscht von den Nachkommen der britischen Geldelite. So ziemlich jeder Artikel, den ich über die Universität gelesen hatte, zeigte Bilder von Jungs in weißen Krawatten und Frack, die aus extravagant klingenden Eröffnungsbällen stolperten, während ihnen in Tweed gekleidete Mädchen mit sorgfältig zurückgekämmtem Haar an den Armen hingen. Unter meine ganze Aufregung mischte sich die tiefe Befürchtung, dass ich von Leuten umgeben sein würde, deren Definition von »Grundstück« nur »Land« bedeutete, mit denen ich nichts gemein hatte und die nichts mit mir zu tun haben wollten.

In meiner Verzweiflung tat ich das, was jedes Kind des digitalen Zeitalters tun würde – ich legte einen anonymen Account in einem beliebten Online-Forum für Studierende an, stellte Fragen zu den Klassenunterschieden in Oxford und wollte wissen, ob es notwendig sei, aus wohlhabenden Verhältnissen zu kommen, um die Zeit in Oxford »voll und ganz zu genießen«. In Wirklichkeit wollte ich natürlich wissen, ob ich dazugehören würde oder nicht, denn ich war achtzehn, und das ist alles, was Menschen mit achtzehn Jahren wirklich wissen wollen.

Die Angst, finanziell nicht mithalten zu können, war so groß, dass ich im Sommer ein paar Jobs im Service bei einer Catering-Firma angenommen hatte, um mir etwas dazuzuverdienen. Es war eine höchst unglamouröse Arbeit und bestand hauptsächlich darin, auf Konferenzen Kunden in grauen Anzügen vertrocknete Pellkartoffeln zu servieren. Aber ich war begeistert, mein eigenes Geld zu verdienen, und freute mich über die paar hundert Pfund, die ich in den Wochen vor meiner Ankunft verdienen konnte.

Zu meiner Erleichterung kam ich in Oxford gut zurecht, fand schnell Freundinnen und konnte dem Heimweh, das andere zu plagen schien, geschickt aus dem Weg gehen. Die Befürchtung, nicht zu meinen Kommilitonen zu passen, verflog schon früh, da sich das studentische Leben, wie an jeder anderen Uni auch, meist in den immer gleichen wenigen Bars und kitschigen Nachtklubs abspielte. Es hatte einen gewissen auflockernden Effekt, wenn wir kollektiv von Jägerbombs (nimm 2, zahl 1) niedergestreckt wurden.

Das soll nicht heißen, dass die Kultur in Oxford nicht stark von den Anschauungen der Mittelschicht geprägt war. Bis zu einem gewissen Grad hatte mir die Privatschule einen Schutz vor der stumpfen Schneide der Distanzierung geboten, die ich sonst vielleicht dort zu spüren bekommen hätte, aber wenn ich dachte, ich wüsste seit dem Besuch einer Privatschule, wie Privilegien aussahen, dann sollte mich Oxford eines Besseren belehren. Es gab die Art von Vornehmheit, an die ich mich gewöhnt hatte – Mütter aus Islington, die ihre Lebensmittel in feinen Läden wie Marks & Spencer einkauften und von Farrow & Ball besessen waren; und dann gab es die Oxford-Vornehmheit. Leute, die einen niederen Adelstitel trugen und in Gutshäusern lebten, die seit Generationen »in der Familie« waren. In Oxford lernte ich die wahre Turmspitze von Klasse und Reichtum in Großbritannien kennen und vervollständigte so meine Ausbildung in den Ritualen und Sitten der oberen Mittelschicht, die ich in der Schule begonnen hatte. Es waren

Leute, die während des Vorglühens Skigebiete verglichen und danach bemaßen, welches wohl den besseren Pulverschnee hatte. Leute, deren Familien Sommerhäuser in der Toskana und Winterchalets in Verbier besaßen, die für ihren Urlaub Privatjachten charterten und am Wochenende auf die Jagd gingen.

Auf einer Party in diesen ersten Wochen kam ich mit einem Studenten ins Gespräch, das immer flauer wurde, bis er schließlich fragte:

»Auf welche Schule bist du denn gegangen?«

Ich erzählte es ihm.

»Oh ja, ich glaube, von der habe ich schon gehört – sie ist in der Nähe vom Barbican, stimmt's?«

»Jep. Und du, wo bist du zur Schule gegangen?«, antwortete ich und gab die Frage zurück, die mir in den kommenden Monaten unzählige Male gestellt werden würde.

»Eton«, lächelte er mit einem Hauch von Selbstzufriedenheit, und mir wurde klar, dass er nur nach meiner Schule gefragt hatte, um mit dem Namen seiner eigenen antworten zu können.

»Cool – ich schätze, dann kennst du schon viele Leute hier?«, fragte ich. Er nickte, ja, natürlich kannte er sie.

In Oxford wimmelte es von Ehemaligen aus Eton.

Schon bald verstand ich die Bedeutung der »Schulfrage« und wozu die Schüler – meist solche, die eine Privatschule besucht hatten – sie höflich stellten. Frage wie Antwort sind Stellvertreter. Auf eine ziemlich plumpe Art und Weise sollen der Hintergrund der anderen Person ausgelotet, die eigenen Referenzen signalisiert sowie mögliche gegenseitige Verbindungen aufgedeckt werden; ich bin überzeugt, dass die Privatschüler in Großbritannien immer höchstens zwei Verwandtschaftsgrade voneinander entfernt sind. Es gab Zeiten, sowohl in Oxford als auch danach, in denen ich den Namen meiner Schule als Schutzschild benutzte. Die Tatsache, dass ich eine Privatschule besucht hatte, wirkte unter bestimmten Umständen den Aspekten meiner Identität entgegen, die mich andernfalls als Außenseiterin hätten kennzeichnen können, zumal mich als Schwarze Frau.

Sogar Oxfords antiquierter Slang, eine Welt der *bops* (Partys), *formals* (Abendessen), *collections* (Probeexamen) und *subfusc* (die berühmten schwarzen Roben), spiegelte die Traditionen der großen alten öffentlichen Schulen wie Eton und Westminster wider, die lange Zeit eine ähnliche Umgangssprache pflegten – für die Außenwelt weitgehend rätselhaft. In Oxford wird dir dieses Vokabular schnell zur zweiten Natur, unabhängig von deinem Hintergrund – wenn du erst dort bist, kommt es dir vor wie eine weitere Oxford-Macke, ohne größere Bedeutung. In den folgenden drei Jahren sprachen meine Freundinnen und ich jedoch oft über die »Oxford-Blase« und wie seltsam entfernt vom Rest der Welt sich die malerische Schokoladenstadt manchmal anfühlte. Die Beherrschung der Oxford-Sprache und der geheimnisvollen kleinen Rituale war zwar eine Quelle des Stolzes, die mich mit meinen Kommilitonen verband, so wie es das Beherrschen der sozialen Codes in jeder neuen Umgebung zu tun pflegt, aber diese Codes verstärkten auch die unsichtbaren Mauern der Blase. Sie trugen wenig dazu bei, Oxfords Ruf als eine Einrichtung, die den Abkömmlingen reicher Familien vorbehalten ist, zu widerlegen. Der Ruf ist nicht unbegründet.

Obwohl nur 7 Prozent der Schüler in Großbritannien eine Privatschule besuchen, sind die Privatschüler in Oxford stark überrepräsentiert. 2019 machten sie 38 Prozent der Studierenden aus (in den Jahren, in denen ich die Schule besuchte, waren es noch 46 Prozent).[1] In Oxford – und in Cambridge, wenn wir schon mal dabei sind – ist sozioökonomische Diversität nicht das Maß aller Dinge. Mir wurde schnell klar, dass selbst unter den Studierenden mit staatlicher Schulbildung, von denen ich mir etwas mehr an gemeinsamen Erfahrungen erhofft hatte, die meisten aus gut situierten Mittelschichtsfamilien kamen. Im Jahr 2019 stammten nur 12 Prozent der in Oxford zugelassenen Studierenden aus den beiden sozioökonomisch am stärksten benachteiligten Gruppen Großbritanniens, also aus Familien, die laut Wirtschaftswissenschaftlern in finanziell überlasteter oder in städtischer Notlage leben, wie die, in der ich aufgewachsen bin.[2] Noch geringer war die Anzahl Schwarzer Studierender oder Migranten der ersten Generation, die wie ich den Spagat zwischen zwei Kulturen als spezifische Erfahrung kannten, der mich immer wieder mit anderen verbindet. (In meiner gesamten Studienzeit in Oxford habe ich nicht einen solchen Menschen getroffen. Das ist nicht überraschend, wenn ich bedenke, dass selbst im Jahr 2020 nur 3,1 Prozent der in Oxford zugelassenen Studierenden Schwarze Studenten waren.[3]) Die überwiegende Mehrheit der Studierenden kam aus Familien, die im Vergleich zum Rest der Bevölkerung mindestens »wohlhabend« waren, wenn nicht sogar viel, viel mehr als das: vermögende Familien mit einem Lebensstil, den die meisten von uns mit dem einen Prozent der reichsten Menschen der Welt verbinden. Kein Wunder, dass Oxford im gesellschaftlichen Bewusstsein als der Inbegriff sozialer Ungleichheit verankert ist.

Doch trotz mancher Studenten, die in Oxford offensichtlich ihre *Wiedersehen mit Brideshead*-Phantasien auszuleben gedachten, in der Erstsemesterwoche Portwein- und Käsepartys veranstalten und bei jeder denkbaren Gelegenheit schwarze Krawatten tragen wollten, wirkten die meisten ziemlich normal. Die Zeichen des Wohlstands, die mich an die Unterschiede zwischen uns erinnerten, waren meist subtiler, wie ich eines Abends im Zimmer eines Freundes feststellen musste, als er seinen Laptop herausholte.

»Ist das ein MacBook?«, fragte ich so lässig wie möglich.

Meiner Meinung nach waren MacBooks etwas für Millionäre. Ich war erstaunt, dass eine Person in meinem Alter – ein *Student* – tatsächlich ein MacBook besaß. Aber schon bald gewöhnte ich mich daran, in der Bibliothek des Colleges reihenweise elegante graue MacBooks zu sehen, auf denen das verräterische leuchtende Logo mir zuzwinkerte, während mein eigener klobiger Laptop so laut brummte, dass es manchmal wirkte, als würde er gleich abheben.

Mit den Mädchen, die ich in der Erstsemesterwoche kennengelernt hatte, würde ich durch meine drei Oxford-Jahre und darüber hinaus befreundet bleiben. Obwohl sie aus der Mittelschicht stammten und in einigen Fällen sogar unglaublich wohlhabend waren, hatte ich Freundinnen gefunden, mit denen ich wirklich ich selbst sein konnte, so ausgelassen, verletzlich und schlampig, wie ich bin. Innerhalb weniger Wochen waren wir in einen entspannten Rhythmus aus ständigem SMS-Schreiben, albernen Spitznamen und hysterischen Ausbrüchen wegen Kleinigkeiten verfallen. Wir trafen uns in einem der Zimmer, um uns vor dem Ausgehen fertig zu machen, und tauschten so oft unsere Kleidung untereinander aus, dass wir kaum noch wussten, wem was gehörte. Ich lieh vielleicht ein Lieblingskleid oder ein Paar Schuhe einer Freundin, nur um ein paar Wochen später eine andere zu treffen, die frech meine Sachen trug.

Meine Studienzeit lag ein paar Jahre vor dem Wiederaufleben des Feminismus in der Popkultur, das Mitte der 2010er

Jahre einsetzte, aber schon damals waren wir ein überzeugter feministischer Haufen. Es war für uns selbstverständlich, unsere Erfahrungen durch die Brille des Feminismus zu analysieren; wir waren schnell dabei, auf Sexismus hinzuweisen und unsere Verärgerung über die vielen kleinen Ungerechtigkeiten und die geschlechtsspezifische Doppelmoral zu äußern, die uns täglich begegneten. Es war die Zeit vor #MeToo, als die *lad culture* an den britischen Universitäten ihren Höhepunkt erreichte und alle Arten von bedenklichem männlichem Verhalten locker als »Scherz« abgetan wurden. Websites wie LADbible und Unilad waren Vorreiter, die mit viralen Memes und Videoclips ihre überwiegend männliche Leserschaft ansprachen. Selbst nachdem Unilad sich für die Veröffentlichung eines Artikels entschuldigen musste, worin Vergewaltigung als »Überraschungssex« bezeichnet und die treue männliche Anhängerschaft zu sexualisierten Gewalttaten ermutigt wurde, indem er an die Tatsache erinnerte, dass »85 Prozent der Vergewaltigungsfälle nicht gemeldet werden«, änderte sich der Ton ihrer Veröffentlichungen nicht wesentlich.[4] Ich hatte diesen »Überraschungssex«-Witz von einigen meiner männlichen Freunde öfter gehört, als mir lieb war. Auch die phänomenal populäre Sitcom *The Inbetweeners – Unsere jungfräulichen Jahre* erging sich – trotz der witzigen Beobachtungen der Unannehmlichkeiten im Teenagerleben – in grober Männlichkeit und vermittelte jungen Männern ein Vokabular an abstoßenden Ausdrücken. Es war gar nicht ungewöhnlich, dass die sonst so wohlerzogenen Jungs, die ich kannte, in einem Gespräch das Wort »Fotze« oder »Muschi« benutzten – ein Verhalten, über das wir Mädchen entweder lachten oder das wir nachahmen mussten. Wir wollten nicht zu verklemmt wirken. Es war ja immer »nur ein Scherz«.

Über Mädchen wurde geredet, als wären sie Beute, die mit

oder ohne Alkohol ins Bett gelockt oder überlistet werden mussten. An der Universität begegnete ich zum ersten Mal dem *Sharking* – der Praxis älterer (meist männlicher) Studenten aus dem zweiten und dritten Studienjahr, die in den ersten Wochen nach naiven Studienanfängerinnen zum Abschleppen suchten. Ein Verhalten, das rückblickend ganz offensichtlich Teil sexualisierter Gewalt ist, aber in dieser Zeit als unbedenklich betrachtet wurde und zulässig war. Im Jahr 2012 veröffentlichte Oxfords Studierendenzeitung *Cherwell* einen Artikel, der das Sharking folgendermaßen beschrieb:

> »Wie sehr du dich auch bemühst, deinem Jagdtrieb zu widerstehen, die Versuchung durch das ›Frischfleisch‹ an der Uni ist einfach überwältigend. Ob du nun deine Stellung als Vorsteher der Erstsemesterwoche missbrauchst oder die Rolle eines überfreundlichen College-Eltern- oder -Großelternteils spielst (klingt unheimlich, kommt aber vor – ich kann es bezeugen), du wirst garantiert etwas mehr Sex haben als in deiner eigenen Erstsemesterwoche.«[5]

In der Mitte meines dritten Studienjahres war der langjährige Fußballkommentator von Sky Sports, Richard Keys, in einen Skandal verwickelt, nachdem seine misogynen Kommentare über eine ehemalige Freundin des Fußballers Jamie Redknapp an die Öffentlichkeit gelangt waren. Die Jungs im College eigneten sich Keys' sexualisierte Formulierung »von hinten nehmen« sofort an, obwohl der Kommentator den Job verlor. Seine Erklärung? Es war nur ein Scherz, klar.

Kurzum, Frauenfeindlichkeit und Sexismus waren an der Tagesordnung. Und doch fragt sich der Teil in mir, der gelernt hat, diese Dinge mit »nur Spaß« abzutun, sogar heute noch, ob ich nicht ein bisschen übertreibe, wenn ich diese Vorfälle als solche beschreibe. Ich gebe den Jungs, mit denen ich studiert habe, nicht einmal die Schuld – ihre Witze waren nie wirklich bösartig, und nur wenige von ihnen haben die Grenze überschritten, soweit ich weiß. Es waren junge Männer, die das Vorbild von Männlichkeit nachahmten, das ihnen in Männermagazinen und im Reality-TV vermittelt wurde.

Und obwohl Oxford bei weitem nicht die einzige Universität mit dieser rückschrittlichen Triebkraft war, verlieh die altmodische Atmosphäre dem Ganzen den Anstrich von Seriosität, ein rosarotes Deckblatt von Geschichte und Tradition. Als ich in Oxford ankam, hatte der berüchtigte Bullingdon Club – eine Tischgesellschaft an der Universität – sein gesellschaftliches Ansehen weitgehend deshalb eingebüßt, weil dieser mit einer Reihe krimineller, uncooler Tory-Politiker in Verbindung gebracht wurde. Die Mitgliedschaft konnte dir einen karriereschädigenden Artikel in einer Boulevardzeitung einbringen. Aber es waren stattdessen viele andere Trinkklubs entstanden, in denen nur Männer verkehrten. In Oxford ließ sich noch immer gut phantasieren, ein alter englischer Gentleman zu sein, wenn man das wünschte.

Diese Klubs lebten von archaischen Traditionen, ihre Mitglieder trugen oft speziell gemusterte Krawatten und konnten lateinische Mottos auswendig – eine Annäherung an den Old Boys' Club im wirklichen Leben, das Netzwerk ehemaliger Eliteschüler mit sozialen und geschäftlichen Verbindungen. Die meisten Klubs öffneten ihre Türen für Frauen nur anlässlich bestimmter Abendessen oder Cocktailempfänge. Bei solchen Anlässen waren wir einfach Gegenstände; wir waren eingeladen, um hübsch auszusehen und am Ende des Abends an den Meistbietenden versteigert zu werden. »Die einzige Rolle, die den Frauen in solchen Organisationen zugewiesen wird, ist die ›sexuelle Verfügbarkeit und die Unterwerfung unter den Mann‹«, schrieb die Anwältin und ehemalige Cambridge-Studentin Charlotte Proudman 2015 im *Guardian* (in Cambridge gibt es eine ähnliche Tradition von Trinkgesellschaften ausschließlich für Männer). »Frauen werden zu Veranstaltungen als Objekte der sexuellen Begierde eingeladen – um konsumiert und weggeworfen zu werden. Diese Frauen nehmen daran teil, weil es ihr soziales Kapital erhöht und weil Nichtkonformität den sozialen Selbstmord bedeuten kann.«[6] Zu einem dieser Dinner oder geselligen Abende eingeladen zu werden wurde als Kompliment angesehen, selbst für diejenigen unter uns, die den Riten und Ritualen des Oxford-Lebens nicht sonderlich zugetan waren. Einladungen – oder deren Ausbleiben – wurden wie eine Bewertung der eigenen Attraktivität interpretiert, und deshalb wollte ich eingeladen werden, auch wenn ich eigentlich gar nicht hingehen wollte.

Ein paar Wochen nach Beginn meines ersten Semesters kursierte eine sogenannte *fit-list* mit den fünf heißesten Studienanfängerinnen durch das Flüsternetzwerk der Hochschule. Das Ranking schien sich zu ändern, je nachdem, wer davon erzählte. Wer hatte die Liste erstellt? Niemand wusste es, und wir taten alle so, als wäre es uns egal, ob wir dabei waren oder nicht. Wir Mädchen in der Clique rächten uns, indem wir wiederum eine Rangliste von Jungs erstellten, aber das war alles ein bisschen halbherzig. (In meinem letzten Oxford-Jahr geriet an einem anderen College eine Trinkgesellschaft in die Schlagzeilen, nachdem eine ähnliche Liste an die Presse gelangt war, zusammen mit E-Mails, in denen die Klubmitglieder scherzten, sie wollten Studienanfängerinnen an Orte locken, »an denen es keine Zeugen gibt«, um sie im Collegeleben so richtig »willkommen zu heißen«.[7])

Folglich dachte ich ständig an mein Aussehen und ob es mir soziales Kapital verschaffte oder nicht. Im Versuch, genau zu bestimmen, wie attraktiv ich war, verbrachte ich viele Stunden vor dem Spiegel. Dabei wollte ich unbedingt attraktiver sein und dem vorherrschenden Standard dessen entsprechen, was als »anziehend« galt (das war natürlich eine bestimmte Art von Attraktivität, die ausschließlich von weißen Internatsschülerinnen erreicht werden konnte, die aussahen, als wären sie mit Erdbeeren und Milch aufgezogen worden). In der Mitte meines ersten Jahres gestand ich einer Freundin, dass ich ganz bestimmt hässlicher geworden war, seitdem ich in Oxford war. Heute weiß ich, dass ich einfach noch nie so viel Zeit damit verbracht hatte, über mein Aussehen nachzudenken, und mir noch nie so bewusst war, dass ich ständig bewertet wurde.

Auf dem New College gab es zwei Trinkgesellschaften, von denen die eine angeblich Einladungen an die bestaussehenden Leute des New verschickte (leider wurde ich nicht berücksichtigt), während die zweite, die Pre Prandials, angeblich nur Studierende einlud, die eine private Schulbildung genossen hatten – was mir in meinem zweiten Semester eine Einladung verschaffte.

Aber aus Skepsis vor dem berüchtigten, alkoholreichen Initiationsritual und der aggressiven Gruppe aus der öffentlichen Schule, die es veranstaltete, lehnte ich ab. Ein Teil von mir genoss es, anders zu sein, und es fühlte sich wie ein machtvoller Spielzug an, die Einladung abzulehnen. Aber ich war mir auch der mentalen Anstrengung bewusst, die es bedarf, um sich der dreisten Stimmung einer Gruppe von Leuten anzuschließen, die offensichtlich davon ausgingen – bloß aufgrund der Tatsache, *wo* ich zur Schule gegangen war –, dass wir viel mehr gemeinsam hatten, als es tatsächlich der Fall war. Oft verließ ich solche Situationen, in denen ich das Gefühl hatte, nicht wirklich »ich selbst« zu sein, mit einem seltsamen Gefühl der Leere. Im Laufe der Jahre lernte ich, sie einfach zu vermeiden.

In meinem zweiten Jahr lud mich ein Junge von einem anderen College zum jährlichen Dinner seines Trinkvereins ein. Ich hatte gehört, dass er von mir schwärmte, und überlegte, ob ich hingehen sollte. Interesse hatte ich keines an ihm, doch dieses Mal siegte meine Neugierde (und die meiner Freundinnen, die mich schließlich überredeten, dem potenziellen Verehrer eine Chance zu geben). Das Dinner war enttäuschend und langweilig, voller lauter, schwarz beschlipster Schuljungen, die immer betrunkener wurden und sich gegenseitig überbrüllten. Schließlich wurde, wie vorauszusehen war, ein Trinkspiel gestartet.

»Ich hatte niemals … SEX … mit dem Mädchen, das ich heute Abend als Date mitgebracht habe«, röhrte einer der Jungs, unsicher auf den Beinen. Die meisten von denen, die ihre Freundinnen als Date mitgebracht hatten, grölten, während sie demonstrativ ihre Drinks hinunterkippten. Aus dem Augenwinkel sah ich, wie der Typ, der mich eingeladen hatte und den ich noch nicht einmal *geküsst* hatte, zögerlich nach seinem eigenen Glas griff, vermutlich um sein Gesicht zu wahren. »Wie bitte?«, fragte ich verschmitzt, woraufhin er verlegen lächelte und seine Hand wieder zurück nahm. *Das hättest du wohl gerne*, dachte ich mir.

Als er mich am Ende des Abends aus seinem College hinausbegleitete, blieb er stehen und beugte sich optimistisch vor, um sich zu holen, was ihm vermeintlich zustand.

Oh Gott. Ich hatte gehofft, es käme nicht dazu, aber leider hatte ich kein Glück. Ich hielt die Lippen fest geschlossen und drehte den Kopf leicht, als er sich näherte, sodass der Kuss auf meiner Wange landete.

»Na dann … gute Nacht!«, sagte ich fröhlich und rannte auf die Straße hinaus. Ich flog praktisch nach Hause, um die ganze Sache mit den auf mich wartenden Mitbewohnerinnen zu analysieren. Die Unannehmlichkeiten des Abends waren es allemal wert und sorgten für Heiterkeit in der Nachbesprechung.

Und doch haben die langweiligen Jungs, die Trinkklubs und das überwältigende weiß-Sein des Ortes meine Zeit in Oxford nie auch nur annähernd bestimmt. Ich war größtenteils sehr gern dort, und die Wochen nach den Abschlussprüfungen waren bittersüß, voller letzter Male – die letzte Nacht in diesem Klub oder jener Bar; der letzte Gang in die Bibliothek, nur um einen Blick auf einen der vielen Jungs zu erhaschen, in die ich verknallt war; das letzte Mal, dass ich auf dem Rasen saß, während sich die Tage träge vor mir ausdehnten und meine dringlichste Frage war, was ich an diesem Abend auf einer Hausparty anziehen sollte.

Im Hinterkopf war mir bewusst, dass ich zum letzten Mal so jung und frei von Verpflichtungen war und dass eine Zukunft mit Begriffen wie »Pendeln« und »Abteilungsleitung« auf mich zuraste, für die ich noch nicht wirklich vorbereitet war. Ich hatte schon angefangen, Oxford zu vermissen, bevor ich es überhaupt verlassen hatte.

Und dann gab es noch die leise Panik, als mir langsam klar wurde, dass, während ich in meiner Freizeit mit Freundinnen abhing und illegal Episoden von *Gossip Girl* streamte, überraschend viele aus meinem Jahrgang sich in aller Stille auf das begehrteste Pfand nach den Abschlusszeugnissen beworben und es auch bekommen hatten – einen Job. In Panik bewarb ich mich auf etwa ein Dutzend Stellen in der Unternehmensberatung, im Rechtswesen, im Finanzwesen – was auch immer alle anderen zu tun schienen. Ich bekam nicht eine einzige Antwort.

Als ich aus meiner gemütlichen Studentinnenblase hinausgeworfen wurde, hatte ich nichts in Aussicht und wusste nicht, ob ich mich weiter wie alle anderen auf die Unternehmensjobs bewerben oder ob ich versuchen sollte, etwas Kreativeres zu machen. Nach Jahren mit klar definierten Meilensteinen – mittlerer Schulabschluss, Abitur, Abschlussprüfungen im Studium – wurde ich in die Gesellschaft entlassen, um so etwas wie eine Karriere zu machen und meinen Platz in einer Welt zu finden, von der ich nur sehr wenig wusste.

Es waren die Jahre nach der Wirtschaftskrise, in denen es kaum noch Einstiegsjobs gab, dafür aber jede Menge unbezahlte Praktika. Es war eine ängstliche, stressige Zeit, und der Druck verstärkte sich durch das Gefühl, dass alle außer mir alles im Griff hatten und dass ich irgendwie zurückfiel. Nun zurück im Elternhaus, verbrachte ich die Tage damit, meinen Lebenslauf immer wieder umzuschreiben, Bewerbungen zu verschicken und Jobbörsen nach potenziellen Positionen zu durchforsten, während ich gleichzeitig den Bodensatz meines rapide dahinschmelzenden Bankkontos aufzufüllen versuchte.

Journalistin wollte ich *wirklich* gern werden, und so bewarb ich mich auf jedes Medienabsolventen-Programm, von denen damals nur sehr wenige aufgelegt wurden. Stolz fügte ich Ausschnitte aus meiner Schulzeitung bei und ein Interview mit einem Mercury-Preisträger, das ich für Oxfords Unizeitung geführt hatte. Als ein Vorstellungsgespräch für ein wettbewerbsfähiges Programm, auf das ich mich intensiv vorbereitet hatte, nicht zu einem Jobangebot führte, war ich am Boden zerstört. Zu diesem Zeitpunkt hatte ich alle journalistischen Einstiegsmöglichkeiten ausgeschöpft, die ich finden konnte, sodass dieses Programm (aus meiner einundzwanzigjährigen Sicht) meine letzte Chance war, was den Journalismus betraf. Unbezahlte Praktika waren keine Option für mich, obwohl meine Eltern in London lebten. Ich wollte nicht auf ihr Geld angewiesen sein, und die Vorstellung, umsonst zu arbeiten, schien mir etwas für »reiche Leute« zu sein. Für mich kam das nicht infrage. Nein – ich musste Geld verdienen.

Zu diesem Zeitpunkt spielte die Frage der Vergütung eine größere Rolle bei der Abwägung meiner zukünftigen Berufsaussichten als alles andere. Sobald es keine bezahlten Stellen mehr gab, auf die ich mich bewerben konnte, verwarf ich Journalismus als möglichen Karriereweg, und mit der gleichen Logik schloss ich auch die Arbeit in einem Thinktank oder bei einer NGO aus. Auch dort hätte ich erst einmal eine gewisse Zeit unbezahlt arbeiten müssen, um Erfahrungen zu sammeln und einen Fuß in die Tür zu kriegen, oder ein teures Masterstudium absolvieren, von dem ich nicht wusste, wie ich es finanzieren sollte.

So erging es mir und unzähligen anderen. Für die Arbeit, die mich interessierte – kreative Jobs in der Kunst oder in den Medien –, waren (und sind) unbezahlte Praktika eine Art Übergangsritus. Die Möglichkeit, den gewünschten Berufsweg einzuschlagen, hängt nicht von deinem Talent oder deinen Verdiensten ab, sondern von der Fähigkeit, monate-, wenn nicht jahrelang umsonst zu arbeiten. Selbst wenn ich Jahre mit unbezahlten Praktika durchgestanden, zu Hause gelebt und nebenbei kleine Jobs für ein Taschengeld angenommen hätte – wie lange würde es dauern, bis ich anständig verdiente oder einen festen Job bekam? Alles, was ich über Journalismus gehört hatte, deutete darauf hin, dass das in nächster Zeit nicht der Fall sein würde. Viel wahrscheinlicher würde ich in einer endlosen Tretmühle aus unbezahlter Arbeit feststecken und bis weit in meine Zwanziger hinein umsonst schreiben, ohne Garantie auf einen Job am Ende. Ich verfügte nicht über das nötige finanzielle Sicherheitsnetz, um das Risiko einzugehen, eine ungewisse – und wahrscheinlich schlecht bezahlte –

kreative Karriere zu beginnen. Auf Nummer sicher zu gehen schien mir das Beste zu sein.

Stattdessen beobachtete ich, wie diese Jobs von den wohlhabenden Mittelschichttypen, die ich kannte, ergattert wurden. Sie legten eine seltsam puritanische Haltung an den Tag, was das Sichverkaufen angeht, und scheuten sich, Geld als Faktor bei ihrer Berufswahl anzuerkennen. Offenbar waren sie nicht in der Lage oder nicht willens zu erkennen, welche bedeutsame Rolle das Geld bei der Verwirklichung ihrer Ambitionen spielte. In ihrem Buch *Steal as Much as You Can* untersucht die Journalistin Nathalie Olah, wie es dazu kam, dass das künstlerische und kulturelle Schaffen Großbritanniens von der oberen Mittelschicht dominiert wird. Sie hebt hervor, dass eine für liberale Medien typische Selbstgerechtigkeit eine Kultur geschaffen hat, in der es akzeptabel scheint, jene Menschen aus armen Verhältnissen zu verachten, die dem Ruf nach sozialer Mobilität gefolgt sind, um Armut und sozialer Ausgrenzung zu entkommen. In den frühen Jahren, als wir auf Hauspartys betrunken unsere karrierebedingten Existenzkrisen besprachen, ärgerte ich mich über Leute, die damit prahlten, dass sie sich »nicht ums Geld scheren«. Als hätte diese Einstellung mit einem überlegenen Wertesystem zu tun und nicht damit, dass sie einfach schon wohlhabend waren.

Angehörige der Mittelschicht haben auf dem Arbeitsmarkt Vorteile, die oft weit über ihre finanziellen Mittel hinausgehen und auch viele immaterielle Ressourcen umfassen, die zu ihrer Existenz gehören. Sie kennen die richtigen Leute und benutzen die richtigen Worte. Diese Eigenschaften werden oft als Selbstvertrauen oder sogar Intelligenz bezeichnet, sind aber meistens einfach eine Konsequenz ihrer Klassenzugehörigkeit. Ihre Erziehung sorgt dafür, dass sie die Verhaltensregeln kennen, die für ein erfolgreiches berufliches Umfeld nötig sind, und über die richtigen kulturellen Referenzen und den »guten Geschmack« verfügen, die den Erfolg in kreativen Bereichen ermöglichen. Wie die Soziologen Sam Friedman und Daniel Laurison in ihrer Studie *The Class Ceiling* über Klasse und soziale Mobilität in Großbritannien feststellen, wurzelt diese Art kultureller Kompetenz in der Regel in der Sozialisation der Mittelschicht und wird überproportional in einem privilegierten, weißen Familienmilieu vermittelt.

Ich erlebte das ein paar Jahre nach meinem Berufseinstieg am eigenen Leib, als der Sohn eines der wichtigsten Kunden meines Arbeitgebers ein dreimonatiges Praktikum absolvierte, um sich bei seinem Vater einzuschmeicheln. Dabei verfügte das Unternehmen weder über ein Praktikumsprogramm, noch hatte er sich beworben oder ein Vorstellungsgespräch geführt. Es war ihm einfach vermittelt worden: ein dreimonatiges Praktikum bei einem der einflussreichsten Medienunternehmen der Welt. Ich sah auch, wie meine Chefs zumindest anfangs davon ausgingen, dass er gut zu ihnen passte, weil er so sprach und so auftrat, als hätte er sein ganzes bisheriges Leben eine private Ausbildung genossen. Doch mit der Zeit wurde schmerzlich deutlich, dass er keine Arbeitsmoral besaß. Er ging, wenn es ihm passte, immer früher aus dem Büro und überließ uns die weniger glamourösen Aufgaben, die es manchmal zu erledigen galt. Es war sein zweites Praktikum nach dem Studium, das erste hatte er bei dem weltweit anerkannten Medienkonzern gemacht, in dem sein Vater arbeitete.

Dies sind die Kennzeichen von Privilegiertheit, einem Zustand, dessen Name nicht genannt werden darf, einem Flickenteppich aus unverdienten Vorteilen, die oft mit unserer Identität zusammenhängen und unsere Wahrnehmung der Welt erheblich beeinflussen. Friedman und Laurison sprechen von versteckten Mechanismen, von denen die Elite angetrieben wird. In letzter Zeit hat sich das Hinterfragen der eigenen und das Aufdecken der Privilegien von anderen zu einer kulturellen Besessenheit entwickelt. Sie wird häufig als Beispiel für die Allüren der Millennials missdeutet, als ein Zeichen unserer Unfähigkeit, mit den harten Realitäten des Lebens zurechtzukommen. Angesichts der Tatsache, dass die Rolle von Privilegien in unserem Leben vom Mainstream lange nicht reflektiert wurde, scheint eine genauere Untersuchung nur gerecht. Unsere Erfahrungen und Erfolge werden jetzt unter die Lupe genommen, um zu erkennen, inwieweit Privilegien, oder das Fehlen solcher, zu einer bestimmten Position und Situation im Leben beigetragen haben.

Im Juli 2018 veröffentlichte das *Forbes*-Magazin ein ausführliches Porträt von Kylie Jenner, Reality-TV-Star und Unternehmerin, in dem sie den enormen Erfolg ihres Unternehmens Kylie Cosmetics beschrieb.[8] Nachdem Jenner zu Anfang selbst 250 000 US-Dollar investiert hatte, entwickelte sich das Unternehmen zu einer gigantischen Schönheitsindustrie, deren Wert auf 900 Millionen US-Dollar geschätzt wurde.[9] *Forbes* nannte Jenner in dem Bericht die »jüngste Selfmade-Milliardärin der Welt«, was im Internet sofort heftige Reaktionen auslöste. In sozialen und anderen Medien wurde die Behauptung angezweifelt, Jenner sei »self-made«. Sie stammt aus einer wohlhabenden weißen Familie in Calabasas und hatte leichten Zugang zur Unterhaltungsindustrie. (Im Mai 2020 stufte *Forbes* den geschätzten Wert von Kylie Cosmetics herunter, mit der Begründung, das Unternehmen sei überbewertet worden.[10])

Für Empörung sorgte, dass *Forbes* die enormen Privilegien, in die Jenner hineingeboren wurde, nicht berücksichtigt hatte. Indem das Magazin sie als *self-made* betitelte, suggerierte es den Aufstieg von einer Tellerwäscherin zur Millionärin. Nichts wäre weiter von der Wahrheit entfernt. Jenner ist so *self-made* wie ihre Kurven und ihr berühmter Kussmund – das heißt, sie hat ein wenig nachgeholfen. Tatsächlich wurde dem gesamten Kardashian-Jenner-Clan der Weg an die Spitze durch den Reichtum der Familie und die Nähe zum Ruhm geebnet: Robert Kardashian, der Vater von Kourtney, Kim und Khloé, war ein Anwalt und enger Freund von O. J. Simpson, den er auch vor Gericht unterstützte, während Matriarchin Kris in zweiter Ehe mit dem olympischen Goldmedaillengewinner Bruce Jenner (später Caitlyn Jenner) verheiratet war.

Was bedeutet es, sich selbst oder andere als *self-made* zu bezeichnen? Ist es ein realistisches Kriterium angesichts der Wirkmacht von Privilegien und wissend, dass viele »eigentümliche Vorteile« (wie die Schriftstellerin Roxane Gay es in ihrem Essay »Peculiar Benefits« nennt[11]) von Geburt an ins Leben eingebettet sind? Das Narrativ von Jenners angeblichem Selfmade-Erfolg ist nicht das Einzige, das den schon vorhandenen Wohlstand und die sozioökonomischen Privilegien unerwähnt lässt. Die Gegenwartskultur ist voll von Erfolgsgeschichten, in denen die reichen Eltern absichtlich verschwiegen werden. Sie haben das Anfangskapital für ein Unternehmen zur Verfügung gestellt oder im Stillen monatlich ein paar hundert Pfund auf ein Bankkonto überwiesen, während ihre Kinder auf den beruflichen Erfolg warteten. Nur wenige Tage nach der Veröffentlichung des ersten Interviews sah sich *Forbes* gezwungen, seine Definition des Begriffs *self-made* zu erläutern.

> »Zur Klarstellung: *Forbes* definiert mit *self-made* eine Person, die ein Unternehmen oder ein Vermögen aus eigener Kraft aufgebaut hat, anstatt es ganz oder teilweise zu erben. Solange das Listenmitglied weder ein Unternehmen noch Geld geerbt hat, wird es als *self-made* bezeichnet. Aber der

Begriff ist sehr weit gefasst und spiegelt nicht angemessen wider, wie weit manche Menschen gekommen sind und wie viel leichter es andere vergleichsweise hatten.«[12]

In *Forbes'* Verständnis des Begriffs werden Privilegien also nicht berücksichtigt, obwohl sie ebenso nützlich sein können wie eine finanzielle Erbschaft.

Ist der Begriff *self-made* wirklich so weit gefasst, oder hat *Forbes* ihn falsch verwendet, weil der Aufstieg von Kylie Jenner in ein Narrativ passen sollte, das wir mittlerweile erwarten – das der jungen Unternehmerin, die sich ihren Weg zum Erfolg erkämpft hat, oder das der vielversprechenden jungen Kreativen, die man gern als »Stimme ihrer Generation« bezeichnet. Sie stammen zunehmend aus der oberen Mittelschicht, und die finanzielle Freiheit ermöglicht ihnen, die ersten kargen Jahre zu überstehen. (Denken wir nur an die Urheberin von *Fleabag*, Phoebe Waller-Bridge, die dem Adel entstammt und eine private Ausbildung genoss, oder an Lena Dunham, gut vernetzte Tochter einer wohlhabenden Familie von Künstlern aus Manhattan.)

Es sind Ausflüchte, weitverbreitet unter den Kreativen: Es wird versäumt, den Elternteil zu erwähnen, der zufällig ein Industrieller ist, oder die Umstände, die es ermöglicht haben, trotz geringem Lohn in eine teure Stadt zu ziehen. Wenn ich großzügig bin, interpretiere ich solche Auslassungen als ein Zeichen von Scham. Scham verschont niemanden, wenn es um Geld geht, nicht einmal die Reichen, das muss ich mir oft vor Augen führen. Wir leben in einer Zeit, in der die ökonomische Ungleichheit ungekannte Ausmaße erreicht und gesellschaftliche Wut über die Klassengesellschaft ausgelöst hat. Die Stimmung gegen Milliardäre ist nicht mehr radikal und auch keine Randerscheinung, der demokratische Sozialismus ist dank des Dreigestirns Corbyn, Sanders und Ocasio-Cortez zum Mainstream aufgestiegen, und der Slogan *Eat the Rich* ist ein häufiger, wenn nicht langweiliger Refrain in den sozialen Medien. Da ist es peinlich, ja fast schon unanständig, mit Silberlöffel im Mund geboren zu sein. Deshalb spielen die Menschen die Unterstützung und Privilegien, die sie genießen, herunter. Familiengeschichten werden umgeschrieben, die Wurzeln in der bürgerlichen Mittelschicht fallen gelassen, der Akzent angepasst und die Allüren der Arbeiterklasse angenommen. Benennst du deine Privilegien, läufst du Gefahr, die Legitimität und Bedeutung deiner Leistungen zu schmälern. Andere könnten denken, deine Erfolge wären dir in die Wiege gelegt worden, zumal das Wort »privilegiert« einen Bedeutungswandel erfahren hat – von einer relativ neutralen Beschreibung des sozioökonomischen Status zu einer Art Beleidigung, mit der kurzerhand die angebliche Ahnungslosigkeit der verwöhnten Reichen bezeichnet wird. Roxane Gay schreibt in »Peculiar Benefits«, die Privilegierten dächten, der Vorwurf der Privilegiertheit ginge einher mit der Annahme, sie hätten es leicht. Da das Leben aber für fast alle hart ist, möchten sie das nicht hören.

Diese semantische Verschiebung hat zur Folge, dass sich privilegierte Menschen oft mit einer Abwehrhaltung wappnen. Nur ungern geben sie zu oder denken darüber nach, welche große Rolle die Privilegien in ihrem Leben gespielt haben. Stattdessen sagen sie etwas wie: »Ja, ich war auf einer Privatschule, aber ich habe auch sehr hart gearbeitet, um dorthin zu kommen, wo ich jetzt bin.« Dahinter steht, dass das Privileg, das eine Privatschulbildung bietet, gar nicht verstanden wird. Dabei gibt sie in fast absurder Weise den Ausschlag zu den eigenen Gunsten, was sich im Lauf des Lebens immer wieder zeigt. Im Grunde wäre die umgekehrte Formulierung »Ja, ich habe sehr hart gearbeitet, aber ich war auch auf einer Privatschule« wohl zutreffender. Diese Vergesslichkeit in Bezug auf das eigene Vermögen wird in *The Class Ceiling* erwähnt. Nach der Befragung Hunderter Menschen mit unterschiedlichen Hintergründen stellten Friedman und Laurison fest, dass die Menschen aus der oberen Mittelschicht ihre Karriere gern als Ergebnis von Leistung, Talent und, vor allem, harter Arbeit darstellten. Ob ihr Erfolg berechtigt war, hinterfragten sie nicht.

In einem Artikel im *Guardian* schrieb die Schriftstellerin Lynn Steger Strong über das »schmutzige Geheimnis« der Verlagsbranche, wie sie es nennt: Das Schreiben wird meistens nicht gut bezahlt (es sei denn, man ist sehr, sehr erfolgreich), die meisten hauptberuflich Schreibenden sind auf irgendwelche weichen Privilegien gebettet und haben eine weitere Einkommensquelle, etwa einen Treuhandfonds, oder sie leben in einer Beziehung mit einem gut verdienenden Menschen.[13] (Die Selbsttäuschung trifft meiner Meinung nach besonders auf Schriftsteller zu. Sie stehen vielleicht stärker als andere Kreative unter dem Druck, wie Kopfarbeiter aufzutreten, und philosophieren verträumt in ihre Moleskine-Notizbücher hinein, ohne sich um Banalitäten wie Rechnungen oder Steuern kümmern zu müssen.) Steger Strong meint, es wirke sich vielfältig aus, wenn die Quelle solcher Freiheiten von denen, die sie genießen, nicht erwähnt werden. So werde eine Illusion aufrechterhalten. Die Lebensentscheidung und die besonderen Leistungen mancher Personen sehen tragfähiger und lohnenswerter aus, als sie tatsächlich sind. Auch Friedman und Laurison befürchten in *The Class Ceiling*, dass das Herunterspielen finanzieller Unterstützung aus dem Elternhaus zur Folge hat, ihre wahre Bedeutung für das Berufsleben und ihren prägenden Einfluss auf den individuellen Lebensweg weitgehend zu verkennen.

Diese Beobachtungen bringen auf den Punkt, warum das Aufspüren von Privilegien zu einer so weitverbreiteten sozialen Praxis geworden ist, vor allem unter den jungen Medienschaffenden, wo es sich zu einer Art Leistungssport entwickelt hat. Wenn du genug Zeit auf Twitter verbringst, wirst du schnell bemerken, dass dich Schaulustige auf eine »zu schöne« Wohnung oder eine verdächtig steile Karriere hinweisen – vielleicht wirst du sogar einer von ihnen.

Um zu vertuschen, dass ihnen unter die Arme gegriffen wurde, wird in der bürgerlichen Mittelschicht oft so getan, als wären beruflicher Erfolg und die daraus resultierenden finanziellen Entlohnungen mehr oder weniger ein persönliches Verdienst. Diejenigen unter uns, die das Gegenteil kennen, ärgern sich über diese Täuschung, zumal solche Unwahrheiten nicht ohne Folgen bleiben. Denn indem sie ein falsches Bild von der Leichtigkeit des beruflichen Erfolgs zeichnen, vermitteln privilegierte Menschen anderen, weniger Privilegierten einen falschen Eindruck von deren Aussichten – das ist eben die Aufrechterhaltung der Illusion, von der Steger Strong schreibt. Es wird auch nicht gesehen, dass eine einzelne privilegierte Person den Nachteil einer anderen verstärken kann. Die finanziellen Möglichkeiten der einen, die ihr ein sechsmonatiges unbezahltes Praktikum erlauben, stützen ein System, in dem die andere, die solche Möglichkeiten nicht hat, bestraft wird.

Bei den Ausflüchten, die sich manchmal um Privilegien ranken, wird oft an das Recht auf Privatsphäre appelliert. Es ist sicher richtig, dass keine Person anderen gegenüber Aufrichtigkeit in Bezug auf ihre Privilegien *schuldet.* Wie viel besser wäre es jedoch, wenn mehr Menschen eine solche Ehrlichkeit als das erkennen würden, was sie ist: ein moralisches Gebot, eine Art soziale Abgabe, die sie auf ihr Glück entrichten sollten.

Kapitel 3

»Verzeihung, Sir, kann ich etwas mehr bekommen?«

»Und wenn du mit den Kartons fertig bist, kommst du zu mir. Ich muss dir erklären, wie die Post funktioniert und der ganze andere Scheiß«, sagte Brian und betonte das Wort Scheiß, um zu verdeutlichen, dass alle Aufgaben, die unter »Büroarbeit« liefen, völlig jenseits – oder unter – seiner Würde lagen.

»Okay, cool! Mach ich.«

Brian – mein neuer Chef – sah mich skeptisch an und musterte mein Outfit, insbesondere meine neuen Espadrilles mit Keilabsatz.

»Schaffst du das in diesen Schuhen?«

»Ja, natürlich!«, antwortete ich fröhlich. »Ich lebe praktisch auf Absätzen.« (Eine Lüge.) »Kein Problem!«

Er entließ mich mit einem Grunzer, und ich wackelte los, um meine morgendliche Arbeit zu erledigen. Systematisch plättete ich einen Stapel leerer Kartons, bevor ich sie, behutsam wie eine Krankenschwester mit einem Neugeborenen, die Treppe hinunter zum Müllschlucker auf der Rückseite des Gebäudes brachte.

Es war meine erste Woche in meinem ersten Job nach dem Studium. Ich hatte eine Aushilfsstelle als Rezeptionistin in einer kleinen Marketingagentur gefunden, und wie die meisten

Absolventen, die in die Arbeitswelt eintreten, war ich fest entschlossen zu glänzen. Ich stellte mir vor, jede Aufgabe wäre die entscheidende, an der meine Leistung gemessen und möglicherweise als ungenügend bewertet werden würde. *Hat sie die Kartons flach genug gestapelt? Sie zu laut zerrissen? Zu langsam?* In diesen ersten Wochen kamen mir Dinge, die sich später im Arbeitsalltag in Kleinigkeiten auflösen würden, sehr wichtig vor, und ich wollte, dass niemand etwas an meiner Technik des Kartonzerkleinerns auszusetzen hatte.

Natürlich gab es mehr zu tun, als zerrissene Kartons zu stapeln. Wie versprochen brachte Brian mir bei, die Post zu bearbeiten. Damit hatte ich zweimal am Tag zu tun, dazu musste ich das Telefon beantworten, Lieferscheine für Kuriere unterschreiben und einkaufen gehen, wenn wir keine Milch mehr hatten. Für einen ersten Job war es ziemlich bequem, auch wenn ich das in meiner jugendlichen Naivität noch nicht erkannte. Der Büroalltag war eine herbe Enttäuschung und weit entfernt von der Vorstellung von Bleistiftröcken und Pitch-Meetings, die ich mir in meiner Jugend durch den Konsum von Nancy-Meyers-Filmen zusammengeschustert hatte. Oh, wie ich dieses unglamouröse Büro und meine unglamourösen Kollegen verabscheute!

Wie ich es hasste, jeden Morgen zu pendeln und mich in die Züge voller Büroangestellter mit stumpfen Blicken zu quetschen, weil ich wusste, dass ich jetzt eine von ihnen war. Ich fand die unausgesprochenen Regeln lächerlich, die von mir verlangten, Small Talk mit uninteressanten Leuten zu führen. Wo waren die riskanten Geschäfte? Der geistreiche Schlagabtausch? Der gut aussehende männliche Kollege, zu dem ich eine spannungsvolle, aber hocherotische Rivalität entwickelte, bevor wir uns unweigerlich nach einer langen Arbeitsnacht Hals über Kopf ineinander verliebten?

Das Einzige, was den bitteren Geschmack meiner neuen Realität linderte, war die Tatsache, dass ich viel freie Zeit hatte, was – in Kombination mit einem günstig stehenden Bildschirm – bedeutete, dass ich stundenlang im Internet surfen konnte. Abwechselnd schrieb ich meinen Freunden auf Facebook, wie STINKLANGWEILIG mir war, und schaute mir die Karrieren von Menschen an, die viel erfolgreicher waren, als ich es je sein könnte.

Ich bekam in der Woche 250 Pfund, die im Laufe der Monate auf 400 Pfund stiegen, und ich erwies mich – typisch beste Schülerin – als pflichtbewusst und zuverlässig, und meine Arbeitgeber erwiesen sich als erstaunlich anständig und passten mein Gehalt an, ohne dass ich sie darum bitten musste. Das passierte mir das erste und letzte Mal in meiner Karriere.

Natürlich war es der Morgen mit den Pappkartons, der später in einem Artikel in der *Times* verewigt wurde, in dem es um die Misere von vier »intelligenten, klugen, eifrigen – und arbeitslosen« Millennials ging, die nach ihrem Abschluss in der Rezession landeten und feststellten, dass die ihnen versprochene Utopie sich als Fata Morgana entpuppte. Ich reagierte auf den Facebook-Aufruf einer befreundeten Person. Sie suchte Leute, die für einen Artikel über die Arbeitslosigkeit von Hochschulabsolventen ein Interview geben würden. Ich stellte ich mir vor, eine mitreißende, scharfe Polemik abzuliefern, in der ich die rückgratlose Politik und die gierigen Banken anklagte, die meine Generation in diese hoffnungslose Situation gebracht hatten: belastet mit Bergen von Studienschulden und gezwungen, umsonst für die Babyboomer zu arbeiten, die unentwegt betonten, wie viel schwerer sie es damals gehabt hätten. Insgeheim dachte ich auch, dass der darauffolgende Artikel (der immerhin in einer überregionalen Zeitung erscheinen sollte) vielleicht meine Situation entscheidend verändern könnte. Ich hegte die absurde Phantasie, dass ein einflussreicher Medienmanager irgendwo beim Morgenkaffee mein nicht lächelndes Gesicht sehen und denken würde: »Ah! Diese mutige junge Frau würde eine gute Journalistin abgeben. Ich werde mich mit der *Times* in Verbindung setzen und ihr einen Job anbieten!« Was für eine tolle Geschichte, wenn mich die Leute später einmal fragten, wie mir der Durchbruch gelang!

Überflüssig zu erwähnen, dass dieses Angebot nicht zustande kam. Bis heute sprechen meine Freunde davon, dass ich in meinen Keilabsätzen Kartons zerreißen musste – ein Detail, das auf unerklärliche Weise in den Artikel geraten war. Ich glaube, meine Eltern sahen es als einen Hilferuf. Schlimmer als das Interview selbst waren die begleitenden Fotos – wir vier wurden in einem Studio mit unfassbar grellem Licht fotografiert, trugen Schilder auf der Brust, auf denen unsere jeweiligen Qualifikationen standen, und wurden angewiesen, nicht zu lächeln. Wir sahen aus wie auf Polizeifotos (was wohl auch beabsichtigt war), und uns umgab ein Hauch von Verbrecherischem. *Philosophie, Politikwissenschaften und Wirtschaft, Oxford, Aushilfsjob*, brüllte mein Schild, als wäre ein Aushilfsjob das schlimmste Schicksal, das einem nach Studienabschluss passieren kann, und nicht etwa ein göttlicher Glücksfall. Das einzig Positive an der ganzen Sache war, dass ich mir später ein einwöchiges Praktikum bei der *Times* sichern konnte, nachdem ich einen langjährigen Kolumnisten, den ich beim Fotoshooting gesehen hatte, bedrängt und dazu gebracht hatte, mir seine E-Mail-Adresse zu geben.

Jahre später traf ich auf einer Hausparty einen meiner »vergoldeten Kommilitonen«. Ich sah ihn am anderen Ende des Raumes und erkannte ihn sofort von dem Foto, das neben meinem zu sehen gewesen war, mit der Aufschrift *Bachelor in Englisch, arbeitslos.*

Ich ging auf ihn zu und tippte ihm leicht auf die Schulter.

»Heeey … Das hört sich jetzt vielleicht etwas seltsam an, aber – ich glaube, wir waren beide vor ein paar Jahren in einem Artikel in der *Times* zu sehen. Über Arbeitslosigkeit nach dem Hochschulabschluss?« Ich lächelte schwach.

Es war nicht mein bester Gesprächsanfang, und ich zweifelte plötzlich, ob er wirklich die gemeinte Person war.

»Oh ja, verdammt! Ich dachte schon, ich kenne dich doch. Mein Gott, war das schrecklich, oder? Was machst du jetzt?«, fragte er. Wir gerieten in ein angeregtes Gespräch und waren uns einig, dass dieses Interview die »beschissenste Entscheidung« unseres Lebens war. Denn nun tauchten unsere jeweiligen Verbrecherfotos als erstes Ergebnis auf, wenn irgendwer nach uns googelte. (Zum Glück ist nur noch eines dieser Fotos im Internet zu finden – Pech gehabt, Orlando.) Die Ironie, dass ich zu dem Zeitpunkt, als der Artikel veröffentlicht wurde, durchaus einen Job *hatte*, war mir völlig entgangen, und nur wenige meiner Arbeitskollegen erwähnten das, als ich am darauffolgenden Montag zur Arbeit kam. Ich vermute, sie hielten mich insgeheim für eine snobistische Person. Dass ich mich in dem Artikel hatte erwähnen lassen, zeigte ihnen, wie gering ich meinen jetzigen Job schätzte. Außerdem hatten sie innerhalb weniger Wochen herausgefunden, dass ich auf einer Privatschule gewesen war. Es würde Jahre dauern, bis ich lernte, die verräterischen Anzeichen herunterzuspielen, damit die Leute keine voreiligen Schlüsse über meine Herkunft oder Weltanschauung zogen. Diejenigen, die selbst auf eine Privatschule gegangen waren, nahmen munter an, ich sei »eine von ihnen«, und drängten mich in eine kollegiale Atmosphäre bürgerlicher Gesellschaft, an der ich nicht teilhaben wollte, während diejenigen, die eine staatliche Schule besucht hatten, sich sofort von mir distanzierten und mich mit Argwohn beäugten, bis ich mich bewiesen hatte.

Um ehrlich zu sein, betrachtete ich meine Tätigkeit dort nicht als einen »richtigen« Job. Es war eine Zwischenstation, ein finanziell notwendiges Sprungbrett zu einer glänzenden Karriere, die zweifellos bald Wirklichkeit werden würde. Und doch arbeitete ich fast zwei Jahre dort und nahm zähneknirschend eine Festanstellung in der Kundenbetreuung an, die mir nach fünf Monaten am Empfang angeboten wurde.

Ich sage »zähneknirschend«, weil mein anfängliches Gehalt von 24 000 Pfund – obwohl im Nachhinein *sehr* respektabel – weit entfernt war von dem sechsstelligen Betrag, den ich mir als Fünfzehnjährige vorgestellt hatte, und auch weit entfernt von den Gehältern meiner Freunde mit Unternehmensjobs. Enttäuscht legte ich das Gehaltsangebot einer Freundin vor, die vor kurzem bei einer Investmentbank angefangen hatte (wo die Einstiegsgehälter für Hochschulabsolventen bei etwa 40 000 Pfund lagen). Ich kann mich noch genau an die peinliche Pause erinnern, bevor sie mir enthusiastisch versicherte, dass ein Gehalt von 24 000 Pfund »eigentlich ziemlich gut« sei. Die Tatsache, dass mich diese Summe enttäuschte, zeigt vielleicht, wie verzerrt meine Erwartungen waren, aufgrund meiner Schulzeit und der Versprechungen, die mir in Oxford von den Unternehmen gemacht wurden.

Doch nachdem ich meine Erwartungen angepasst hatte, lernte ich schnell, mein Glück zu schätzen. Ich war noch kein Jahr mit der Uni fertig und wurde für eine einigermaßen interessante Arbeit gut bezahlt. Mit 24 000 Pfund lag ich am oberen Ende der durchschnittlichen Gehälter für Absolventen im damaligen Großbritannien. Ich empfand es als befreiend, ein regelmäßiges Gehalt zu verdienen, und freute mich, dass mein

Bankkonto jeden Monat aufgefüllt wurde. Es war das erste Mal, dass ich regelmäßig einen größeren Geldbetrag erhielt. Zuvor kannte ich als Einkünfte nur das bescheidene Taschengeld von meinen Eltern, gelegentliche Ferienjobs und die segensreichen Zahlungen meines Studiendarlehens dreimal im Jahr. Endlich fühlte ich mich richtig erwachsen. Ich konnte es mir jetzt leisten, jeden Tag ein Sandwich bei Pret A Manger zu bestellen und tat das auch. Warum einige meiner Kollegen sich die Mühe machten, ein Lunchpaket mitzubringen, verstand ich nicht. Nach der Arbeit traf ich mich mit Freunden auf ein paar Drinks oder zum Abendessen, wo diejenigen von uns, die einen Job hatten, endlos über ihre Kollegen lästerten, während die anderen, die immer noch im undankbaren Sumpf der Arbeitssuche steckten, leise über unsere Undankbarkeit wetterten und das Geld für ihre Hauptmahlzeiten (ohne Vorspeise!) genau abzählten, wenn die Rechnung kam. Mein Büro befand sich in der Nähe der Oxford Street, was es mir leicht machte, nach Lust und Laune zu shoppen, was ich immer geliebt habe. Ich kaufte mir teure Kaschmirpullover und ein glänzendes neues MacBook und gönnte mir *die* Penny Loafers von Russell & Bromley, die alle Möchtegern-Alexa-Chungs im Jahr 2012 trugen.

Und weil ich nie sorglos war, was Geld anging, sparte ich.

Wenn du in einem Haus aufwächst, in dem Geld immer mit Stress zu tun hat, prägst du dir diese Gefühle ein. Wenn du an deinen Eltern beobachtest, dass sie ihre Panik über eine unerwartet hohe Gasrechnung verbergen wollen oder wie sie die Zahlen jeden Monat aufs Neue zusammenrechnen, hinterlässt das Spuren. Diese Erinnerungen schlummern unter der Haut und warten darauf, durch oft harmlose Umstände geweckt zu werden – eine giftige Pawlow'sche Reaktion. So lange ich denken kann, habe ich eine tief sitzende Angst vor

Geld, die je nach aktueller finanzieller Situation gelegentlich milder wird, aber nie ganz verschwindet. Im Gegensatz zu den meisten meiner Schul- und Studienfreunde, die in gut situierten Mittelschichthaushalten aufwuchsen, war mir schon als Kind schmerzlich bewusst, dass meine Familie nicht unendlich viel Geld hatte. Obwohl uns das Geld nie wirklich ausging – wir waren nie in einer Notlage, konnten die Grundbedürfnisse immer decken –, hatte ich Angst vor möglichen Ereignissen, die uns in den Abgrund und die finanzielle Not stürzen könnten; zumal wir nie wussten, was uns am Fuß der Klippe erwartete.

Wenn du in einem Haushalt aufwächst, in dem das Geld knapp ist, hast du zwei Möglichkeiten, dich zu verhalten. Entweder du entwickelst eine Mentalität der Knappheit und lebst mit der Angst, nie »genug« Geld zu haben, und deine Gedanken kreisen immer um das Gefühl des Mangels. Menschen mit Geldmangeldenken neigen dazu, sich auf das Kurzfristige zu konzentrieren, anstatt für die Zukunft zu planen, und sie treffen infolgedessen oft schlechte finanzielle Entscheidungen. Tatsächlich ist das Knappheitsdenken ein durchweg zuverlässiges Symptom von Armut (und nicht deren Ursache, auch wenn konservative Regierungen auf der ganzen Welt das Gegenteil behaupten. Der Mythos von den »inkompetenten Armen«, die ihre finanzielle Not selbst herbeiführen, indem sie ihren mickrigen Lohn für Zigaretten und große Flachbildfernseher verprassen, ist genau das – ein Mythos). Nehmen wir an, du bist auf Knappheit eingestellt und bekommst plötzlich einen Geldsegen – zum Beispiel eine unerwartete Steuerrückzahlung oder vielleicht sogar bloß deinen Monatslohn. Erleichtert, endlich etwas Geld zu haben, und mit dem bitteren Beigeschmack, immer noch knapp bei Kasse zu sein, gibst du alles auf einmal aus. Du hast nämlich Angst, dass das Geld sonst verschwindet und im ewigen Kreislauf von Monatskarten und Steuerrechnungen, die das moderne Leben ausmachen, versickert. Du sparst nicht – du gibst aus.

Oder du wirst so wie ich und bewachst dein Geld. Laut dem Psychologen Brad Klontz, einem Pionier auf dem Gebiet der Finanzpsychologie, folgen die meisten von uns einer der vier Verhaltensweisen gegenüber Geld:

1. Vermeidung: Du hältst Geld grundsätzlich für schlecht, und Menschen, die sich damit beschäftigen, für gierig.
2. Anbetung: Du denkst, mehr Geld würde all deine Probleme lösen.
3. Status: Dein Selbstwertgefühl hängt vom Nettowert deines Geldes ab.
4. Wachsamkeit: Du bist sehr vorsichtig, sogar etwas nervös mit Geld, um für Notfälle genug zu haben.

Diese finanziellen Einstellungen entstehen in der Regel unbewusst und in der Kindheit, aber sie spielen eine entscheidende Rolle für dein Finanzverhalten als erwachsene Person.

Obwohl ich von allen diesen Verhaltensweisen etwas in mir wiedererkenne (du vermutlich auch), identifiziere ich mich am stärksten mit der Geldwachsamkeit – sie ist auch die einzige, die nicht unbedingt mit einer ungesunden finanziellen Lage zu tun hat. Die tief sitzende Angst vor finanzieller Not, die ich aus meiner Kindheit mitgenommen habe, hat mich davor geschützt, mein gesamtes Gehalt zu verprassen, wie es viele junge Erwachsene tun, wenn sie zum ersten Mal Geld verdienen. Ich habe immer mit mageren Zeiten gerechnet – also habe ich gespart, schon beim ersten Gehaltsscheck über 250 Pfund. Jede Woche zahlte ich zwischen 100 und 150 Pfund auf ein Sparkonto ein – was allerdings nur möglich war, weil ich zu Hause bei meinen Eltern wohnen konnte und keine exorbitante Londoner Miete zahlen musste. Wenn ich, was selten vorkam, an meinen Spartopf ging, notierte ich mir genau, wie viel ich abgehoben hatte, und schnallte den Gürtel enger, bis ich den Betrag wieder einzahlen konnte. So hatte sich ziemlich schnell eine Rücklage von mehreren Tausend Pfund angesammelt.

In den ersten Jahren einer Vollzeitbeschäftigung führte ich auch meine ersten Gehaltsverhandlungen. Nachdem ich von der Rezeption zur Kundenbetreuung aufgestiegen war, bemerkte ich, dass ich viel mehr tat, als meine Stellenbeschreibung von mir verlangte: Ich konnte im Kundenkreis überzeugen, ich übernahm die Betreuung unserer Hauptkunden und arbeitete auf Augenhöhe mit Kollegen zusammen, die zwei oder drei Ränge höhergestellt waren. Vielleicht war es jugendliche Angeberei oder die Tatsache, dass mein natürliches Selbstvertrauen noch nicht durch die Unternehmenskultur gedämpft war (Studien haben gezeigt, dass ein Unternehmen durchschnittlich zwei Jahre braucht, um Frauen das Selbstvertrauen und den Ehrgeiz zu rauben, mit dem sie die Arbeit antraten[1]), aber eines Nachmittags hatte ich besonders viel Mut und fragte meinen Chef Brian impulsiv, ob wir uns unterhalten könnten.

»Klar, wie wäre es heute Nachmittag um halb fünf? Kannst du einen Raum reservieren?«

»Natürlich«, antwortete ich und war selbst überrascht, wie schnell sich meine beiläufige Anfrage in ein ernsthaftes Treffen verwandelte. In der Zwischenzeit googelte ich verzweifelt nach verschiedenen Varianten von »Wie fordere ich eine Gehaltserhöhung?«, notierte mir sorgfältig alle Erfolge der letzten Monate und verglich meine Leistungen mit denen meiner Kollegen. Ein paar Stunden später saß ich Brian gegenüber und trug mein Anliegen vor. Ich bat um eine Gehaltserhöhung von 4000 Pfund (was mein Gehalt auf 28 000 Pfund erhöhen würde) und eine damit einhergehende Beförderung vom Account Executive zum Senior Account Executive, also von der Kundenbetreuerin zur Leitenden Kundenbetreuerin. Brian stimmte der Beförderung schnell zu und konterte mit einem Angebot von 27 000 Pfund, aber ich blieb standhaft und wiederholte stur meine Gründe. Es ging eine Weile hin und her.

»Gut. Sagen wir also 27 500 Pfund«, sagte er schließlich und schaute auf seine Uhr. Ich stimmte zu, wobei ich darauf achtete, meine Freude unter einer Schicht gelassener Professionalität zu verbergen. Es war wichtig, nicht zu überschwänglich zu sein. Er sollte nicht denken, die Gehaltserhöhung sei eine Art persönlicher Gefallen. Ich verdiene dieses Gehalt, dachte ich mir, und wollte ihn wissen lassen, dass mir das bewusst war.

Ein paar Stunden später kam eine E-Mail von Brian. Unglaublicherweise hatte er sich unser Gespräch noch einmal durch den Kopf gehen lassen und beschlossen, mein Gehalt auf 28 000 Pfund zu erhöhen, wie ich es gefordert hatte. Das bedeutete, dass ich mit einundzwanzig Jahren bereits mehr verdiente als das britische Durchschnittsgehalt von 26 500 Pfund. Natürlich war ich überglücklich, aber selbst nach diesem errungenen Sieg musste ich von einer Freundin dazu überredet werden, mich am Abend mit ihr auf ein Glas Champagner zu treffen. Ich war fest entschlossen, meine Ausgaben genauso zu halten wie bisher und die zusätzlichen 4000 Pfund, die ich verdienen würde, direkt auf mein Sparkonto zu überweisen. Meine Freunde fanden es (verständlicherweise) absurd, so hart zu arbeiten, dass eine Gehaltserhöhung dabei herausspringt, dann aber die Früchte nicht zu ernten. Ich hatte eine andere, entgegengesetzte Einstellung: Warum sollte ich mehr Geld ausgeben, wenn ich mit der vorherigen Menge ganz gut zurechtkam? In meinen Augen war dieses zusätzliche Geld leichte Beute – ich konnte noch mehr sparen, ohne meinen Lebensstil anpassen zu müssen, und so habe ich es meistens gehalten.

Leider erwiesen sich nicht alle meine Gehaltsverhandlungen als so einfach – oder so erfolgreich – wie in dieser ersten Episode.

Der Ausweg aus diesem ersten Job bot sich schließlich in Gestalt eines zweiwöchigen Praktikums in einer Werbeagentur. Zu dem Zeitpunkt wusste ich bereits, was ich beruflich machen wollte. Der Wunsch beruhte auf ein paar Staffeln der erfolgreichen Fernsehserie *Mad Men.* Ich beachtete den ungezügelten Sexismus und die alkoholkranken Protagonisten der Serie kaum. Mich interessierte ausschließlich, in einer Branche Fuß zu fassen, die mir den ersehnten Nervenkitzel bieten würde.

Ich nahm zehn Tage von meinem Jahresurlaub, um eine Art Minipraktikum zu absolvieren, und log meinen damaligen Kollegen vor, ich würde verreisen. Stattdessen pendelte ich heimlich zu einem nur wenige Kilometer entfernten Büro, in der Hoffnung, es würde sich eine Gelegenheit ergeben, wenn ich erst einmal in dem Gebäude anwesend war. Als ich auch dort wieder einmal mehr freie Zeit hatte, als einem fühlenden Lebewesen zugemutet werden sollte, nahm ich mir vor, in diesen zwei Wochen so viele Kontakte wie möglich zu knüpfen, das Personalverzeichnis des Unternehmens zu durchforsten und die Leitung der Personalabteilung ausfindig zu machen, damit ich mein Anliegen vorbringen konnte. Meine Strategie zahlte sich aus: Obwohl die Agentur selbst mir keine Stelle anbot, wurde ich einer Person vorgestellt, die mir schließlich meinen ersten Job in der Werbebranche verschaffen sollte.

Ein paar Wochen nach diesem heimlichen Praktikum saß ich einer Personalberaterin namens Emily in einem Starbucks am Bahnhof gegenüber und trank eine lauwarme Tasse Kaffee, während wir über mein derzeitiges Gehalt und meine Erwartungen sprachen.

»Im Moment verdiene ich 28 000 Pfund«, sagte ich selbstbewusst. »Also …«

»Hm. Das ist ziemlich viel für eine Person auf deinem Niveau«, erwiderte Emily. »Wärst du bereit, eine Gehaltskürzung hinzunehmen? Wenn es dazu käme, meine ich.«

Ich wollte ihr gefallen, und ich wollte unbedingt in diese neue Welt eindringen, die jetzt so verlockend nah schien. Ich kippte sofort um.

»Ich wohne noch bei meinen Eltern, also *brauche* ich nicht unbedingt ein hohes Gehalt. Was soll es mir bringen? Ein weiteres Paar Schuhe im Monat?«, sagte ich. Damit rechnete ich den möglichen Verdienstausfall in die einzige Währung um, die ich verstand, und versuchte ihr zu vermitteln, dass Geld mir unwichtig war, um nicht gierig zu wirken.

»Toll!«, sagte sie und strahlte. »Schick mir deinen Lebenslauf, dann kann es losgehen.«

An dieser Stelle sollte ich erklären, warum Emily meine Gehaltsvorstellungen dämpfen wollte: Anwerber arbeiten in der Regel auf Provisionsbasis, und je höher das vereinbarte Gehalt für eine von ihnen vorgeschlagene Person ist, desto mehr verdienen sie, wenn diese Person eingestellt wird. Aber wie ich inzwischen festgestellt habe, arbeiten Vermittler für ihre Auftraggeber (also für die Unternehmen, die sie beschäftigen), nicht für dich. Es kann gut sein, dass sie den Auftrag haben, sich nur innerhalb einer bestimmten Gehaltsspanne um potenzielle Bewerber zu bemühen, sodass ihre finanziellen Ziele nicht immer hundertprozentig mit deinen übereinstimmen. Natürlich können auch die Gehaltsvorstellungen von Kandidaten unverhältnismäßig hoch sein, und Vermittler kennen den Markt gut genug, um das zu beurteilen. Mit meinen 28 000 Pfund lag ich wahrscheinlich am oberen Ende der Gehaltsspanne, aber zu diesem Zeitpunkt hatte ich immerhin fast zwei Jahre Erfahrung. Emily fand es sinnvoller, wenn ich mich als Kundenmanagerin bewarb – eine Position, für die 28 000 Pfund und mehr durchaus angemessen sind. Obwohl Anwerber versuchen sollten, für dich das höchstmögliche Gehalt herauszuschlagen, werden die klügsten unter ihnen erkennen, dass eine erfolgreiche Vermittlung zu einem etwas niedrigeren Gehalt besser ist als gar keine, denn dann gibt es auch keine Provision für den Vermittler. Ich vermute, so sah es bei Emily aus, wenn ich bedenke, was dann passierte.

Nachdem ich sie kennengelernt hatte, beschloss ich, mich auch bei einer anderen Personalvermittlerin, Jodie, zu melden und so meine Chancen zu erhöhen. Jetzt setzten sich also zwei Personalvermittlerinnen für mich ein. Tatsächlich hatte ich innerhalb weniger Wochen Vorstellungsgespräche bei zwei der führenden Werbeagenturen in London und erhielt Angebote, die mir jeweils von meinen (jetzt konkurrierenden) Personalvermittlerinnen genannt wurden. Das Angebot, das durch Emilys Bemühungen zustande gekommen war, stammte von Abbott Mead Vickers (AMV), die mein derzeitiges Gehalt von 28 000 Pfund übernehmen würden. Jodies Kunde, Saatchi & Saatchi, hatte Wind von dem Angebot von AMV bekommen, das ich auf Nachfrage vorsichtig auf 29 000 Pfund aufgeblasen hatte, und konterte mit einem Gehalt von 30 000 Pfund. Ich sagte zu Jodie, ich bräuchte ein oder zwei Tage zum Nachdenken, und rief sofort Emily an.

»Können wir das Angebot von Saatchi & Saatchi nicht als

Druckmittel einsetzen?«, fragte ich. »Also AMV dazu bringen, das Angebot von Saatchi zu übertreffen? Ich bevorzuge auf jeden Fall AMV – es ist eindeutig die bessere Agentur, also werde ich ihr Angebot wohl annehmen, auch wenn sie nicht mitgeht. Und ich sollte ihr Entgegenkommen nicht überreizen, denn ich will wirklich gern dort arbeiten.«

»Richtig«, antwortete Emily ermutigend, zweifellos darauf bedacht, ihren Auftrag nicht zu verlieren. »Die Leute dort sind sehr nett, und wie du schon sagst, du solltest ihr Entgegenkommen nicht überreizen. Weißt du, nach Abzug der Steuern machen 2000 Pfund mehr Jahresgehalt sowieso keinen großen Unterschied im Monat. Aber ich werde sie auf jeden Fall fragen!«, zwitscherte sie.

Hätte ich damals gewusst, was ich heute über die Auswirkung von Einstiegsgehältern auf das Gesamteinkommen im Leben weiß, hätte ich mich wahrscheinlich stärker für diese vermeintlich unbedeutenden 2000 Pfund eingesetzt.

Das Einstiegsgehalt ist in der Regel ein wichtiger Anhaltspunkt für dein zukünftiges Einkommen und setzt die Messlatte für spätere Verhandlungen und Angebote, da Gehaltserhöhungen am Arbeitsplatz meistens auf der Grundlage deines bisherigen Gehalts berechnet werden. Selbst wenn es darum geht, eine neue Stelle in einem völlig anderen Unternehmen anzutreten, richten sich die Angebote potenzieller Arbeitgeber oft nach deinem aktuellen Gehalt – so kann sich eine einstmals unbedeutende Zahl zu einem kumulativen Effekt auswachsen, der dich für den Rest deines Lebens begleitet. Wenn du es versäumst, diese ersten Gehaltsverhandlungen zu führen, kannst du im Laufe deiner Karriere weitaus größere Summen verlieren. Obwohl ich mit einem anständigen Einstiegsgehalt in meinem ersten Job gut aus den Startlöchern gekommen war, hatte ich es versäumt, den Schwung in die nächste Stelle mitzunehmen. Ich war zu unerfahren, um meine eigentlich höchst vorteilhafte Position richtig zu nutzen.

Wenig überraschend hielten sie an ihrem ursprünglichen Angebot von 28 000 Pfund fest, nachdem ich AMV meine Loyalität unabhängig vom Gehalt so gut wie zugesagt hatte. *Tant pis* – schade, wie meine Mutter zu sagen pflegt –, aber es hätte schlimmer kommen können. Zu diesem Zeitpunkt war ich einfach begeistert, meinen Traumjob gefunden zu haben. Endlich würde es die Bleistiftröcke und Pitch-Meetings, von denen ich geträumt hatte, geben – zumindest dachte ich das. Dass ich in den kommenden Jahren den späten Feierabend (zehn Uhr abends) und das vom Imbiss bestellte lauwarme Essen, beides typisch für den Alltag in einer Werbeagentur, hassen und mich schließlich mit einer Kluft aus Schlabberpulli und löchrigen Jeans zufriedengeben würde, ahnte ich noch nicht.

Endlich, dachte ich, hatte ich einen Fuß in der Tür.

Endlich hatte ich es geschafft.

Ich bin bei AMV nie richtig in Schwung gekommen. Es gab ein paar Momente, in denen ich mich angekommen fühlte und meinte, das richtige Maß gefunden zu haben, aber in Wahrheit habe ich es nie geschafft. Zum ersten Mal in meinem Leben fühlte ich mich gesellschaftlich abgehängt. Ich hatte es immer für selbstverständlich gehalten, mich in fast jedes soziale Szenario einfügen zu können. Das stand plötzlich infrage. Der Erfolg bei AMV schien davon abzuhängen, dass du die Kunst des Umgangs und Auftretens beherrschst und dich in der Firma richtig positionierst: Beziehungen zu den »richtigen« Leuten knüpfen und dadurch in der Firma ausreichend sichtbar sein; ein »gutes Gespräch« führen und bei den Veranstaltungen genau den richtigen Alkoholpegel haben (und um Himmels willen bei genug Veranstaltungen dabei sein). Es war ein undurchschaubarer alchemistischer Mix aus seltsam geschlechtsspezifischem Verhalten und erzwungener Kameraderie. Das Ziel schien zu sein, als »sagenhaft« bezeichnet zu werden. Ich schrumpfte ganz in mich zusammen.

In vielerlei Hinsicht ähnelte die AMV-Kultur der in Oxford, aber an der Uni konnte ich mir selbst eine Freundesgruppe aufbauen, mich in bestimmte soziale Dynamiken einklinken oder aus ihnen wieder lösen, in der Gewissheit, dass solche Bewegungen sich nicht wirklich auf meine Noten auswirkten. Aber bei der Arbeit, wo deine »Noten« teilweise auf deinem sozialen Status basieren, ist das viel schwieriger. Ich habe mich nie wirklich mit meinen Vorgesetzten angefreundet und nie den Status des »Goldmädchens« erlangt. Der aber ist entscheidend in einem Unternehmen, in dem das Vorankommen davon abhängt, ob die Führungskräfte dich als eine Person ansehen, mit der sie an der Uni »befreundet« gewesen wären – und ich wäre mit niemandem von ihnen befreundet gewesen (obwohl ich es weiß Gott erzwingen wollte). In der Firma herrschten Cliquenwirtschaft und Hierarchien, die manchmal unglaublich brutal sein konnten.

Einmal wurden meine Kollegen und ich darüber informiert, dass in der folgenden Woche eine neue Account-Managerin zu unserem Team stoßen würde. Ihr Name und Lebenslauf wurden per E-Mail verbreitet, damit wir sie an ihrem ersten Tag willkommen heißen konnten. Es muss ein ruhiger Nachmittag gewesen sein, an dem alle nur noch die Stunden zählen, bis sie Feierabend machen könnten, und so beschloss jemand, sie auf Facebook zu suchen. Schon bald drängte sich das gesamte Team um einen Bildschirm, während wir durch ihre Bilder scrollten und versuchten, sie auszukundschaften. Es gab Fotos von ihr auf Festivals, beim Ausgehen mit Freunden, auf

Partys. Nichts Ungewöhnliches, außer dass sie jung und sehr attraktiv war und oft Kleider trug, die ihre Figur betonten. Die Krallen wurden ausgefahren.

»Sie sieht nicht sehr intelligent aus«, kommentierte wer.

»Sie sieht aus wie eine billige Schlampe, wenn du mich fragst«, sagte jemand anders, und alle lachten, schockiert, aber insgeheim auch erfreut. Ich glaube, ich habe auch gelacht und war froh, dass ich mein ständiges Gefühl, eine Außenseiterin zu sein, einmal abschütteln konnte, indem ich diesen Status einfach auf jemand anderen übertrug. Mir war auch ein wenig unwohl, weil ich wusste, dass hier Sexismus wie aus dem Lehrbuch im Spiel war.

Ich weiß nicht, ob ihr Schicksal von Anfang an besiegelt war oder ob sie sich wirklich nicht für den Job eignete, wie schnell behauptet wurde. Ich habe nie direkt mit ihr gearbeitet. Aber innerhalb von sechs Monaten wurde sie entlassen, nachdem ihr Selbstvertrauen durch ständiges negatives Feedback und verschiedene »Interventionen« ihrer Vorgesetzten langsam untergraben worden war.

Ich war länger dabei als sie, aber wir waren etwa gleich alt, und sie suchte manchmal Rat bei mir. Ich bot ihr an, was ich konnte, aber in Wahrheit war ich viel zu sehr mit meinen eigenen Problemen im Unternehmen beschäftigt, als dass ich sie sinnvoll unterstützen konnte. Außerdem befürchtete ich, dass eine zu enge Beziehung zu ihr meinen eigenen, eher mittelmäßigen Ruf schädigen könnte.

Ich hatte das niedrigere Gehaltsangebot von AMV angenommen, weil ich mir sicher war, dass ich sowieso ziemlich schnell eine Gehaltserhöhung bekommen würde, wenn ich erst einmal in der Firma wäre. So erklärte ich es mir vor mir selbst. Angesichts meiner bisherigen Erfahrungen schien das durchaus möglich, wenn auch nicht sehr wahrscheinlich. In

Wirklichkeit sollte ich während meiner gesamten zweijährigen Tätigkeit im Unternehmen dasselbe Gehalt beziehen, mit dem ich eingestiegen war. Obwohl ich immer ziemlich offen um mehr Geld gebeten habe, wenn ich der Meinung war, dass ich es verdiente, ahnte ich, dass eine Gehaltserhöhung bei AMV höchst unwahrscheinlich war. Ich glaube immer noch, dass ich damit richtiglag – ich hatte weder das nötige soziale Kapital, um diese Forderung zu stellen, noch eine Person, die sich bei der Geschäftsleitung für mich einsetzen konnte.

Ungeachtet der persönlichen Einstellung müssen Frauen bei Gehaltsverhandlungen mit vielerlei Hindernissen rechnen, vor allem in Form gesellschaftlicher Normen. Wir werden oft negativ beurteilt (und sogar abgestraft), wenn wir es wagen, mehr Geld zu verlangen. Eine Harvard-Studie von 2005 mit dem bezeichnenden Titel »Sometimes it does hurt to ask« (Manchmal tut es weh zu fragen) ergab, dass Frauen auf größeren sozialen Widerstand stoßen als Männer, wenn sie eine höhere Vergütung auszuhandeln versuchen.[2] Sie werden sogar härter bestraft dafür, dass sie überhaupt ein Gespräch über das Gehalt beginnen, unabhängig vom Ergebnis. Dabei handelte es sich bei den Teilnehmern dieser Studie ausschließlich um Studierende – also um eine junge, gut ausgebildete und vermeintlich progressive Zielgruppe. Die Bereitschaft von Männern, mit verhandelnden Frauen zusammenzuarbeiten, sank deutlich, weil sie diese als »weniger nett« und zu »anspruchsvoll« empfanden. Die Ergebnisse der Harvard-Studie wurden inzwischen von zahlreichen anderen Studien bekräftigt. Eine Umfrage des weltweit führenden Beratungsunternehmens McKinsey aus dem Jahr 2016 unter 34000 Beschäftigten ergab, dass die Wahrscheinlichkeit, »einschüchternd« oder »aggressiv« zu wirken, bei Frauen, die Gehaltserhöhungen oder Beförderungen aushandeln, 30 Prozent höher ist als bei ihren männlichen Kollegen und 67 Prozent höher als bei Frauen, die überhaupt nicht verhandeln.[3] Lange Zeit war mein Argument, wenn ich meine Freundinnen und auch mich selbst überredete, aggressiver über Gehalt oder Honorar zu verhandeln: »Was hast du denn zu verlieren?« Nicht nichts, wie sich herausstellt.

Doch die meisten Frauen wissen das intuitiv. Es braucht kein Forschungsprojekt, um zu belegen, dass es nicht den Stereotypen »weiblicher« Eigenschaften entspricht, sich durchzusetzen und mehr zu verlangen – ob nun mehr Geld oder mehr Respekt, mehr Anerkennung oder sonst eines der austauschbaren Synonyme für »Macht«. In unserer Sozialisation wurden Männer wie Frauen gleichermaßen auf bestimmte Eigenschaften konditioniert. Zur »Frau« gehören: Fügsamkeit, Annehmlichkeit, Unterwürfigkeit. Und wehe, du bist auch noch Schwarz, denn das Durchsetzungsvermögen Schwarzer Frauen wird häufig mit Aggression gleichgesetzt. Die meisten von uns leben in einer Gesellschaft, in der die Macht als natürliche Domäne des Mannes gilt und in der erwartet – ja sogar gefördert – wird, dass er aktiv nach Macht strebt. Frauen hingegen, die diese Erwartungen unterlaufen, gelten als problematisch. Sie stellen eine Bedrohung für die herrschende Ordnung dar, die zugunsten von Männern (die oft denken, unser Gewinn ginge auf ihre Kosten) stark verzerrt ist. Wenn wir über Bezahlung verhandeln, verstoßen wir gegen das, was die Gesellschaft als »normales weibliches« Verhalten ansieht, und es gibt nur wenig Bedrohlicheres als eine Frau, die außerhalb der Grenzen der Normalität agiert. Kein Wunder, dass so viele von uns diese Normen verinnerlicht haben und das Verhalten und die Erwartungen unbewusst (oder bewusst) anpassen, um das männliche Ego zu schonen, sei es im Privatleben mit Familie und Liebespartnerschaften oder im Berufsleben, wenn wir einem temperamentvollen Chef aus dem Weg gehen. Das Ziel des Spiels ist es, eine Demütigung von Männlichkeit zu vermeiden. Dabei ist es wichtig zu betonen, dass die Neigung, um Sympathie und Gefallen zu werben, nicht aus Eitelkeit entsteht oder das Symptom der angeblich typisch weiblichen Schwäche ist, die uns die viktorianischen Patrizier so gerne zuschrieben. Es ist vielmehr eine Überlebenstaktik, ein evolutionärer Mechanismus, im Lauf der Jahrtausende verfeinert, um unsere Erfolgschancen zu verbessern und uns mit List und Lächeln den Weg durch eine feindliche Welt zu ebnen.

Wenn wir den Arbeitsplatz verlassen und uns auf die romantische Ebene begeben, zeigt sich das Unbehagen von Männern gegenüber Frauen mit finanziellem Durchsetzungsvermögen weiterhin in der Art und Weise, wie sie auf gut verdienende Partnerinnen reagieren.

Eine 2016 in Schweden veröffentlichte Studie ergab, dass Frauen, deren Einkommen im Lauf der Ehe das des männlichen Partners überholt – womit die Aufteilung des Einkommens von der Norm männlicher Dominanz abweicht –, sich eher scheiden lassen.[4] Und darauf läuft es letztlich hinaus: auf die Norm der männlichen Dominanz und die Erwartung, dass Frauen sich unterordnen. Die ständige Erwartung, dass wir uns unterordnen, dass wir unsere Wünsche und Ambitionen so klein halten, dass wir nur den Platz einnehmen, den uns Männer überlassen, dass wir uns still und leise in die Ritzen zwischen ihren Egos, Erwartungen und ihrem Stolz fügen. Gibt es einen besseren Beweis für männliche Fragilität als die Tatsache, dass Männer eher fremdgehen, wenn sie Partnerinnen haben, die mehr verdienen als sie? Das jedenfalls hat die Soziologin Christin Munsch 2014 herausgefunden.[5] Doch als die Autorin Ashley C. Ford 2017 einen Artikel für die feministische Medienplattform *Refinery29* schrieb, in dem sie behauptete, dass viele weibliche Millennials, die in heterosexuellen Beziehungen die Hauptverdienerinnen sind, deswegen Konflikte haben oder Scham verspüren (Ford befragte 130 solcher Frauen)[6], war zu beobachten, wie die feministische Twitter-Sphäre in Flammen aufging, mit prägnanten Statements wie »kann ich nicht nachvollziehen« und »würde niemals auf mich zutreffen«. Viele drückten ihre Ungläubigkeit über die nicht woken Erkenntnisse des Artikels aus.

Die Online-Reaktionen waren so heftig, dass Ford sich schließlich mit einem Tweet zu Wort meldete: »Ob du mit diesen Frauen übereinstimmst oder nicht … Das sind nun mal ihre Aussagen.« Wie bei vielen der von mir zitierten Untersuchungen bestätigte Fords Studie lediglich, was die meisten Frauen sowieso intuitiv wissen: Für sie kann finanzieller Erfolg in Liebesdingen Sprengstoff sein, egal wie woke das Objekt ihrer Zuneigung zu sein vorgibt.

Ich habe selbst eine ähnliche Erfahrung gemacht, etwa ein Jahr nach der Veröffentlichung meines ersten Buches, als es in andere Sprachen übersetzt wurde und der italienische Verlag mich zu einer Pressetour nach Mailand einflog.

Ich schlug alle Vorsicht in den Wind und beschloss, einen Mann einzuladen, mit dem ich in den letzten Monaten eine unwahrscheinliche Fernbeziehung geführt hatte. Ein Australier, der in Melbourne lebte und den ich zwei Jahre zuvor in London beruflich kennengelernt hatte. Unser erstes Treffen fand etwas unglücklich an dem Tag statt, an dem Donald Trump zum Präsidenten der Vereinigten Staaten gewählt wurde. Wir blieben über Twitter und WhatsApp und schließlich über tägliches Telefonieren und Skypen in Kontakt, wie es sich für eine typische Kennenlernphase im 21. Jahrhundert gehört. Unsere Beziehung entwickelte sich im Lauf der Monate von einer beruflichen Bekanntschaft zu einer echten Freundschaft, bevor sie sich in eine Liebesgeschichte verwandelte. Wir sprachen ständig miteinander, manchmal stundenlang. Morgens hörte ich die Nachrichten, die er mir in der Nacht geschickt hatte, oder er rief mich auf dem Heimweg von der Arbeit an, um mir von seinem Tag zu erzählen. Ich schwebte durch den Rest des Tages und speicherte alles ab, um ihm später davon erzählen zu können. Unser WhatsApp-Chat wurde zu einem Logbuch der Gefühle, gefüllt mit ausschweifenden Sprachnachrichten und vielen Emojis und Fotos – wahnsinnig vielen Fotos! Fotos von seinem bezaubernden Hund, Selfies aus meinem Urlaub, Bilder von unseren Schreibtischen, wenn einer von uns lange gearbeitet hatte. Er erzählte mir Geschichten über seine Freunde und sagte wie beiläufig: »Du wirst sie kennenlernen, wenn du nach Melbourne kommst«, als wäre es unvermeidlich, dass ich das eines Tages tun würde. Nachdem wir monatelang schüchtern drum herumgeredet hatten, gestanden wir uns schließlich ein, dass da etwas war. Wir gaben beide zu, dass wir – trotz der Entfernung und des Zeitunterschieds von zehn Stunden und der Tatsache, dass wir uns eigentlich nur einmal getroffen hatten – Gefühle für einander entwickelt hatten. Wir überlegten, wann er wohl das nächste Mal aus beruflichen Gründen nach London kommen würde oder wie wahrscheinlich es wäre, dass ich irgendwie in Melbourne landete. Als wir feststellten, dass er zu einer Hochzeit in Italien eingeladen war, wenn ich wegen der Buchtournee dort wäre, war das wie ein Zeichen des Universums. Wir beschlossen unsere Reisen so zu koordinieren, dass er zu meinen Veranstaltungen in Mailand kommen konnte, bevor wir zusammen für ein paar Tage nach Rom reisen würden. Das schien die perfekte Möglichkeit zu sein, uns auszuprobieren, ohne extra nach Melbourne oder London fliegen zu müssen, was den Druck vergrößern würde.

»Bist du sicher, dass es für dich in Ordnung ist, wenn ich dich zu all diesen Presseterminen mitschleppe?«, fragte ich, als die Reise näher rückte. »Du könntest diesen Teil auch einfach auslassen, und wir treffen uns danach? Vielleicht wird es ein bisschen langweilig für dich.«

»Nein, ich will dich in Aktion sehen!«, antwortete er. »Ich mache einfach jede Menge Fotos im Hintergrund, wie so ein schrecklicher Instagram-Freund.«

Doch trotz all der Versprechungen und Planungen und der monatelangen Vorfreude entpuppte sich die Reise als ein einziges Desaster, und es wurde schnell klar, dass unser herbeigesehntes Wiedersehen nichts mit Romantik zu tun hatte. Der Australier (wie ich ihn zu nennen pflegte) schien während des Fluges eine Persönlichkeitsveränderung durchgemacht zu haben. Von Anfang an herrschte eine merkwürdige Anspannung. Als ich ihm das Hotel zeigte, in dem mein Verlag mich untergebracht hatten, zog er die Augenbrauen hoch. »Wow. Nettes Hotel«, bemerkte er, aber irgendetwas an der Art, wie er das sagte, machte mich augenblicklich verlegen. »Ja, es ist ein bisschen viel«, antwortete ich und lachte entschuldigend.

Die Pressetermine, an denen er so gerne teilgenommen hätte, schienen ihn nun zu langweilen. Als ich früh zu einer Podiumsdiskussion kam, an der ich teilnehmen sollte, schlug ich ihm vor, sich nach vorne zu setzen, und wies auf einen Platz, der für ihn reserviert worden war. »Nee, schon in Ordnung«, kam die Antwort. Stattdessen stand er während der gesamten Veranstaltung im hinteren Teil des Raums und blickte mit steinerner Miene zurück, wann immer ich seinen Blick erhaschte. Ich strahlte ins Publikum und hoffte insgeheim, dass mich der Boden verschluckte.

Beim anschließenden Abendessen fragte er mich, wie ich es fände, dass mein Erfolg als Schriftstellerin zum Teil auf meiner Attraktivität beruhe, eine Anspielung darauf, dass ich dem Publikum als *bellissima* vorgestellt worden war. Es klang wie eine Anschuldigung und war der einzige Kommentar, den der Australier zu der Veranstaltung abzugeben hatte, bei der ich vor voll besetztem Saal in einem mir fremden Land ausführlich über mein Buch gesprochen hatte.

»Du weißt, dass viele Frauen jetzt ziemlich beleidigt wären«, gab ich zurück, »aber ich nehme es als Kompliment.« Dabei wusste ich, dass seine Bemerkung nicht als Kompliment gemeint war.

Das alles stand in krassem Gegensatz zu den romantischen Gesprächen, die wir zuvor geführt hatten, und ich versuchte immer wieder, den Dingen auf den Grund zu gehen.

»Habe ich dich irgendwie verärgert?«, fragte ich. »Ich habe das Gefühl, dass du gar nicht hier sein willst.«

Die Antwort war jedes Mal dieselbe – »Nein« –, aber er blieb die ganze Reise über schmerzvoll distanziert, was bei mir zu Tränenausbrüchen und bei ihm zu noch mehr kalter Gleichgültigkeit führte. Später beschrieb ich es meinen Freunden gegenüber wie ein schlechtes Date, das nicht drei Stunden, sondern drei Tage gedauert hatte. Was umso bitterer war, als sich Rom im Spätsommer in seiner ganzen Schönheit zeigte. Aber es hatte einfach keinen Sinn. Als wir uns trennten, sagte ich ihm, er solle sich nie wieder bei mir melden, und brach, als ich mit Tommy, einem meiner besten Freunde, telefonierte, in Schluchzen aus.

Zurück in London rief ich eine andere Freundin an, Jenny, und erzählte ihr die ganze Reise in allen Einzelheiten und dem unerträglichen Elend. Nachdem sie angemessen geschockt war (»Oh nein, willst du mich verarschen?«) und mir ihr Beileid ausgesprochen hatte (»Was für ein Arschloch!«), war sie kurz still, bevor sie erklärte:

»Er ist ein Berger.«

»Ein was?«

»Ein Berger.«

»Ich weiß nicht, was du meinst.«

»Wie in *Sex and the City*. Erinnerst du dich an Carries furchtbaren Freund Berger? Der mit ihrem Erfolg nicht klarkommt und durchdreht, als sie ihm das teure Prada-Hemd kauft?«

Ah ja – Jack Berger.

Der Typ mit der schwächelnden Schriftstellerkarriere (und dem unerklärlichen Sommerhaus in den Hamptons), der angesichts von Carries beruflichem Erfolg ausrastet und sie schließlich mit einem Post-it-Zettel abserviert. Die Ähnlichkeiten waren unübersehbar. Es war das erste Mal, dass ich ins Ausland reiste, um ein Buch zu promoten, und ich war überhaupt nicht darauf vorbereitet, was für einen spektakulären Rummel der italienische Verlag um mich machen würde. Er brachte mich in einem Luxushotel unter und fuhr mich in einem Mercedes mit Chauffeur herum, während Fans, von denen ich überrascht war, dass es sie überhaupt gab, nach einer ausverkauften Veranstaltung Schlange standen, um sich ihre Bücher signieren zu lassen.

Ganz zu schweigen davon, dass ich eine Debütautorin war, und nicht gerade eine berühmte. Das alles war eine riesige Überraschung, und zwar nicht nur für mich. Diese offensichtlichen Beweise für meinen beruflichen Erfolg standen im krassen Gegensatz zu der Situation, in der sich der Australier zu diesem Zeitpunkt befand. Das Unternehmen, das er jahrelang mit Freunden aufgebaut hatte, ging gerade den Bach runter, und er überlegte, was er tun sollte.

Ich dachte auch daran, wie seltsam er mit der finanziellen Seite der Reise umgegangen war. All die kleinen roten Flaggen hatte ich in meiner Verliebtheit einfach übersehen und ignoriert. Der Einfachheit halber (und weil ich eine Planerin bin), hatte ich ein Airbnb in Rom gefunden und bezahlt. Obwohl ich ihn nie gebeten hatte, seinen Anteil zu bezahlen, ärgerte es mich, dass er es nicht einmal anbot, und dass er, als ich ihn bat, unsere Zugtickets von Mailand nach Rom zu buchen, mit der lahmen Ausrede kam, seine Kreditkarte funktioniere nicht. Schließlich habe ich auch diese Tickets bezahlt. (Gegen Ende der Reise fragte ich ihn beiläufig, ob er mir seinen Anteil an der Airbnb-Rechnung per PayPal überweisen könne, aber er zögerte so lange, dass ich ihn ein paar Mal daran erinnerte, und als er es schließlich tat, zog er kleinlich eine Runde Getränke ab, die er bezahlt hatte.)

Wenn ich jetzt darüber nachdenke, hat er im Grunde die ganze Zeit über die Preise gemurrt und alles abgelehnt, was er »irgendwie zu schick« fand – Restaurants, Bars, den botanischen Garten. Vierzig Minuten waren wir in der brütenden Hitze gelaufen, um ihn zu finden und um festzustellen, dass der Eintritt 8 Euro kostete (was er nicht zahlen wollte).

Statt in einer netten kleinen Bar, die uns ein Freund empfohlen hatte, einen Drink zu nehmen, kauften wir an unserem letzten Abend ein paar Flaschen Bier im Supermarkt und setzten uns damit auf die Spanische Treppe. Das war verboten und bedeutete, dass wir immer, wenn ein Sicherheitsbeamter vorbeiging, das Bier verstecken mussten. Ich war entsetzt. Es war, als hätte der Australier nicht vorgehabt, auch nur irgendetwas auszugeben, und ich fragte mich, ob er insgeheim gehofft hatte, dass ich die gesamte Reise bezahlte.

»Aber er hat meine Arbeit immer unterstützt!«, protestierte ich gegenüber Jenny. »Das mochte ich so gern an ihm. Er hat sogar Exemplare von meinem Buch für Freundinnen gekauft.«

»Na ja«, antwortete Jenny im weisen Ton eines buddhistischen Mönchs, der den Sinn des Lebens erkannt hatte und ihn nun mir, der Vollidiotin, näherbrachte.

»Aus der Ferne ist es leicht, dich zu unterstützen, aber als er in der Nähe mit deinem Erfolg konfrontiert wurde, konnte er einfach nicht damit umgehen. Trotzdem, deine Instagram-Bilder waren toll!«

Als ich an diesem Abend im Bett lag, dachte ich an die Ablehnung des Australiers, sich bei der Podiumsdiskussion ins Publikum zu setzen; an das gezwungene Lächeln, das er mir am nächsten Morgen zuwarf, als mir vor einem Fernsehauftritt in einem großen Nachrichtensender das Mikrophon angepasst wurde; an das verhaltene Lob für meine sorgfältig zusammengestellten Outfits (vielleicht am bittersten, denn wenn ich eins bin, dann gut angezogen).

Jenny hatte recht. Ich hatte mich in einen Berger verknallt.

Natürlich sind es nicht nur Männer, die sich seltsam verhalten, wenn es um Frauen und Geld geht – die Beurteilung von Geld findet jenseits der Geschlechter statt. Aber während Männer finanzstarke Frauen oft übermäßig anspruchsvoll oder bedrohlich finden, neigt der weiblich sozialisierte innere Dialog diesbezüglich zur Scham. Es gibt einen bestimmten Tonfall in der Beurteilung, den wir für die Geldentscheidungen anderer Frauen reservieren – sei es, was ihre persönlichen Konsumgewohnheiten angeht oder ihren Umgang mit Geld in der Partnerschaft –, und die *Sisterhood* gerät schnell aus dem Blick. Wie sollte es auch anders sein? Es ist nahezu unvermeidbar, die Gleichung *Frau + Geld = schlecht* zu verinnerlichen, zumal die Kultur voll von dieser Botschaft ist.

Semiotiker untersuchten Artikel über Finanzen, die in Großbritannien im Jahr 2018 erschienen waren. Sie fanden enorme Diskrepanzen in der Art und Weise, wie die Medien über Männer und Frauen hinsichtlich Geldes sprechen: Frauen werden übermäßig oft als rauschhaft prassend und mit geringem Urteilsvermögen charakterisiert. Artikel, die sich an Leserinnen richten, stellen Finanzfragen als ein kompliziertes Minenfeld dar, zu komplex für unsere kleinen Gehirne.[7] Diese Artikel – die oft in Frauenzeitschriften erscheinen – sind durchsetzt mit »Schuldsprache«, wie die Studie es nennt: Schuldgefühle in Bezug auf Geld, Sex oder Ehrgeiz sind die schärfsten und am besten versteckten Werkzeuge des Patriarchats.

Nehmen wir das Konzept des Finanztagebuchs, ein redaktionelles Format, das zuerst auf *Refinery29* populär gemacht wurde und in dem Menschen (meistens Frauen) anonym eine Woche lang detailliert über ihre Finanzen berichten und ihre Einnahmen und Ausgaben aufs Genaueste dokumentieren. Von Gehältern und Studienkrediten bis hin zu Sexspielzeug und Gras – nichts bleibt unberücksichtigt. Diese Tagebücher verschaffen den digitalen Plattformen oft die höchsten Zugriffszahlen, aber die Autorinnen selbst werden oft verspottet und in den Kommentarspalten für ihre Ausgaben kritisiert. Dabei erregen einige der Beiträge manchmal so viel Aufmerksamkeit, dass sie kurzzeitig viral gehen, wütend auseinandergenommen und verworfen werden.

Zu verwöhnt. Zu verschwenderisch. Zu reich. Zu arm.

Kein Wunder, dass diese Tagebücher so oft anonym veröffentlicht werden – offenbar tun wir nichts lieber, als über die finanziellen Entscheidungen anderer Personen, insbesondere Frauen, zu urteilen. Wie moderne Kaiser sitzen wir auf dem Thron, beobachten alles und prangern alle an, die von unserer persönlich abgesegneten Einstellung zum Geld abweichen.

Vernünftige Sparsamkeit? Daumen hoch. Finanzielle Unterstützung durch die Eltern? Daumen runter. Drei Gerichte zum Mitnehmen in einer Woche bestellt? Unentschieden (aber das ist doch ein *bisschen* extravagant, oder?). Die Kulturkritikerin Jia Tolentino beschreibt Geldtagebücher als Orte, wo Millennials urteilen und verurteilt werden[8] – ein heimliches Vergnügen, das ich mir in der Vergangenheit natürlich auch gegönnt habe.

Als im Sommer 2018 der Beitrag einer Bloggerin viral ging, die in ihrem Geldtagebuch berichtete, welche Sparmaßnahmen sie ergriffen hatte, um sich in London eine Immobilie kaufen zu können, war ich Teil der Online-Debatte, die daraufhin entstand. Wie andere war ich der Meinung, dass die von ihr vorgelegten Summen einfach nicht passten, und habe das auch getwittert. Obwohl meine Kommentare – im Gegensatz zu den vielen echten Anfeindungen – harmlos waren, habe auch ich diese Frau verurteilt. Sie verdiente fast 70 000 Pfund im Jahr, und ihre Vorstellung von »Sparen« bestand darin, 80 Pfund in der Woche für einen (vegetarischen!) Lebensmitteleinkauf auszugeben und 830 Pfund im Monat für eine »günstige« WG zu zahlen. Abgesehen davon, dass sie eine teure Mitgliedschaft im Fitnessstudio gekündigt hatte und seltener mit Leuten unterwegs war, versuchte sie eindeutig zu sparen, ohne ihre Lebensqualität allzu sehr einzuschränken. Mich interessierte lediglich, was sie (meiner Meinung nach) falsch machte.

Verblendete, verwöhnte Tussi, dachte ich missbilligend und dass sie, wenn sie es mit dem Sparen wirklich ernst meinte, ihren Gürtel um einiges enger schnallen müsste. Wie so oft, wenn es um unsere Wahrnehmung des Finanzverhaltens anderer geht, sagte meine Reaktion auf ihre Ausgabengewohnheiten viel mehr über mich aus als über sie, wobei ich in diesem

Fall meine eigene, ziemlich strenge Einstellung zum Geld entlarvte: »Sparen muss wehtun, sonst ist es nicht richtig. Wenn es nicht wehtut, dann sparst du nicht hart genug.«

Im Großen und Ganzen spielte die mediale Charakterisierung dieser Tagebuchautorin – und sie machte schließlich weltweit Schlagzeilen – in das »Avocadotoast«-Narrativ, das beschreibt, warum sich Millennials keine Häuser leisten können. Dabei wird das Problem darauf zurückgeführt, dass wir angeblich nicht auf kleine Freuden verzichten und uns nicht auf den Irrsinn der Immobilienpreise konzentrieren können. Anstatt zu hinterfragen, warum der Wohnungsmarkt so strukturiert ist, dass es einer Person mit überdurchschnittlichem Gehalt immer noch schwerfällt, Eigentümerin zu werden, konzentrierte sich der Großteil der anschließenden Berichterstattung auf all die Kleinigkeiten, mit denen diese eine Frau möglicherweise ihre Finanzen falsch verwaltet hat. Die kollektive Reaktion glich Mobbing, Fotos vom Instagram-Account der »jammernden Millennial«[9] wurden im Internet verbreitet, bevor die Zeitung, die ihr Profil veröffentlicht hatte, einschritt und den ursprünglichen Artikel aktualisierte, indem sie ihr Bild entfernte und ihren Namen änderte. Wie gesagt – es gibt einen Grund, warum solche Tagebücher anonym veröffentlicht werden.

Hätte ich es so hart beurteilt, wenn es von einem Mann geschrieben worden wäre? Ich denke schon, aber natürlich hätte ich am besten gar nicht geurteilt. Ich bezweifle, dass ich es überhaupt bemerkt hätte, wenn das Tagebuch von einem Mann geschrieben worden wäre (und in der Tat sind von Männern verfasste Geldtagebücher sehr viel seltener). Der Tenor der Empörung hatte den Unterton: »Seht euch diese dumme Frau an, wie falsch die mit ihren Finanzen umgeht.« Ich kann mir nur schwer vorstellen, dass es auch so geklungen hätte, wenn sie ein er gewesen wäre.

Angesichts des Risikos von Sanktionierung oder Zensur, das Frauen eingehen, wenn sie offen über Geld sprechen – insbesondere über den Wunsch danach –, ist es ein Wunder, dass überhaupt eine Frau es wagt. Vermutlich deshalb, weil es an ehrlichen Darstellungen der eigenen finanziellen Ambitionen mangelt, wurde mir ein Artikel der Bestsellerautorin Jessica Knoll in der *New York Times*[10] 2018 nicht weniger als vier Mal von verschiedenen Freundinnen zugeschickt. Unter der Überschrift »I Want to Be Rich and I'm Not Sorry« (Ich will reich sein, und es tut mir nicht leid) beschreibt Knoll unverblümt ihren Wunsch nach »Vorschüssen, die meinem Mann den Atem verschlagen, und satten Tantiemenschecks zweimal im Jahr« und welche strategischen Entscheidungen sie im Laufe ihrer Karriere getroffen hat, um diese Wünsche zu realisieren. Schon die Überschrift – unverblümt, unkompliziert und völlig unsentimental – steht im Widerspruch zu der Art und Weise, wie Frauen im Allgemeinen über Geld sprechen, weil sie so sozialisiert sind. »Erfolg ist für mich gleichbedeutend mit Geld«, schreibt Knoll, eine Einstellung, die ich teile, aber oft abschwächen muss, indem ich auf alles andere hinweise, was ich *neben* Geld schätze. Sonst würde ich zu materialistisch wirken oder so, als akzeptierte ich die kapitalistische Ideologie fraglos.

In einem Interview mit der Zeitschrift *The Hollywood Reporter*, das einige Monate vor der Veröffentlichung von Knolls Artikel stattfand, erklärte Ellen Pompeo, die Hauptdarstellerin in der Serie *Grey's Anatomy*, ganz sachlich, wie sie für sich ein Jahresgehalt von 20 Millionen Dollar ausgehandelt hatte, womit sie zur bestbezahlten Schauspielerin in der Hauptsendezeit wurde.[11]

Das Interview fiel mir nicht nur wegen der Transparenz auf – eine Seltenheit in Hollywoods Honorargesprächen –, sondern auch wegen Pompeos energischem Tonfall und ihrer offensichtlichen Weigerung, sich den kulturellen Erwartungen anzupassen, wonach Frauen sich für ihren Wunsch nach Geld zu schämen haben. Hier war eine Frau, die sich ihres Wertes für den Fernsehsender, bei dem sie angestellt war, vollkommen bewusst war und die diese Position offen ausnutzen wollte, um den bestmöglichen Deal zu erzielen. *Grey's Anatomy* ist ein milliardenschweres Franchise für Disney, und Ellen Pompeo als die Titelfigur Meredith Grey ist für den anhaltenden Erfolg der Serie unverzichtbar, umso mehr, als die Produktion nach elf Staffeln ihren Liebhaber Derek Shepherd den Serientod sterben ließ.

Knoll und Pompeo sind zweifellos Frauen, die sich nicht scheuen, nach mehr zu fragen – und sie sind beide wohlhabend genug, um Agenten, Anwälte, Manager und Unternehmensberater zu beschäftigen, die in ihrem Namen verhandeln.

Und was ist mit uns? Wie fragen durchschnittlich verdienende Frauen?

Lange Zeit galt die herkömmliche Meinung, dass wir nicht um eine Gehaltserhöhung bitten. Oder jedenfalls nicht so oft wie Männer. Angeblich sind wir zu schüchtern oder halten zu wenig von uns selbst, um in die Vorstandsetagen zu marschieren und die gleichen Summen zu fordern wie Männer, und deshalb werden wir am Ende schlechter bezahlt. Dieses Narrativ wird selbst von Wortführern mit den besten Absichten verbreitet, und oberflächlich betrachtet ergibt es ja Sinn. Die Vorstellung, dass Frauen nicht wie Männer um Gehaltserhöhungen bitten, wirkt verführerisch plausibel und passt gut zu den tief verwurzelten Stereotypen über angeblich »weibliche« Persönlichkeitsmerkmale.

Es stimmt aber einfach nicht.

In einer aktuellen Studie mit dem Titel »Do Women Ask?«,

die in der Wirtschaftszeitschrift *Industrial Relations* veröffentlicht wurde und Daten von mehr als 4600 australischen Arbeitnehmern verwendet, stellten die Forscher mit Erstaunen fest, dass Frauen tatsächlich genauso oft um Lohnerhöhungen bitten wie Männer – es ist nur wahrscheinlicher, dass wir abgelehnt werden.[12] Erwartet hatten sie, die seit langem herrschende Theorie über die mangelnde Verhandlungsbereitschaft von Frauen bestätigt zu finden. Stattdessen ergab die Analyse aber, dass die Verhandlungsbereitschaft von Männern und Frauen in etwa gleich groß ist. Als ich dieses Ergebnis vor ein paar Jahren in den sozialen Medien verbreitete, bekam ich haufenweise Antworten von Frauen. Sie erzählten mir, wie sie um eine Gehaltserhöhung gebeten hatten und wie sie ihnen verweigert wurde. Auf ihre Forderung nach einer Gehaltserhöhung hatte der Chef der einen Frau mit der Aussage reagiert, das sei »unelegant« – eine offensichtlich genderspezifische Wortwahl. Einer anderen wurde mit Degradierung gedroht, nur weil sie um eine Gehaltserhöhung gebeten hatte.

Die Ergebnisse der Studie »Do Women Ask?« stellen die herkömmliche Überzeugung zu diesem Thema infrage, ganz zu schweigen von den Ergebnissen anderer bekannter Studien, insbesondere die der Wirtschaftsprofessorin Linda Babcock und ihrer wissenschaftlichen Kollegin Sara Laschever.

Im Jahr 2003 verfasste das Duo gemeinsam ein epochales Buch mit dem Titel »Women Don't Ask«, dessen Grundaussage sich schon aus dem Titel ergibt. Ihr Buch und die ihm zugrunde liegenden Studien[13] werden seither als Beweis für die Zurückhaltung von Frauen angeführt, am Arbeitsplatz mehr zu verlangen, und haben zweifellos zu einer gewissen Verzerrung der seither durchgeführten Forschungsstudien und informellen Analysen geführt. (Es ist erwähnenswert, dass weder Babcock noch Laschever behauptet haben, die angebliche

Zurückhaltung von Frauen bei Verhandlungen sei auf angeborene »weibliche« Eigenschaften zurückzuführen, wie es andere getan haben. Sie glauben vielmehr, dass es sich um eine erlernte Eigenschaft handelt, die durch äußere soziale Einflüsse vermittelt wird.)[14]

Doch im Gegensatz zu anderen einschlägigen Studien hatten die Forscher der jüngeren Untersuchung »Do Women Ask?« Zugang zu detaillierteren Daten, sodass eine entscheidende Tatsache berücksichtigt werden konnte: Frauen arbeiten weitaus häufiger als Männer in gering qualifizierten Berufen zu Stundenlöhnen oder in Teilzeitjobs, in denen Gehaltsverhandlungen gar nicht möglich sind. Frühere Studien, die zu der gleichen Schlussfolgerung gelangten, berücksichtigten oft nicht die Tatsache, dass bestimmte Arbeitsplätze und Branchen von einem bestimmten Geschlecht dominiert werden, und konzentrierten sich stattdessen auf die *Gesamtzahl* der Männer oder Frauen, die über Gehaltsverhandlungen berichteten, was – angesichts der Zahl der Frauen, die Jobs mit »nicht verhandelbaren« Gehältern ausüben – ihre Ergebnisse erheblich verzerrte. In dieser jüngeren Studie wurde hingegen festgestellt, dass bei einem Vergleich von Männern und Frauen, die ähnliche Tätigkeiten ausüben (und bei denen es echte Möglichkeiten zur Gehaltsverhandlung gibt), Frauen tatsächlich in gleichem Maße wie Männer Gehaltserhöhungen fordern. Diese Ergebnisse wurden in der Folge durch weitere Studien bestätigt, darunter zwei separate Studien von McKinsey[15], von denen die im September 2018 veröffentlicht[16] 64 000 Arbeitnehmer in den USA befragte und feststellte, dass Frauen tatsächlich etwas *häufiger* Gehaltserhöhungen aushandeln, nämlich 31 Prozent im Vergleich zu 29 Prozent Männern.

Selbst wenn es deprimierend ist, dass Frauen tatsächlich eine

Gehaltserhöhung eher verweigert wird als Männern, so ist es doch gewissermaßen befriedigend, die Vorstellung widerlegen zu können, die Frauen seien durch ihr Handeln oder Nichthandeln selbst für diese Ungleichheit verantwortlich. Wenn wir uns auf das Narrativ *Frauen fordern keine Gehaltserhöhung* einlassen, dann übernehmen wir die Schuld für eine Situation, die sich unserer Kontrolle entzieht, während wir gleichzeitig eine unangenehme und deprimierende Wahrheit ignorieren: Wir werden oft systematisch um unseren gerechten Anteil betrogen.

Der Begriff *gaslighting* stammt aus dem Film *Gaslight* (dt.: *Das Haus der Lady Alquist*)[17] aus dem Jahr 1944 mit Ingrid Bergman in der Hauptrolle. Er bedeutet, dass die Realitätswahrnehmung einer Person manipuliert wird, indem man sie dazu bringt, ihre Wahrnehmung anzuzweifeln. Die Forderungen von Frauen nach Gehaltserhöhung in der Realität abzulehnen und gleichzeitig zu behaupten, das geschlechtsspezifische Lohngefälle sei auf ihre Zurückhaltung zurückzuführen, ist ein typisches Beispiel für Gaslighting. Das Gleiche gilt für das Klischee der frivolen Frau, die ihr ganzes Geld für Kleidung ausgibt, oder für die Vorstellung, Frauen könnten von Natur aus schlecht mit Geld umgehen. Letzteres ignoriert nicht nur vorsätzlich die dokumentierte Realität der von Frauen getätigten Ausgaben, sondern verhüllt auch die erwiesenen strukturellen Gründe, warum Frauen weniger Geld haben als Männer. Das Narrativ, wir würden nicht fragen, mag bequem sein, aber es ist falsch. Wenn es um Frauen und Verhandlungen geht, werden wir stark unterschätzt.

Als ich meine Zeit bei AMV beendete und eine neue Stelle antrat, musste ich erleben, wie heftig das Gaslighting am Arbeitsplatz sein kann.

Kapitel 4

Jungsklub

Schon an meinem zweiten Tag bei *Vice* war mir klar, dass ich einen Fehler gemacht hatte.

An diesem Morgen hatte mein neuer Chef, Jamie, vorgeschlagen, dass wir zusammen zu Mittag essen, damit er mich über die Projekte, an denen ich arbeiten würde, auf den neuesten Stand bringen konnte.

Als die Mittagspause näher rückte und meine Kollegen in Zweier- und Dreiergruppen in die Mittagspause gingen, wartete ich darauf, dass er den ersten Schritt machen würde. Er tat es nicht. Schließlich ging ich, ermutigt durch meinen größer werdenden Hunger, zu seinem Schreibtisch hinüber. »Hey! Willst du bald Mittag essen gehen?«, fragte ich möglichst beiläufig.

Jamie sah von seinem Laptop auf und seufzte, sichtlich gestresst.

»Ja … Ich glaube nicht, dass ich es heute noch schaffe, mit dir essen zu gehen, entschuldige. Ich bin im Moment überlastet mit Arbeit, es ist unfassbar«, sagte er entschuldigend. »Aber lass uns doch morgen zusammen essen oder so?«

»Oh, ja klar – keine Sorge«, antwortete ich mitfühlend. »Ich hoffe, es ist nicht all zu stressig!«

Ich kehrte an meinen Schreibtisch zurück und hoffte, einer

meiner neuen Kollegen würde mich zum Mittagessen mitnehmen. Aber das tat niemand, stattdessen vermieden alle den Blickkontakt mit mir und gingen in ihren üblichen Konstellationen aus dem Büro. Gelangweilt und hungrig machte ich mich schließlich allein auf den Weg, drehte eine Runde durch die umliegenden Straßen und kaufte mir ein Sandwich, um es am Schreibtisch zu essen. *Wie eine Loserin*, ploppte es auf dem Rückweg ins Büro ungebeten in meinem Kopf auf.

Zu meiner Überraschung kam mir auf der Straße Jamie entgegen, in Begleitung einiger Jungs, die im Büro an den Schreibtischen neben meinem saßen. Sie lachten alle laut und rissen Witze. Sie wichen meinem Blick aus, bis wir fast auf gleicher Höhe waren – gar nicht leicht, da wir auf der schmalen Straße allein waren –, aber ich lächelte fröhlich, als wir aneinander vorbeigingen, und grüßte. Sie lächelten zurück und gingen weiter.

Vielleicht holt er sich nur schnell etwas und will es an seinem Schreibtisch essen, dachte ich. Daran ist nichts auszusetzen.

Etwa eine Stunde später kehrte die Gruppe zurück, und ihre Gespräche unterbrachen die seltsam angespannte Ruhe im Büro, als sie sich wieder an ihre Schreibtische setzten.

»Es ist einfach ganz anders als bei AMV«, sagte ich später am Abend, als ich meiner Mitbewohnerin Lydia von den Ereignissen des Tages erzählte. »Wir haben uns immer viel Mühe gegeben, um neue Leute willkommen zu heißen, haben sie an ihrem ersten Tag zu einem Teamessen eingeladen oder so. Ich weiß nicht – dass er mich sitzen gelassen hat, um dann mit den Jungs zu Mittag zu essen, fühlt sich einfach ein bisschen … daneben an.«

»Du interpretierst viel zu viel hinein«, antwortete Lydia und versuchte mich zu beruhigen. »Ehrlich – es gibt eine Million

Gründe, warum er seine Meinung geändert haben könnte. Denk nicht zu viel darüber nach.«

»Ja … ja, du hast wahrscheinlich recht«, gab ich zu.

Zu meinem Pech erwies sich mein Instinkt als goldrichtig.

Wahrscheinlich hätte ich es kommen sehen müssen. Es gab viele Warnzeichen, eine ganze Menge, wenn ich darüber nachdenke. Aber ich wollte sie ignorieren.

Schon bevor ich bei *Vice* anfing, hatte mich die Art und Weise, wie das Unternehmen seine Vorstellungsgespräche führte, nicht besonders beeindruckt. Sie waren eher chaotisch als locker. Zwei vage, unstrukturierte Vorstellungsgespräche lagen hinter mir, in denen ich zum Beispiel gefragt wurde, was für eine Pizza ich wäre, wenn ich eine Pizza wäre, und warum (ich muss gestehen, ich weiß nicht mehr, wie geistreich ich geantwortet habe). Es gab Absagen von Vorstellungsgesprächen in letzter Minute, und aus irgendeinem Grund war die Stelle, die mir schließlich angeboten wurde, eine völlig andere als die, auf die ich mich eigentlich beworben hatte. Zuvor hatte ich schon andere Stellenangebote abgelehnt, weil ich aus den schlampig geführten Vorstellungsgesprächen schlussfolgerte, wie die Alltagskultur in dem Unternehmen sein könnte. Aber für *Vice* – das coole, zeitgeistige Unternehmen, wo alle arbeiten wollten – war ich bereit, eine Ausnahme zu machen.

Es half nicht, dass ich in den fast zwei Jahren seit meinem Einstieg bei AMV langsam anfing, die Arbeit dort zu hassen, mich von der cliquenhaften Atmosphäre zunehmend befremdet fühlte und an meinem mangelnden Fortkommen erstickte. Ich hatte versucht, meine Unzufriedenheit zu verdrängen, indem ich mir eine Beschäftigung außerhalb der Arbeit suchte, mich erfolgreich für ein vom Kulturministerium finanziertes Schreibprogramm bewarb, von dem ich hoffte, dass es mir den

Weg zu einer schriftstellerischen Karriere ebnen könnte. Innerhalb weniger Wochen musste ich jedoch abbrechen. Es war einfach nicht realistisch, jeden zweiten Montag um 17:30 Uhr das Büro zu verlassen und pünktlich beim Workshop zu erscheinen.

Im letzten Gespräch über meine Leistungen bei AMV sagte meine Chefin, sie finde meinen Ehrgeiz »schwer zu bändigen«. Als wäre der Ehrgeiz einer dreiundzwanzigjährigen Frau etwas, was gezügelt und nicht gefördert werden müsste.

Ich brach peinlich berührt in Tränen aus und schwor, mehr »Teamplayerin« zu sein, wobei ich, ohne das zu hinterfragen, akzeptierte, dass *ich* das Problem sei. Nicht lange nach diesem Gespräch wurde ich plötzlich zu einem anderen Projekt abkommandiert. So sollte ein persönlicher Konflikt mit einem Teammitglied gelöst werden, als dessen Ursache die Teamleitung mich ausgemacht hatte. Da das neue Projekt den größtenteils westafrikanischen Markt für einen unserer Kunden erschließen sollte, dachte ich, meine nigerianische Herkunft und mein angeborenes kulturelles Verständnis unserer Zielgruppe könnten von Vorteil sein. Stattdessen konzentrierten sich meine Tage darauf, den permanenten unterschwelligen Rassismus in dem neuen ausschließlich männlichen, weißen Team zu bewältigen. Die Tatsache, dass unser Auftrag zwangsläufig eine Auseinandersetzung mit afrikanischer Kultur bedeutete, bot meinen Kollegen reichlich Gelegenheit, die Abgründe ihrer Scheinheiligkeit zu offenbaren. Es war der Höhepunkt der Ebolakrise in Westafrika, und Witze über an Ebola erkrankte Nigerianer, die »Ratten essen«, fielen in Meetings genauso beiläufig wie Kommentare über das Wetter. Über die Kollegen verschiedener afrikanischer Agenturen, mit denen wir zusammenarbeiteten, wurde gesprochen, als wären sie Schwachköpfe, und ihre Vorschläge und Bemühungen wurden weitgehend verworfen. Erschwerend kam hinzu, dass ich nicht nur die Jüngste im Team war, sondern auch die einzige Person of Colour und die einzige Frau. Ich hatte keine Ahnung, wie ich überhaupt anfangen sollte, dem Rassismus meiner Kollegen zu begegnen, ich wusste nicht einmal, ob ich es so nennen konnte. Immer noch geschockt von der Beurteilung meiner Leistung, wollte ich nicht als schwierig erscheinen, wenn ich darum bat, das Team wechseln zu dürfen, und ich wollte auch nicht beschuldigt werden, »die Rassismuskarte auszuspielen«, wenn ich eine offizielle Beschwerde einreichte. Stattdessen zog ich mich immer mehr zurück und erkannte schließlich, dass die einzige Lösung darin bestand, mir einen neuen Job zu suchen. Als *Vice* bei mir anklopfte, wäre ich bereit gewesen, einen Job als Kanarienvogel in einer Kohlenmine anzunehmen.

Ich überlegte, ob ich das Angebot von *Vice* annehmen sollte oder nicht, und beschloss, mich Lucy anzuvertrauen, einer Kollegin, deren Freundlichkeit und Arbeitsethik ich bewunderte und die ich als eine Art informelle Mentorin betrachtete. An ihrem Gesichtsausdruck konnte ich ablesen, dass sie mich in Bezug auf *Vice* ermutigen wollte, da sie wusste, wie unglücklich ich bei AMV war, aber trotzdem zögerte sie, mir das ersehnte grüne Licht zu geben.

»Ich habe nicht viel Gutes über die Stimmung dort gehört. Ich glaube, es hat etwas von einer Schlangengrube«, sagte sie sanft. »Aber wenn du hier wirklich so unglücklich bist …«

An diesem Abend recherchierte ich im Internet weiter. Ich arbeitete mich durch die Suchergebnisse, um ein Bild davon zu bekommen, wie die Arbeit bei *Vice* sein würde, und ob ich den Job annehmen sollte oder nicht.

Neben Dutzenden von Artikeln, die das Unternehmen als die Zukunft des Journalismus anpriesen, gespickt mit einprägsamen O-Tönen des legendären CEO Shane Smith, gab es auch eine kleine, aber beständige Unterströmung von Berichten, die ein vernichtendes Bild von der Unternehmenskultur zeichneten. Auffallend war ein Artikel im Blog *Gawker*, der nur wenige Monate zuvor unter der Überschrift »Working at Vice Media Is Not as Cool as it Seems« veröffentlicht worden war.[1] In dem Artikel wurde behauptet, *Vice* sei ein »nicht gerade idealer Arbeitgeber«. Gespräche mit mehreren Mitarbeitern zeichneten ein Bild des Unternehmens, das alles andere als verlockend war: abgrundtief niedrige Löhne, unterbewertete und überarbeitete Angestellte und fragwürdige redaktionelle Standards, bei denen Inhalte geändert wurden, um sie den Werbekunden anzupassen.

Nun, vielleicht ist das nur das New Yorker Büro, dachte ich, bevor ich einen ähnlich bissigen Bericht über die Londoner Niederlassung von *Vice* entdeckte, ebenfalls auf *Gawker*.[2]

Oh, verdammt.

Beschissene Bezahlung, stressige Arbeit und ein »Jungsklubgefühl, das keinen Spaß macht, wenn du nicht zu den Jungs gehörst«, hieß es. In einem anonymen Beitrag stand, dass du »halsabschneiderisch, verlogen, total auf dich allein gestellt und bereit sein musst, dich jeden Moment neu zu erfinden«, um bei *Vice* zu überleben.

Wahrscheinlich sind sie nur neidisch, dachte ich mir.

Schließlich war *Vice* eine Marke, die in den frühen 2010er Jahren exponentiell gewachsen und erfolgreich gewesen war, während viele andere Medienunternehmen zu scheitern schienen. *Vice* war das selbst ernannte Schreckgespenst der neuen Medien, und es stimmte sicherlich, dass viele etablierte und traditionsreiche Medienunternehmen den Erfolg von *Vice* mit einer Mischung aus Misstrauen und Verachtung betrachteten, während sie gleichzeitig die Magie nachahmen wollten, die

Werbe- und Investitionsgelder in die viel gepriesene »Kriegskasse« von *Vice* hatten fließen lassen.[3] Dass die Konkurrenz – sowohl die neuen als auch die alten Medien – nach Schwachstellen in der Rüstung von *Vice* suchte, wurde zur Verteidigungsstrategie des Unternehmens selbst. Es veröffentlichte eine Gegendarstellung unter der deftigen Überschrift »Fuck You and Fuck Your Garbage Click-Bait ›Journalism‹«, in der die Artikel aus dem *Gawker* als »Hetzjagd« und »offensichtliche und peinliche emotionale Vendetta gegen *Vice,* seinen Erfolg und sein Senior Management« bezeichnet wurden.[4]

Da ich nicht in die Rivalitäten zwischen New Yorker Medien geraten wollte, informierte ich mich auf *Glassdoor*, einer Website, wo aktuelle und ehemalige Mitarbeiter Bewertungen über Unternehmen abgeben können, für die sie gearbeitet haben – eine Art TripAdvisor für den Arbeitsplatz. Zu meiner Enttäuschung fand ich seitenweise anonyme Bewertungen von Mitarbeitern, die von einem schlechten Arbeitsklima mit langen Arbeitszeiten, schlechter Arbeitsmoral und niedriger Bezahlung berichteten. Alles bei *Vice* schien niedrig zu sein, nur die Fluktuation des Personals wurde abwechselnd als »ungewöhnlich hoch« und »wahnsinnig« beschrieben. Jemand beschrieb das Unternehmen als »einen Hipster-Sweatshop, bei dem sich Aldous Huxley im Grab umdrehen würde«.

Ich scrollte weiter.

»Das Unternehmen ist so zutiefst dysfunktional, dass es schwer ist, die schlechten Seiten abzuschütteln, selbst wenn du deine Kollegen magst«, hieß es in einer anderen Bewertung, die seltsamerweise auf der »Pro«-Seite aufgeführt wurde.

Unter dem Abschnitt »Pro« in einer anderen Bewertung hatte jemand lakonisch geschrieben: »Du darfst *drinnen* arbeiten.«

Es gab auch Kommentare über die unterstellte Jungsklubkultur. Ich klickte auf einen.

»Während *Vice* vorgibt, erwachsen zu werden und Frauen stärker einzubeziehen, ist es in Wirklichkeit kein guter Arbeitsplatz für Frauen. Die Jungsklubkultur ist überall – sogar einige der Frauen sind sexistisch.«

Klick.

»Hochgradig frauenfeindliches Umfeld.«

Klick.

»Die Leute bei *Vice* wirken deprimiert, sogar paranoid.«

Klick.

»Du wirst dich dafür hassen, dass du dort bist.«

Wahrscheinlich sind das alles nur verärgerte Angestellte, dachte ich. Viele, viele verärgerte Angestellte.

(Ratschlag: Wenn du dich jemals auf eine Stelle bewirbst und feststellst, dass ein Unternehmen eine ganze Armee von verärgerten Angestellten hinterlassen hat, solltest du schnellstens wegrennen und die Finger davon lassen.)

Dass ich mich trotz dieser vielen dagegensprechenden Belege für *Vice* entschied, ist ein Beweis dafür, dass Verzweiflung ein schlechter Ratgeber für gute Entscheidungen ist – und zu diesem Zeitpunkt war ich wirklich verzweifelt und wollte dringend weg von AMV. Außerdem war ich noch Anfang zwanzig und hatte nur wenig Erfahrung in der Arbeitswelt gesammelt.

Ich konnte mir einfach nicht vorstellen, wie furchtbar ein Arbeitsplatz sein kann, und sagte mir, so übel würde es bei *Vice* schon nicht sein. Ausschlaggebend war schließlich mein wieder aufkeimender Wunsch, eine journalistische Karriere zu verfolgen.

Obwohl ich in der hauseigenen Werbeagentur von *Vice* angestellt worden war, hoffte ich, allein die Tatsache, einen Fuß in der Tür zu haben, würde mir den nötigen Halt geben, um mich dem Schreiben zuzuwenden.

Außerdem, so dachte ich mir, finden sich diese negativen Beurteilungen im Internet. Jeder beschwert sich im Internet. Dafür ist es ja da.

Also habe ich es getan. Ich nahm den Job an.

Sehr schnell wurde mir klar, dass ich tatsächlich in einen Jungsklub geraten war, und ich war dort alles andere als willkommen. Wenn ich es für möglich gehalten hatte, bei *Vice* weiterzukommen, während ich gleichzeitig im Besitz einer Vagina war, so wurde mir diese Illusion schnell genommen. Die *lad*-Kultur, vor der ich gewarnt worden war, ließ sich nicht ignorieren, und obwohl ich ein solches Umfeld schon früher erlebt hatte, war es bei *Vice* viel, viel schlimmer, denn die unausgesprochene Richtlinie lautete: Du hast unterschrieben, also füg dich gefälligst. Ein paar Wochen nachdem ich bei *Vice* angefangen hatte, ging ich mit einigen meiner neuen Kollegen auf einen Drink, darunter Lily und Rosa, zwei Frauen, die beide schon ein paar Jahre im Unternehmen waren, und Adrian, ein Mitarbeiter der Geschäftsleitung. Nach ein paar Drinks fingen Lily und Rosa an, Adrian den ihrer Meinung nach tief verwurzelten Sexismus im Unternehmen vorzuwerfen, der sie davon abhielt, selbst ins obere Management aufzusteigen. Adrian spürte ihre Frustration und versuchte gar nicht zu leugnen, dass sie recht hatten. Stattdessen sagte er: »Ich weiß, es ist scheiße, aber … so ist es nun mal hier. Es ändert sich«, fuhr er philosophisch fort, »aber so was braucht Zeit, wisst ihr?« Ich fand es seltsam, dass er so ohnmächtig tat, als wäre er selbst nicht in der Lage, drastische und sofortige Veränderungen einzuleiten.

Ich nippte an meinem Getränk und wusste, dass es mir nicht zustand, mich einzumischen, da ich noch neu in der

Firma war. Als ich am späteren Abend über das Gespräch nachdachte, war ich nicht nur bestürzt, sondern fühlte mich gleichzeitig auf seltsame Weise ermutigt. Ich war schließlich hart im Nehmen, nicht wahr? Brian, der Chef in meinem ersten Job, hatte mich einmal »sehr direkt« genannt, weil ich schwierige Kollegen zurechtweisen konnte. Er hatte es als Kompliment gemeint, und meine Direktheit war einer der Gründe, warum ich dort so gut abgeschnitten hatte. Außerhalb der Arbeit galt ich bei meinen Freunden als eine, die sich nicht so leicht einschüchtern lässt und ihre eigene Meinung sagt. Obwohl AMV mein Selbstvertrauen schwer erschüttert hatte, war ich mir sicher, dass ich meine natürliche Kompromisslosigkeit wiedererlangen und bei *Vice* aufsteigen konnte. Ich konnte mir die Geschichte schon ausmalen: Eine clevere Medienmanagerin, die es trotz aller Widerstände an die Spitze eines notorisch männerdominierten Unternehmens geschafft hatte. Das Bild, das ich in der Schule gewonnen hatte, nämlich dass du das System des Sexismus am Arbeitsplatz austricksen kannst, indem du dich einfach durcharbeitest, wenn du clever und fleißig genug bist, trat wieder in den Vordergrund.

Als einige der älteren Jungs aus meinem Team an einem Wochenende einen Ausflug nach Wien planten, spürte ich die zunehmende Nervosität bei Rosa und Lily. Die Jungs stürmten am Freitagnachmittag aus dem Büro, die Taschen über die Schultern geworfen und mit einem Gesichtsausdruck, den ich aus meinen sieben Jahren an einer reinen Mädchenschule nur zu gut kannte – das schüchterne, aber selbstgefällige Lächeln der wenigen Auserwählten, die zur Pyjamaparty bei einem beliebten Mädchen eingeladen worden waren. Ein paar Stunden später verließ ich die Arbeit mit einem seltsamen Gefühl der Niedergeschlagenheit. Obwohl ich keine Lust hatte, mein

Wochenende damit zu verbringen, Technomusik zu hören und meinem Körpergewicht entsprechende Mengen Ketamin einzunehmen, war mir klar, dass dieser Ausflug – zu dem meines Wissens nach keine Frauen aus dem Büro eingeladen worden waren – eine Pseudo-Team-Bonding-Übung war, die sich zweifellos auf den Alltag im Büro auswirken würde. Es war das Hipster-Äquivalent zum Besuch eines Stripklubs mit Kollegen.

Eine Zeit lang hatte ich das unangenehme Gefühl, ein Objekt der Neugierde zu sein. Dieses Gefühl bestätigte sich schließlich, als ich irgendwann im Old Blue Last auftauchte, der schmutzigen Kneipe in Shoreditch, die *Vice* seit einigen Jahren gehörte. Wir wollten dort feiern, dass ein mittelberühmter Grime-Künstler im Büro vorbeigeschaut hatte. Unerklärlicherweise wird Grime-Musik von den überwiegend weißen Angestellten des Unternehmens aus der Mittelschicht bevorzugt. Ich schaute mich um. Noch nie hatte ich so viele *Vice*-Mitarbeiter auf einen Haufen gesehen, und es war offensichtlich, dass etwas fehlte.

»Wo sind all die Frauen?«, fragte ich meinen Chef mit Nachdruck.

»Wir arbeiten dran«, lachte er verlegen. »Deshalb haben wir dich eingestellt.«

Ich zog die Augenbrauen hoch. Das war ein scheußlicher Scherz. Ich machte mir gar nicht erst die Mühe, auf das andere offensichtlich Abwesende in dem Raum zu verweisen.

Während ich unbeholfen im Kreis stand und höflich zu den Insiderwitzen nickte, die ich nicht wirklich verstand, stupste mich einer meiner Kollegen – Sean – an.

»Hey, Otegha, hör dir das an.«

Ich freute mich, dass ich endlich in das Gespräch einbezogen wurde. Sean stellte sich breitbeinig hin und begann dann mit der eingespielten Bewegung von jemandem, der diesen Trick schon oft vorgeführt hat, seine Hüften kräftig hin und her zu schwingen.

»Hörst du das?«, sagte er und sah mir in die Augen. »Das sind meine Eier, die gegen meine Oberschenkel klatschen!« Er brach in Gelächter aus, alle lachten mit.

Es war wahrscheinlich der vulgärste Witz, der mir je in einem beruflichen Umfeld begegnet war. Ich war zutiefst angewidert, aber ich wollte nicht als prüde erscheinen, also lachte ich ihn weg, verzog das Gesicht und wechselte das Thema. Ich war ernüchtert. Kurze Zeit später entschuldigte ich mich und ging nach Hause.

Ich merkte schon früh, dass es eine große Kluft zwischen den »alten« *Vice*-Mitarbeitern gab – die mindestens ein paar Jahre dabei waren und sehnsüchtig von den guten alten Zeiten sprachen, bevor das Unternehmen von den »Anzugleuten« übernommen wurde – und den neu eingestellten Mitarbeitern wie mir, die aus traditionelleren Werbeagenturen kamen und andere (sprich: höhere) Erwartungen an den Büroalltag hatten. Es war wie bei sentimentalen alten Männern, die sehnsüchtig über die guten alten Zeiten sprechen oder das Aufkommen der sogenannten Political Correctness beklagen, nur dass hier die Erwartung an einzuhaltende Standards der Professionalität als Schande betrachtet wurde. Da ich aus einer etablierten Werbeagentur kam, die – trotz all ihrer Schwächen – ein ziemlich strenges Regiment führte, wenn es um die eigentliche Arbeit ging, war ich auf die deutlich lockere Arbeitsweise von *Vice* völlig unvorbereitet. Trotzdem versuchte ich in den ersten Wochen verzweifelt, das Credo des Unternehmens zu übernehmen, und nickte, wenn meine Kollegen, die im Style von Nathan Barley in abgewetzten Reeboks und ironischen Slayer-Kapuzenpullis herumschlichen, davon schwärmten, wie gut wir es hätten, bei *Vice* zu arbeiten, und welche »Vision« sie von der Zukunft des Unternehmens hätten.

Nach etwa einem Monat dort hatte ich aufgehört mir einzureden, ich sei glücklich in meinem neuen Job. Das Gefühl, dass ich aufgrund meines Geschlechts auf vielfältige Weise ausgebremst wurde, und das damit einhergehende Gefühl der Ausgrenzung hatten sich zu einem brennenden Groll entwickelt, der mich nicht, wie ursprünglich angenommen, zum Handeln anspornte. Bei einem der ersten Einzelgespräche hatte Jamie mich gebeten, auf ein neues Projekt »aufzupassen«, damit ein anderer (weißer, männlicher) Kollege sich um die inhaltliche kreative Entwicklung kümmern konnte. Dieser Kollege war zwar jünger als ich, aber Jamie hielt ihn für ein Wunderkind, weil er angeblich über einen sagenhaften Intellekt verfügte, den ich nicht einmal bemerkte.

»Du brauchst nur Kalendereinladungen zu verschicken, Meetings im Auge zu behalten … und so weiter. Im Grunde genommen musst du nur dafür sorgen, dass alles reibungslos läuft.« Er lächelte. Ich sollte dieses Arrangement als Zeichen seines Vertrauens deuten, weil er die Dinge bei mir »in sicheren Händen« wisse. Ich durchschaute das sofort und lehnte ab. Ich war entsetzt darüber, dass er mich offensichtlich in die Rolle einer Assistentin drängte, damit sein Starschüler sich frei entfalten konnte.

Dafür haben meine Eltern Lagos nicht verlassen, dachte ich mir und war im Stillen wütend.

In Jamies Gesicht flackerte ein Anflug von Verärgerung auf, seine sorgfältig ausgearbeiteten Pläne gerieten ins Wanken. Er hatte nicht damit gerechnet, dass ich zwischen den Zeilen lesen würde, geschweige denn, dass ich seinen Vorschlag ablehnte. Am Abend schickte ich eine Nachricht an meinen

Freund Tommy, der ebenfalls in der Werbebranche arbeitete und daher die seltsamen politischen Machenschaften in meinem Job sicher gut verstehen konnte.

Ich: Bin ziemlich sicher, dass ich nach dem Wochenende bei *Vice* kündige.
Tommy: Und warum?
Ich: Bin einfach genervt von der Arbeit. Wütend eigentlich. Ich habe vorhin mit diesem Danny zu Mittag gegessen. Und er hat erwähnt, dass er befördert wird.
Tommy: Okay …
Ich: Aber dann hat er gesagt: Oh, ich hoffe, dass es auch wirklich klappt, denn wir waren alle ziemlich vollgekokst, als es darum ging.
Tommy: Oh Gott.
Ich: Genau. Und dann stellt sich heraus, dass ihm die Beförderung auf ihrer langen Sauftour letzte Woche in Aussicht gestellt wurde. Das ist so frustrierend.
Sie haben lauter soziale Events, und ich bin natürlich nicht eingeladen. Aber nur so kannst du aufsteigen.
Es ist so nervig, es fühlt sich auch an wie eine Gendersache. Ich habe das Gefühl, ich komme deshalb für Projekte gar nicht infrage.

Und so war es. Ich wurde oft von den Kneipenbesuchen nach der Arbeit ausgeschlossen und hatte nur manchmal den Mut, mich selbst einzuladen, wenn ich davon erfuhr (aber das war so anstrengend, dass ich es nur selten ertragen konnte). Wenn ich dann hinging, fragte ich mich, warum ich so wild darauf gewesen war, und lächelte dünn, als ein Kollege damit prahlte, er habe »von den Titten einer Stripperin gekokst«, bevor er von zwei, wie er sagte, »riesigen Schwarzen Typen« zu einem

Geldautomaten geschleppt wurde, woraufhin ihm ein anderer (älterer, weißer, männlicher) Kollege gratulierend die Faust reichte.

Soweit ich das beurteilen konnte, war Lily die einzige Frau, die in den Jungsklub des Unternehmens eingedrungen war. Das hatte sie erreicht, indem sie sich deutlich von den anderen Frauen in unserem Team distanzierte und uns gegenüber eine spürbare Härte an den Tag legte. Das Konzept von Sisterhood schien ihr nicht bekannt zu sein, und doch war auch sie nicht gefeit vor dem tief verwurzelten Sexismus, der den Werdegang von Frauen bei *Vice* zu bestimmen schien. Einmal, mitten in einer Umstrukturierung des Teams, hatte Jamie mir anvertraut, er könne weder Lily noch Rosa – beide waren gleich lang dabei, beide Beförderungen waren überfällig – zur Leiterin unseres Teams befördern, weil er befürchtete, die jeweils andere zu »verärgern«, untergründig ging er offensichtlich davon aus, dass sie als zwei Frauen in natürlicher Konkurrenz zueinander standen. Also tat er, was für ihn logisch war, er drückte beide zurück und bremste ihre Karrieren. Ich begann die stille Wut zu verstehen, die Lily und Rosa einige Monate zuvor Adrian gegenüber gezeigt hatten.

Als ich einige Monate nach meinem Eintritt in das Unternehmen eine E-Mail von Jamie erhielt, in der er mir beiläufig mitteilte, meine Kündigungsfrist sei (ohne Rücksprache) von einem auf zwei Monate verlängert worden, wehrte ich mich. Damals hielt ich es für eine Frage des Prinzips und nicht für ein Zeichen meines Engagements für das Unternehmen, aber rückblickend glaube ich, ich wusste, dass meine Tage bei *Vice* gezählt waren. Meine Kündigungsfrist kam mir nicht vor wie etwas Abstraktes, über das ich erst in ein paar Jahren nachdenken sollte, sondern wie ein sehr naheliegendes – und dringendes – Anliegen. Wir einigten uns auf sechs Wochen. Ungefähr zur gleichen Zeit bestand ich auch meine Probezeit und erhielt eine fröhliche E-Mail von der Personalabteilung, in der sie mir mitteilte, dass ich nun eine echte *Vice*-Mitarbeiterin sei. Mein Herz sank, und ich schrieb Tommy eine Nachricht.

Ich: Sollte mich freuen, aber ehrlich gesagt bin ich nur total erschöpft. Emotional, körperlich und geistig. Ich glaube, *Vice* macht mich kaputt.

Zu allem Übel erwies sich die Arbeit bei *Vice* auch noch als unglaublich stressig. Es war normal, bis spät abends dort zu sein, und ich brauchte unglaublich viel Energie, um die einfachsten Aufgaben zu erledigen, weil viele meiner Kollegen eine chronische Apathie ausstrahlten. An manchen Abenden war ich so erschöpft, dass ich angezogen auf meinem Bett einschlief, wenn ich von der Arbeit nach Hause kam. Dann wachte ich um fünf oder sechs Uhr morgens nach einem schrecklichen Halbschlaf wieder auf, und alles ging von vorne los. An anderen Tagen ließ ich das Mittagessen aus, weil ich in meinem chaotischen Tag nicht einmal fünfzehn Minuten Zeit fand. Abends machte ich das mit großen Schüsseln Nudeln wett, an denen meine Mitbewohner dann ablesen konnten, wie schlecht mein Tag gelaufen war.

Ich: Ich fühle mich wie in einem Albtraum gefangen.
Mein ganzes Leben ist völlig aus den Fugen geraten.
Ich bin so traurig darüber, wo ich jetzt gelandet bin.
Und ich bin wütend auf mich selbst, weil ich keine anderen Entscheidungen getroffen habe.
Ich würde so gern kündigen.
Tommy: Du bist zu hart zu dir selbst.

Und du solltest wirklich da weggehen. Du bist offensichtlich ziemlich unglücklich.
Ich: Ich weiß, aber ich will keine überstürzte Entscheidung treffen, die meine Karriere ruiniert!
Ich habe das Gefühl, ich muss es hier mindestens ein Jahr aushalten. Sieht sonst schlecht aus im Lebenslauf.
Außerdem brauche ich das Geld. Ich kann nicht wieder zu meinen Eltern ziehen.

Es war absehbar, dass meine ständigen Geldsorgen ihr hässliches Gesicht zum Vorschein brachten. Vor zwei Jahren war ich bei meinen Eltern ausgezogen und hatte mich bei Freunden und in den Wohnungen von Fremden oder Bekannten eingemietet, vor allem, weil das Zusammenleben mit meinen Eltern nach dem Studium unsere manchmal angespannte Beziehung ernsthaft belastete. Obwohl meine Eltern mich gerne wieder bei sich aufgenommen hätten, wollte ich nicht zurück – eine Mischung aus Stolz, Angst vor dem Verlust meiner Unabhängigkeit und Angst vor der Rückkehr zu den Spannungen, die mich überhaupt erst vertrieben hatten. Zu diesem Zeitpunkt war ein Umzug zurück nach Hause wirklich keine Option, aber meine Kündigung einreichen ohne einen Job in Aussicht und einfach das Beste hoffen – wie es einige meiner Freunde vorschlugen –, konnte ich auch nicht, solange ich 650 Pfund Miete im Monat zahlen musste. So ging es in den nächsten Monaten hin und her. An einem Tag nahm ich mir vor zu kündigen, am nächsten gab ich es wieder auf. Ich schwankte zwischen Panik und Verzweiflung und dachte über meinen nächsten beruflichen Schritt mit großer Intensität nach, die, das weiß ich heute, nicht gerechtfertigt war. Alles in meinem Leben fühlte sich schwer und hart an, und wieder einmal schaltete mein Gefühl von Verzweiflung die Fähigkeit, rational über meine Situation nachzudenken, aus. Ich fing an, mir immer lächerlichere Möglichkeiten auszudenken, wie ich einen Job vermeiden könnte, den ich hasste, ohne den Mut aufbringen zu müssen, tatsächlich zu kündigen.

Ich: Das klingt jetzt furchtbar, aber ich habe mich sogar schon gefragt, ob der Tod eines nahen Menschen mir eine Auszeit vom Job verschaffen könnte.
Rein hypothetisch natürlich.
Oder ich könnte tun, als wäre ich schwanger.
Tommy: Und wenn dann alle dein Baby sehen wollen?
Ich: Ich weiß es nicht. Das sehen wir dann.
Tommy: LOL. Wie war dein Tag?
Ich: Schrecklich. Ich hatte heute eine Panikattacke :(
Tommy: Oh wow … Bist du okay?
Ich: Ja, bestens. Es geht nichts über ständigen Stress und unmögliche Erwartungen, um in Wallung zu kommen!
Verstehe nicht, wie ich hier gelandet bin.
Ich bin so niedergeschlagen und könnte die ganze Zeit heulen.
Tommy: Kündige!
Ich: Ich kann nicht.

Eine Zeit lang spielte ich mit dem Gedanken, als Au-pair nach Paris zu gehen. Ich stellte mir vor, dass ein Jahr, in dem ich durch das Marais-Viertel schlendere und in charmanten kleinen Cafés Bonbons esse, Balsam für meine verwundete Seele wäre, und machte mir wenig Gedanken darüber, was die Arbeit als Au-pair eigentlich bedeutet. Ich erstellte sogar ein Profil auf einer Website, die englischsprachige Studierende an französische Gastfamilien vermittelt, und schickte meiner Mutter einen Lebenslauf voller Lügen (»Kinder werden sehr schnell warm mit mir«), den sie pflichtbewusst übersetzte, ohne mit der Wimper zu zucken, obwohl es sie viel Selbstbeherrschung gekostet haben muss, nicht zu fragen, ob ich das auch wirklich gut durchdacht hatte.

Als ich Tommy die Idee unterbreitete, war er etwas zurückhaltender.

Ich: Ich überlege, Ende August zu kündigen [fünf Monate nachdem ich bei *Vice* angefangen habe], um für eine Weile als Au-pair nach Paris zu gehen. Das verschafft mir etwas Luft, um vielleicht etwas zu schreiben. Was denkst du?

Tommy: Kannst du überhaupt mit Kindern umgehen? Ich stelle mir vor, wie du sie in einen Topf schmeißt, kochst und verschlingst.

Ich: Ich hasse dich.

Die vielleicht größte Wirkung, die *Vice* auf mich hatte, betraf mein Selbstvertrauen. Was davon noch übrig war, wurde von fast krankhaftem Selbstzweifel überlagert. Immer wenn ich ein Projekt leitete, bei dem es um strategischen oder kreativen Input ging, riet mir Jamie: »Hol dir [Namen eines männlichen Kollegen hier einfügen], wenn du ein weiteres Hirn für dieses Projekt brauchst.« Er lächelte freundlich dabei. Er war sich gar nicht bewusst, wie herablassend das war. Er dachte, er sei hilfreich.

Wenn du ein weiteres Hirn brauchst.

Gott, wie ich diesen Satz hasste.

Denkt der nicht nach? Ich habe ein verdammtes Gehirn! Wütend schnaufte ich Tommy am Telefon an, der mitleidig lachte, während er versuchte mich zu beschwichtigen.

Aber mit der Zeit wirkte die Andeutung, dass ich der Aufgabe nicht gewachsen sei, immer stärker. Vielleicht war ich wirklich nicht klug genug für die Arbeit. Ich begann Jamies »hilfreichen Vorschlägen« zuvorzukommen, indem ich die heikleren Aspekte der Projekte, mit denen ich zu tun hatte, mied und sie vorsorglich an eins der sogenannten »Hirne« verwies, mit denen ich zusammenarbeitete, was Jamies Meinung über meine Fähigkeiten wahrscheinlich nicht gerade verbesserte. Ich hörte oft, wie die Intelligenz mancher Kollegen in ehrfürchtigen Tönen beschrieben wurde. Sie waren in der Lage, Werbebanner zu optimieren, sich blöde Wortspiele auszudenken oder andere zweifelhafte Geniestreiche zu vollbringen, die den gleichen Stellenwert hatten, als hätten sie ein Heilmittel für Krebs entdeckt. Keine der Frauen, mit denen ich gearbeitet habe, wurde je mit »Hirn« bezeichnet.

Eines Morgens vor der Arbeit, als sich ein vertrautes Gefühl des Grauens in meiner Magengrube breit machte, schrieb ich Tommy eine SMS.

Ich: Komme mir vor wie eine echte Niete ... Ich habe Angst, dass Jamie denkt, ich hätte meine Fähigkeiten übertrieben, als ich mich für den Job beworben habe. Was ich natürlich nicht getan habe. Aber immer wenn ich mich anstrenge und versuche, kreativ oder strategisch zu denken, geht alles schief.
Vielleicht sollte ich mir einfach eingestehen, dass ich eigentlich gar nicht so schlau bin.

Trotz der vielen widersprüchlichen Situationen, die ich erlebt habe – als Kind aus einer Siedlung mit Sozialwohnungen an einer Elite-Privatschule; als Schwarze Studentin an einer überwiegend weißen Universität –, habe ich mich nirgends so fehl am Platz gefühlt wie in der Zeit bei *Vice*. Im Lauf der Monate verstärkte sich mein Hochstaplersyndrom auf ein fast unerträgliches Maß, was in vielerlei Hinsicht völlig ungewöhnlich für mich ist. In den vorherrschenden Erzählungen über das Hochstaplersyndrom wird es als eine mentale Barriere dargestellt. Du kannst dich da hineinsteigern oder dich da herausziehen, indem du die Barriere durch persönliche Anstrengung überwindest, wobei es zu einer medizinischen Störung pathologisiert wird (der Hinweis steckt im Namen: »Syndrom«). Nur wenige denken darüber nach, wie homogene Unternehmenskulturen und institutionalisierte Diskriminierung an vielen Arbeitsplätzen dazu führen, dass Menschen ausgegrenzt werden, deren Identität man als »marginalisiert« bezeichnen kann – Frauen, ethnische Minderheiten, Menschen aus der Arbeiterklasse. Oft fühlen wir uns wie Eindringlinge, weil wir es tatsächlich sind.

Irgendwann wurde mir klar, dass ich nicht zu *Vice* passte und auch nie passen würde, wie sehr ich mich auch bemühte. Ich war nicht schlau genug (dachte ich jedenfalls), nicht weiß genug und definitiv nicht männlich genug.

Am Ende kam die Ratte. Oder besser gesagt, die Ratten, denn es gab einige von ihnen, auch wenn ich zum Glück nur der einen begegnete, die frech und mit großen Augen auf meinem Küchentisch hockte. Wo auch immer du dir vorstellen kannst, einer Ratte zu begegnen – ich wette, der Küchentisch ist der letzte Ort auf deiner Liste.

Wir schauten uns in die Augen, die Ratte und ich, und eine Sekunde lang waren wir beide still. Dann schrie ich auf, ein Geräusch, von dem ich gar nicht wusste, dass ich es produzieren konnte, und die Ratte huschte dorthin, woher sie gekommen war. Auch ich huschte, schluchzend und erschüttert, ins Schlafzimmer meiner Mitbewohnerin und bestand darauf, bei ihr in ihrem Bett zu übernachten.

Es stellte sich heraus, dass nur meine Angst vor Nagetieren stärker ist als mein Stolz. Ein paar Wochen später zog ich wieder zu meinen Eltern. Es war als vorübergehende Lösung gedacht, während ich eine neue Wohnung suchte. Glücklicherweise fiel die Begegnung mit der Ratte auch mit dem Ende meines Mietvertrags zusammen, den meine Mitbewohner und ich natürlich nicht verlängern wollten.

Zur selben Zeit erreichten die Dinge bei *Vice* einen neuen Tiefpunkt. Meistens rief ich Tommy nach der Arbeit an, wenn ich in der Frühherbstsonne nach Hause lief, um ihm am Telefon ins Ohr zu schluchzen.

»Ich kann nicht noch sechs Monate so weitermachen. Ich taumle von Krise zu Krise, von einem beschissenen Gespräch zum nächsten. Ich kann einfach körperlich nicht mehr.«

Obwohl ich nur deshalb wieder in mein Elternhaus gezogen war, um der unerwünschten vierbeinigen Mitbewohnerin aus dem Weg zu gehen, erlaubte ich mir zum ersten Mal seit Monaten, wirklich darüber nachzudenken, wie extrem unglücklich mich *Vice* machte.

Ein paar Tage später schrieb ich wieder an Tommy.

Ich: Ich hab's getan. Ich habe gekündigt. Weiß aber nicht, ob das die richtige Entscheidung war.
Ich glaube, ich war noch nie so traurig über mein Leben und so ratlos, was ich als Nächstes tun soll.
Und ich habe das Gefühl, jede Entscheidung ist falsch.

Als ich an diesem Abend die Arbeit verließ, rief mich ein Freund an. Ihm war gerade ein Job in New York angeboten worden, mit einem sechsstelligen Jahresgehalt und großzügigen Sozialleistungen. Ich dagegen starrte in den Abgrund drohender Arbeitslosigkeit, den sicheren beruflichen Selbstmord, wie ich dachte. Ich bereute es zutiefst. Auf einer Party später am Abend erzählte ich allen, die mir zuhörten, was ich getan hatte. Ich war voll fiebriger Energie und überspielte meine Unsicherheit mit gezwungener Lässigkeit. Dann kam ich nach Hause, und die Angst machte sich breit.

Ich verbrachte den Rest des Wochenendes damit, eine E-Mail zu verfassen, in der ich meine Kündigung zurücknahm, und nahm mir vor, meinen Stolz hinunterzuschlucken und sie Jamie in der folgenden Woche zu schicken. Doch dann verging der Montag und dann der Dienstag, und ich konnte mich einfach nicht dazu durchringen, sie abzuschicken. Als es sich herumsprach, dass ich gehen würde, und die Kollegen mich fragten, was ich als Nächstes vorhatte, lächelte ich geheimnisvoll und trällerte: »Wir werden sehen!«, aber in Wahrheit hatte ich absolut keine Ahnung. Mehr als eine Person sagte mir nüchtern, sie finde, ich mache »einen Fehler«, was meine Nerven nicht gerade beruhigte. Als Jamie mich fragte, ob ich bereit wäre, etwas über die vertraglich vereinbarte sechswöchige Kündigungsfrist hinaus zu bleiben, um ein paar Projekte zu Ende zu bringen, stimmte ich zu. Ich war froh, etwas mehr Zeit zu haben, um mir die nächsten Schritte zu überlegen, und über einen oder zwei Gehaltsschecks mehr, um meine Ersparnisse aufzustocken. Gleichzeitig begann ich den Gürtel enger zu schnallen, frühstückte kalte Milch und Haferflocken (im Grunde Haferschleim) statt des täglichen Mandelcroissants von Pret und erkannte endlich die Vorteile eines Lunchpakets für die Arbeit.

Da die Zeit bis zu meinem letzten Tag zusammenschrumpfte, traf ich mich mit einer Personalberaterin, um meine Möglichkeiten auszukundschaften. Ich war mir nicht sicher, ob ich weiter in der Werbebranche arbeiten wollte, aber ich hatte auch panische Angst, keinen anderen Job mit einem stabilen

Gehalt zu finden, also nahm ich auf Tommys Empfehlung hin Kontakt mit ihr auf. Bei einem Kaffee in einem trendigen Co-Working-Space im Osten Londons begutachtete sie den Ausdruck meines Lebenslaufs, murmelte etwas vor sich hin, lehnte sich schließlich zurück und sah mich an.

»Ich schätze, du verdienst 40 000 oder so?«

Ich sah sie schockiert an.

»Äh … nicht ganz.«

Sie schaute mich fragend an und wartete darauf, dass ich eine Information preisgab, die ich normalerweise streng unter Verschluss hielt.

»Ich verdiene im Moment 32 000 Pfund.«

Jetzt war es an ihr, mich schockiert anzuschauen, aber sie fasste sich schnell, ganz professionell.

»Verstehe! Angesichts deiner Erfahrung und der Aufgabe, die du derzeit hast …«

Sie schaute wieder auf meinen Lebenslauf.

»Ja, das ist ein bisschen weniger, als ich erwartet hätte. Aber das bedeutet, dass du bei deinem nächsten Job einen großen Sprung machen kannst«, sagte sie fröhlich.

Ich verließ unser Treffen niedergeschlagen, am Boden zerstört. Auf dem Rückweg zur Arbeit rechnete ich aus, wie viel Geld ich theoretisch verloren hatte. Der einzige Trost war, dass ich nicht so lange bei *Vice* war, dass sich das entgangene Gehalt zu einem wirklich schmerzenden Betrag hatte anhäufen können. Als ich an meinen Schreibtisch zurückkehrte, sah ich zu meinem Kollegen Jack, der denselben Job wie ich hatte und ungefähr zur selben Zeit wie ich angefangen hatte. Jack, der vor kurzem mit seiner Freundin eine Zweizimmerwohnung im Londoner Viertel Hackney gekauft hatte und jetzt seine Hochzeit plante; Jack, der mit seinen Red-Wing-Boots und seinem Nebenjob als DJ problemlos zu den anderen (weißen)

Jungs im Büro passte – und plötzlich war mir völlig klar, dass er viel, viel mehr verdienen musste als ich. Ich war tief beschämt. Denn Jungsklub hin oder her, letztlich musste ich selbst dafür sorgen, für meine Arbeit angemessen bezahlt zu werden. Wie hatte ich das nur zulassen können? Ich hatte versucht, mehr als das ursprüngliche Gehaltsangebot von 32 000 Pfund zu verhandeln, war aber mit vager Begründung abgelehnt worden. Trotzdem, nach meinen Recherchen im Internet hatte ich geglaubt, dass 32 000 Pfund genau in der Mitte der Gehaltsspanne für meinen Job lagen.

Am Abend rief ich Tommy an, um ihm zu erzählen, was ich herausgefunden hatte, und seine Reaktion überraschte mich.

»Aber wie kannst du nicht gewusst haben, dass die Summe unter dem Marktpreis liegt?«, fragte er ungläubig.

»Na ja, es ist *Vice,* also war mir schon klar, dass das Gehalt etwas niedriger ist als die Norm«, antwortete ich. »Ich dachte, es sind vielleicht 2000 oder 3000 Pfund weniger. Aber 8000 Pfund, mindestens?«

Noch Tage danach dachte ich über Tommys Frage nach. Wie hatte ich das nicht wissen können?

Die Antwort war, dass ich mein Gehalt immer für mich behalten hatte und in den Jahren nach meinem Abschluss dem Motto »Frag nichts, sag nichts« folgte. Im Kreis meiner Freunde, von denen ich wusste, dass sie mehr verdienten als ich (Banker, Juristen, Unternehmensberater), war mir mein vergleichsweise niedriges Gehalt etwas peinlich; im Kreis derer, die entweder arbeitslos waren oder kellnerten, während sie Jura studierten oder ihren Master machten, war mir mein relativer Wohlstand unangenehm – also erzählte ich auch ihnen nichts von meinem Gehalt. Stattdessen entwickelte ich eine etwas scheinheilige Haltung und vertrat die Ansicht, ich sollte mit niemandem über mein Gehalt sprechen, wenn ich nicht vertraglich dazu verpflichtet war – also nur mit den Arbeitgebern, dem Ehepartner oder der Bank.

Jetzt schau dir an, wohin dich das gebracht hat, dachte ich und war wütend auf mich. Ein paar Tage später schrieb ich Tommy eine Nachricht.

Ich: Ich habe übrigens meine Meinung über die ganze Gehaltssache komplett geändert.
Tommy: Wie meinst du das?
Ich: Du weißt doch, dass ich mich immer weigere, mein Gehalt zu nennen.
Tommy: Ja, ich fand schon immer, dass du eine zu große Sache daraus machst.
Ich: Na ja, wie auch immer. Ich werde morgen all meinen Mädels eine Nachricht schreiben. Ich will sie nicht nach ihrem Gehalt fragen, sondern nur ermutigen, mit ihren Kollegen auf der Arbeit darüber zu sprechen. Denn ich glaube, wegen der asymmetrischen Informationen darüber, wer wie viel verdient, kann so was wie jetzt passieren. Besonders bei Frauen.
Tommy: Gute Idee.

Angesichts der Tatsache, dass Sexismus am Arbeitsplatz oft mit einem geschlechtsspezifischen Lohngefälle einhergeht, wird es niemanden überraschen, dass *Vice* beschuldigt wurde, Frauen systematisch unterbezahlt zu haben. Mich hat es jedenfalls nicht überrascht. Im Februar 2018 reichte die ehemalige *Vice*-Mitarbeiterin Elizabeth Rose, die zwei Jahre lang in den Büros von *Vice* in New York und L.A. gearbeitet hatte, Klage gegen das Unternehmen ein. Sie behauptete, es habe weibliche Angestellte systematisch diskriminiert, indem es ihnen für die gleiche Arbeit weitaus weniger zahlte als den männlichen Angestellten. Sie hatte interne Dokumente entdeckt, die die Gehälter von fünfunddreißig *Vice*-Mitarbeitern enthüllten.[5] Roses Fall entwickelte sich zu einer Sammelklage, an der 675 Frauen beteiligt waren, und wurde schließlich im März 2019 beigelegt, als *Vice* einem Vergleich in Höhe von fast 2 Millionen Dollar zustimmte.[6] Obwohl ich vermutet hatte, dass die tief verwurzelte geschlechtsspezifische Voreingenommenheit des Unternehmens zumindest teilweise für mein geringeres Gehalt verantwortlich war, hatte ich es lange nicht mit Sicherheit wissen können und trug jahrelang die Bitterkeit und Scham darüber mit mir herum.

Trotzdem, zu entdecken, in welchem Ausmaß ich unterbezahlt wurde, war die ultimative Kränkung. Obwohl ich die Firma verließ, war ich immer noch wütend über die vielen Ungerechtigkeiten und Beleidigungen, die ich hatte ertragen müssen und weiterhin ertragen musste, obwohl nicht nur *Vice* die Zielscheibe meiner Wut war.

Ich: Ich bin so wütend auf mich selbst.
Irgendwie lande ich immer in solchen Situationen. In miesen Jobs, die ich nicht mag. Mit beschissenen Managern, die mich behandeln, als wäre ich dumm. Ich hab die Schnauze voll. Wenn ich an die vielen verdammten Stunden denke, die ich in diesen Laden gesteckt habe. Die viele Zeit, in denen ich mehr getan habe als nötig.
Aber diese Idioten, die sich Koks in die Nasen schieben und ihre Schwänze schwingen, kriegen die ganze Belohnung.
Ich scheiß auf Jamie, auf diesen beschissenen Ort, auf ihren beschissenen »Content«, ihre beschissenen Witze und ihre beschissene Besessenheit von Heavy Metal. Scheiß auf sie alle.

Tommy antwortete.

Tommy: Heavy Metal?
Ich: Ja! Heavy Metal ist grad wieder »cool«. Und Trancemusik.

Ich überging die Ablenkung und kam auf mein Thema zurück.

Ich: Scheiß auf diesen beschissenen Schwachsinn dort, scheiß auf alles. Ganz ehrlich, FICK DICH, *Vice*-Magazin.

Und so kam es, dass meine Zeit bei *Vice* nach einer Schimpftirade endlich ein Ende fand. Es war eine kurze, aber einschneidende Erfahrung, die mein Selbstbewusstsein völlig zerstört und mir acht der unglücklichsten Monate meines Lebens beschert hatte. In meinen letzten Wochen in der Firma duschte ich kaum noch, denn mir war die Anstrengung einfach zu groß. Obwohl ich endlich gehen konnte, wurde ich von ständiger Traurigkeit und einem tiefen Gefühl der Verzweiflung über meine Zukunft gequält, und es dauerte Jahre, bis ich beides abschütteln konnte.

Genau wie die *Glassdoor*-Bewertungen es vorausgesagt hatten, war ich jetzt deprimiert und paranoid – und so sehr ich das Unternehmen hasste, so sehr hasste ich mich dafür, dass ich dort war.

Meine Erfahrung bei *Vice* ist zwar extrem, aber bei weitem nicht einzigartig. In einer Studie der Cambridge University aus dem Jahr 2019 gaben 74 Prozent der befragten weiblichen Beschäftigten[7] an, dass die Kultur ihres Arbeitsplatzes es für Frauen schwieriger mache, beruflich voranzukommen, als für ihre männlichen Kollegen. Als Teil der Untersuchung wurden die Teilnehmerinnen gebeten, eine Liste der häufigsten beruflichen Herausforderungen zu erstellen – eine Liste, die sich für die meisten Frauen wie eine Checkliste für eine durchschnittliche Arbeitswoche lesen wird: informelle Netzwerktreffen, die auf männliche Teammitglieder ausgerichtet sind (wie Sportteams oder Ausflüge in europäische Hauptstädte exklusiv für Männer); Frauen werden negativ bewertet, wenn sie das gleiche Verhalten an den Tag legen wie ihre männlichen Kollegen (»als kompetent, aber unsympathisch, aggressiv oder rechthaberisch beurteilt werden für ein Verhalten, das bei Männern mit durchsetzungsfähig beschrieben wird«); in Besprechungen werden Frauen unterbrochen oder ihre Beiträge werden nicht gebührend berücksichtigt; Männer haben besseren und regelmäßigeren Zugang zu hochrangigen Führungskräften (was ihre Chancen auf Förderung durch die entscheidenden Personen erhöht und ihren Aufstieg beschleunigt); Sexismus, getarnt als Wohlwollen – ein Verhalten, das die Karrierechancen beeinträchtigt, etwa wenn eine Frau, die aus der Elternzeit zurückkehrt, auf die »Mamischiene« zurückgestuft wird und weniger anspruchsvolle Aufgaben erhält, davon ausgehend, dass sich die Prioritäten in Bezug auf den Job verschoben haben. Die Forscher fanden heraus, dass viele dieser toxischen Verhaltensweisen auch Frauen zugetraut werden. »Die Mehrheit der Frauen glaubt, dass auch weibliche Führungskräfte dieses Verhalten internalisiert haben und die Mitarbeiter geschlechtsspezifisch beurteilen.«

Wenn ich mit Freundinnen über ihre eigenen Erfahrungen mit Sexismus am Arbeitsplatz spreche, bin ich bestürzt, aber nicht überrascht von den Ähnlichkeiten, unabhängig von Alter, Dienstalter oder Branche. Da ist meine Freundin, deren Kollegen die beiden einzigen weiblichen Angestellten in der Firma scherzhaft als Mädchen 1 und Mädchen 2 bezeichneten.

Die Markenberaterin, die über flirtende SMS, die ihr ein (viel älterer) Kunde mitten in der Nacht schickte, lachen musste, um nicht als Spaßbremse zu gelten oder, schlimmer noch, den Kunden zu verlieren.

Da ist die Freundin, die von ihrer Chefin wegen ihres Aussehens kritisiert und angewiesen wurde, bei Präsentationen mit Kunden mehr Make-up und höhere Absätze zu tragen. Die Fotografin, deren Arbeitgeber einen älteren Kollegen als »guten Einfluss« einstellte, weil er sie für »übermäßig leidenschaftlich« hielt, als wäre sie ein wildes Pferd, das gezähmt werden muss. Oder meine Freundin, die bei der Mittelbeschaffung für ein neues Unternehmen von einem potenziellen Investor ganz offen gefragt wurde: »Können Frauen überhaupt Geld verdienen?«

»Was hast du geantwortet?«, fragte ich.

»Er ist einer der mächtigsten Menschen in unserer Branche«, war ihre Antwort.

Am 23. Dezember 2017, zwei Jahre nachdem ich *Vice* verlassen und die #MeToo-Bewegung die ganze Welt erfasst hatte, brachte die *New York Times* endlich eine Story, an der seit Monaten gearbeitet worden war. Darin berichtete die mit dem Pulitzer-Preis ausgezeichnete Wirtschaftsjournalistin Emily Steel über eine Kultur der sexualisierten Gewalt und geschlechtsspezifischen Diskriminierung bei *Vice*. Sie dokumentierte Fälle sexualisierter Gewalt, an denen (sehr oft) ranghohe Mitarbeiter und jüngere, ihnen untergeordnete Kolleginnen beteiligt waren; vier dieser Fälle hatten zu beträchtlichen finanziellen Abfindungen geführt. Der Artikel beschrieb »ein von oben gesteuertes männliches Anspruchsdenken«, das einen Arbeitsplatz geschaffen hatte, der »für Frauen erniedrigend und unangenehm« war. Eine ehemalige Mitarbeiterin, Sandra Miller, die als Leiterin des Markenschutzes tätig war, sprach von einem »toxischen Umfeld, in dem Männer die widerlichsten Dinge sagen und offen Witze über Sex machen können und in dem Frauen weitaus schlechter behandelt werden als Männer«. Insgesamt befragte Steel mehr als hundert aktuelle und ehemalige *Vice*-Angestellte, wobei viele von ihnen aufgrund der strengen Geheimhaltungsvereinbarungen, die sie dem Unternehmen gegenüber eingangs unterschrieben hatten, nur inoffiziell oder gar nicht zu Wort kommen wollten.[8] Der damalige CEO von *Vice*, Shane Smith, und der Mitbegründer Suroosh Alvi reagierten mit einer gemeinsamen Erklärung. Sie gaben zu, dem Unternehmen sei es nicht gelungen, »einen sicheren und inklusiven Arbeitsplatz zu schaffen, an dem sich alle, insbesondere Frauen, respektiert fühlen und entfalten können«. Sie räumten ein, dass die »Jungsklubkultur« von *Vice* »unangemessenes Verhalten gefördert hat, das das gesamte Unternehmen durchdrang«.

Der Zeitpunkt, zu dem der Artikel erschien – zwei Tage vor Weihnachten –, ließ ihn wie ein höchst unkonventionelles Weihnachtsgeschenk erscheinen. Als ich die Reaktionen auf Twitter verfolgte, hatte ich sehr verschiedene Emotionen auf einmal. Kollegen, mit denen ich zusammengearbeitet hatte, waren sowohl Beschuldigte als auch angebliche Opfer, was gelinde gesagt beunruhigend war. Da der Artikel auf dem Höhepunkt der #MeToo-Bewegung veröffentlicht wurde, konzentrierte er sich – verständlicherweise – vor allem auf das Fehlverhalten von Mitarbeitern im Zusammenhang mit sexueller Belästigung (die ich zum Glück nie selbst im Unternehmen erlebt hatte), und ich war zunächst hin- und hergerissen, ob ich die in dem Artikel geschilderten Erfahrungen wirklich auf mich beziehen konnte. Aber es war auch ein Gefühl der Befreiung, als dürfte ich nun endlich den Schleier des Schweigens lüften, den ich über meine Zeit bei *Vice* gelegt hatte. Wenn mich bis dahin, abgesehen von engen Freunden, jemand gefragt hatte, warum ich das Unternehmen nach nur acht Monaten verlassen wollte, hatte ich nur vage etwas wie »Ich will andere kreative Projekte ausprobieren« geantwortet und das Thema gewechselt. Jetzt waren die Probleme, mit denen ich in der Firma zu kämpfen hatte, öffentlich bekannt.

Vor allem fühlte ich mich endlich in gewisser Weise bestätigt – denn bis zu diesem Zeitpunkt hatte ich die Umstände, unter denen ich *Vice* verlassen hatte, als mein persönliches Versagen angesehen. Oft hatte ich mich gefragt, ob die Dinge anders gelaufen wären, wenn ich klüger oder strategischer gehandelt und anders mit meiner Zeit dort umgegangen wäre. Es bedurfte erst eines Enthüllungsberichts in einer der weltweit angesehensten Zeitungen, der Aussagen Hunderter ehemaliger *Vice*-Angestellter und einer Mea-culpa-Erklärung der Unternehmensgründer, um mir klar zu machen, dass ich an meinen Erfahrungen dort nicht viel hätte ändern können.

Kapitel 5

Die »richtige« Art von Schwarzsein

Wir Menschen sind grundsätzlich faul. Faulheit ist ein Relikt aus der Zeit der Höhlenmenschen, als das Einsparen von Energie noch eine Frage von Leben und Tod war. Und weil wir faul sind, stempeln wir andere gern ab, sortieren sie in Kategorien ein, die genau zu dem passen, was wir bereits über die Welt wissen. Es macht das Leben einfacher, wenn wir uns auf simple Abkürzungen verlassen können. Wir müssen weniger nachdenken. Es spielt keine Rolle, dass die wenigsten Menschen in solche Standardkategorien passen.

Nimm mich zum Beispiel. Ich bin eine »gute« Schwarze Person. Eloquent, elegant gekleidet, gebildet. Eine Oxford-Absolventin. Nicht arm, nicht »ghettomäßig«. Eigentlich das Gegenteil von dem, was die konditionierte Gesellschaft Schwarzen Menschen zuschreibt. Meine Aussprache – die Aussprache der weißen Mittelschicht – öffnet mir Türen, die normalerweise verschlossen sind. Ich bin annehmbar Schwarz. Und deshalb wissen vor allem weiße Menschen oft nicht, wo sie mich einordnen sollen. Sie hören meine Aussprache, sie erfahren, wo ich zur Schule gegangen bin, oder bemerken Eigenschaften, die sie normalerweise mit dem weiß-Sein verbinden. Dann sehen sie mich, und ich bin … Schwarz.

Manchmal kann ich förmlich hören, wie sich die Rädchen in ihren Köpfen drehen, und sehe in ihren Gesichtern, wie sie sich anstrengen, diese vermeintlichen Widersprüche zu verarbeiten. Sogar die bloße Tatsache, dass ich in bestimmten Räumen anwesend bin, sorgt manchmal schon für Verwirrung.

Vor ein paar Jahren war ich auf einer Verlagsparty, einer ziemlich großen Veranstaltung in den Gärten eines weltberühmten Museums. Teller mit Sashimi und Kanapees mit Trüffeln wurden zwischen kleinen Gruppen junger Berühmtheiten herumgereicht. Auch eine Handvoll Politiker im Ruhestand mischte sich mit dem Gesichtsausdruck soeben entlassener Häftlinge unter die jungen Leute. In der Warteschlange vor der Bar stand ich neben einem Mann um die sechzig, mit dem Tweedblazer und den ungepflegten Augenbrauen, die das Markenzeichen von Männern einer bestimmten Klasse sind.

»Wo sind die Margaritas? Sind ihnen die Margaritas ausgegangen? Ich habe gehört, es gibt keine Margaritas mehr«, fragte er niemand Bestimmten und reckte seinen Hals, um zu sehen, ob es an der Bar tatsächlich keine gefrorenen Margaritas mehr gab.

»Das will ich nicht hoffen, ich bin nur wegen der Margaritas gekommen!«, scherzte ich.

Ein kurzer Moment und dann:

»Und *woher* haben Sie diese Aussprache?« Strahlend drehte er sich zu mir um.

Ich erstarrte.

»Wie bitte?«

»Sie haben eine ganz wunderbare Art zu sprechen«, fuhr er fort und beugte sich enthusiastisch vor, um mich zu begutachten wie ein Wissenschaftler, der eine seltene Spezies vor Augen hat.

»Ich glaube, Sie und ich haben ziemlich die gleiche Aus…«

»Ich weiß, aber *ich* bin auf eine dieser großartigen *Privatschulen* gegangen«, lächelte er entschuldigend und versuchte seinen offensichtlichen Stolz auf diese Tatsache unter einer unglaubwürdigen Maske falscher Bescheidenheit zu verbergen. Ihm war zwar klar, dass solche extremen Privilegien heutzutage keinen Grund für Stolz mehr darstellen, aber er wollte doch schnell ein paar Informationen über seine Schullaufbahn loswerden. Es folgte das Übliche: persönliche Fragen (»Woher kommt Ihr Name?«), irrelevante Aussagen (»Ich liebe Musik aus Kenia«), Gerede über »Rhodesien«. Schließlich konnte ich ihn abschütteln und zur Party zurückkehren, irritiert über den offensichtlichen Hinterhalt, in den ich da geraten war.

Ich war schon immer eine der wenigen Schwarzen Personen in einem mehrheitlich weißen Umfeld. Zuerst in der Schule und dann an der Universität, daher sind Mikroaggressionen leider nichts Neues für mich – aber als ich anfing zu arbeiten, war ich doch überrascht, dass dieser Aspekt meiner Identität ein echtes Problem war. Gespräche über die Herausforderungen, mit denen Frauen am Arbeitsplatz konfrontiert sind, finden in öffentlichen Foren häufig genug statt, sodass ich schon zu Beginn meiner Karriere immer sofort erkennen konnte, wenn das Geschlecht ein Thema war. Als Teenager hatte ich genug *Glamour* gelesen, um herablassende Kommentare oder Doppelmoral schon Meilen gegen den Wind zu erkennen, auch wenn ich nichts dagegen tun konnte. Aber auch wenn mir keine eklatanten Fälle von offenem Rassismus begegneten, lagen die Hindernisse, mit denen ich aufgrund meines Schwarzseins konfrontiert bin, nicht immer (sorry für das Wortspiel) schwarz auf weiß auf der Hand. Ich habe viel länger gebraucht, um zu erfassen, inwiefern *Race* eine Barriere für mich bei der Arbeit darstellt, teilweise deshalb, weil ich selbst nicht wahrhaben wollte, dass es so ist.

Schnell habe ich hingegen herausgefunden, dass Schwarzsein am Arbeitsplatz unter anderem bedeutet, dass du dir auf die Zunge beißen musst. Du musst dir auf die Zunge beißen, wenn dein Name falsch geschrieben wird oder wenn man dir einen anglisierten Spitznamen geben will, denn »Otegha spricht sich nicht gerade leicht, stimmt's?«. Du beißt dir auf die Zunge, wenn die Personalabteilung unbedingt auch von dir ein Foto auf der Unternehmenswebsite bringen will, und die einzige andere Schwarze Person, die du je im Büro gesehen hast, ist eine Reinigungskraft. Du beißt dir auf die Zunge, wenn deine weißen Kollegen selbstbewusst Aussagen über »die Schwarze Community« machen, obwohl du wahrscheinlich die einzige Schwarze Person bist, mit der sie jemals in irgendeiner Form zu tun hatten. Du beißt dir auf die Zunge, wenn dieselben Kollegen Witze über Lesben, rothaarige oder Menschen mit kleiner Körpergröße machen, bis du eines Tages schlagartig kapierst, dass sie so wahrscheinlich auch über Schwarze Menschen reden, wenn du nicht im Raum bist.

Einige Monate nach meinem Einstieg bei AMV wurde ich zu einem der Willkommensessen des Unternehmens eingeladen, die alle paar Monate stattfinden, um den neuen Mitarbeitern die Möglichkeit zu geben, die Personen der Geschäftsleitung kennenzulernen. Bei dieser Gelegenheit lief der Geschäftsführer des Unternehmens, Robert – er war der Prototyp einer Person aus einer öffentlichen Schule –, zwischen den Gängen hin und her, um mit möglichst vielen Leuten zu sprechen. Irgendwann zwischen Hauptgang und Dessert saß er ganz in der Nähe und unterhielt sich angeregt mit ein paar der Jungs über ein Crickettestspiel. Als er bemerkte, dass ich eine Weile nichts gesagt hatte, versuchte er mich in das Gespräch hineinzuziehen, indem er mich nach meiner Prognose fragte, wer das Spiel wohl gewinnen würde.

»Oh! Äh … keine Ahnung. Ehrlich gesagt kenne ich mich mit Cricket nicht aus«, sagte ich verlegen.

»Alles klar – dann wird dich unser Gespräch hier nicht besonders interessieren«, antwortete er scharf und wandte sich wieder den drei Männern zu, von denen er später einen als Mentee unter seine Fittiche nehmen würde. Ich war beschämt – meine einzige Chance, einen guten Eindruck zu hinterlassen, hatte ich vermasselt. Erst viele Jahre später wurde mir klar, wie gering meine Chancen waren, mit Robert in irgendeiner Weise in Verbindung zu treten, und zwar nicht nur, weil ich keine Ahnung von Cricket habe. In *The Class Ceiling* analysieren Friedman und Laurison das Entstehen von Förderbeziehungen zu älteren Kollegen. Solche Beziehungen sind eine wirkungsvolle Kombination aus Ratschlägen, Mentoring und dem aktiven Eintreten besagter Kollegen für dich bei den Mächtigen; jemanden als Förderer zu gewinnen ist oft entscheidend (wenn auch nicht unerlässlich), um in bestimmten »Eliteberufen«, zu denen die Werbebranche gehört, voranzukommen. Friedman und Laurison weisen aber auch darauf hin, dass diese Beziehungen selten auf der Arbeitsleistung beruhen. Stattdessen haben sie fast immer, zumindest in erster Linie, mit kultureller Zugehörigkeit, dem Teilen von Humor, Interessen und Vorlieben zu tun. Sie betonen auch die Rolle der »Homophilie« beim beruflichen Aufstieg. Homophilie beschreiben sie als die Neigung von Entscheidungsträgern, diejenigen zu bevorzugen, die ihnen in verschiedener Hinsicht ähnlich sind. Kurz gesagt: Gleich und Gleich gesellt sich gern. Weiße Männer aus der Mittelschicht stellen eher andere weiße Männer aus der Mittelschicht ein, sponsern und befördern sie, weil sie eine tiefe »kulturelle« Verbundenheit teilen. Friedman und Laurison nehmen bei ihrer Analyse in erster Linie die Klasse in den Blick – obwohl sie in *The Class*

Ceiling die Bedeutung von Race durchaus anerkennen –, aber es liegt nah, dass diese Dynamik auch auf Race zutrifft, nicht zuletzt, weil weiße Menschen mit größerer Wahrscheinlichkeit einer höheren sozioökonomischen Klasse angehören als Schwarze Menschen. Männer wie Robert erkennen sich in mir nicht wieder, denn meine Hautfarbe macht mich für ihn unsichtbar, während es mich für die Tweed-tragenden Gentlemen auf Verlagssoireen übermäßig sichtbar macht.

Ein zentraler Grundsatz der intersektionalen feministischen Theorie ist, dass die Diskriminierungserfahrung von Frauen variiert, je nachdem ob sie Rassismus erfahren oder nicht. Der Begriff »Intersektionalität« wurde 1989 von der Schwarzen feministischen Wissenschaftlerin und Professorin Kimberlé Crenshaw geprägt. Er beruht auf der Erkenntnis, dass verschiedene Formen der Unterdrückung – in diesem Fall Rassismus und Sexismus – sich zwangsläufig überschneiden und dass sich die Erfahrungen von Frauen mit jeder Form der Unterdrückung verändern, je nachdem, ob sie nur der einen oder der anderen Form ausgesetzt sind. Crenshaw, eine Juraprofessorin, entwickelte ihre Theorie, nachdem sie beobachtet hatte, wie sich Diskriminierungsklagen Schwarzer Frauen gegen ihre Arbeitgeber vor Gericht auswirkten. Schwarze Frauen leiden oft unter Diskriminierung, die sich nicht in die Kategorie Rassismus *oder* Sexismus einordnen lässt, sondern vielmehr eine Kombination aus beiden ist.

In ihren Worten:

»Schwarze Frauen [können] im Vergleich zu *weißen* Frauen und Schwarzen Männern Diskriminierung ähnlich sowie verschieden erfahren […] Schwarze Frauen erfahren Diskriminierung manchmal wie *weiße* Frauen; manchmal teilen sie mit Schwarzen Männern Erfahrungen. Oft aber erfahren sie doppelte Diskriminierung – kombinierte Effekte rassistisch und sexistisch motivierter Diskriminierungshandlungen. *Und manchmal erfahren sie Diskriminierung als Schwarze Frauen – nicht die Summe rassistischer und sexistischer Diskriminierung, sondern als Schwarze Frauen.*«[1] (Hervorhebung von mir, O. U.)

Dass ich lange gebraucht habe, um zu verstehen, welche Rolle Race in meinen frühen Erfahrungen am Arbeitsplatz spielte, liegt daran, dass ich sowohl Schwarz als auch eine Frau bin. Ich kann deshalb die Diskriminierungserfahrungen, denen ich ausgesetzt bin, nicht auf eine dieser beiden Facetten meiner Identität reduzieren. Die Auswirkungen sind sowohl addierend als auch transformierend. Um eine simple Analogie zu bilden: 1 (Rassismus) + 1 (Sexismus) = #?! (eine ganz andere Kategorie von Diskriminierung, die sogar einen eigenen Namen hat: *Misogynoir*, ein Begriff, der 2010 von der Schwarzen Feministin Moya Bailey geprägt wurde.) Die Tatsache, dass Frauen of Colour mehrfach diskriminiert werden, führt dazu, dass wir verglichen mit weißen Frauen im Berufsleben ganz anderen Herausforderungen begegnen. Wir müssen mit den negativen Grundeinstellungen und Stereotypen kämpfen, die rassifizierten Frauen in der Regel zugeschrieben werden – für Frauen aus Lateinamerika ist es etwa das Klischee der unberechenbaren, hitzköpfigen Verführerin; für ostasiatische Frauen oft das der Unterwürfigkeit und Führungsschwäche. Für Schwarze Frauen ist es das Klischee der »wütenden Schwarzen Frau«, das aus der US-amerikanischen Vorkriegszeit stammt und sich bis heute gehalten hat. Infolgedessen werden Schwarze Frauen mit zweierlei Maß gemessen und für Verhaltensweisen bestraft, für die unsere weißen Kolleginnen vielleicht gelobt werden. Bei uns aber wird Direktheit als Feindseligkeit interpretiert, Durchsetzungsvermögen gilt als »streitlustig«. In der Leistungsbeurteilung bei AMV, wo mir geraten wurde, meinen Ehrgeiz zu zügeln, bekam ich auch zu hören, mein Auftreten wirke manchmal »aggressiv« und »feindselig«. Heute weiß ich, dass es eine »Kritik« an Schwarzen Frauen wie aus dem Lehrbuch ist. Damals schluckte ich sie einfach und versuchte mein Verhalten anzupassen.

Eine Schwarze Frau, die wie viele andere um rassistische Stereotypen weiß, ist die professionelle Tennisspielerin Serena Williams. Von Anbeginn ihrer Karriere hatte sie mit einer Medienberichterstattung zu kämpfen, in der ihr Auftreten und ihr Körperbau als unweiblich und sie selbst als ein aggressives Tier beschrieben wurde. Die Tenniskollegin Maria Scharapowa, die bis zu ihrem Rücktritt häufig als Rivalin von Williams bezeichnet wurde (obwohl Williams mit ihren dreiundzwanzig Grand-Slam-Titeln im Einzel im Vergleich zu Scharapowa mit fünf Titeln wohl in einer völlig anderen Liga spielt), veröffentlichte 2017 ein Memoir, in dem sie über Williams sagt, deren körperliche Präsenz sei viel stärker und größer, als man denke. Williams habe kräftige Arme und dicke Beine und sei unglaublich einschüchternd und stark. Die Journalistin Bim Adewunmi analysiert die versteckten Hinweise in Scharapowas Beschreibung und stellt fest: »Das hat nichts mit Serenas weltmeisterlichem Können und ihren Fähigkeiten zu tun. Es geht darum, sie als ›das Andere‹ darzustellen, als übermenschlich (und zwar auf die abscheuliche Art, die sich in sich krümmt und als un-menschlich wieder auftaucht)«. Adewunmi fährt fort: »Scharapowa zeichnet in kurzen Zügen ein kulturelles und rassistisches Bild, das wir inzwischen sehr gut verstehen: Eine zierliche weiße Dame wird von einem riesigen Schwarzen Gespenst bedroht.«[2]

Dank der weitverbreiteten rassistischen Stereotypen und

Doppelmoral sind die meisten Schwarzen Menschen, die sich regelmäßig in mehrheitlich weißen Umgebungen aufhalten, Experten im Code-Switching. Gene Demby vom National Public Radio NPR (Moderator des beliebten Podcasts »Code Switch«, in dem er das Phänomen genauer untersucht) definiert Code-Switching als die Praxis des »subtilen, reflexiven Änderns der Art und Weise, wie wir uns ausdrücken«.[3] Bis zu einem gewissen Grad richten wir unser Kommunikationsverhalten nach dem jeweiligen Publikum aus. Der Tonfall, den du anschlägst, wenn du mit deinen Freunden in einer Bar abhängst, unterscheidet sich davon, wie du dich beim Sonntagsessen mit deinen Großeltern unterhältst oder dich in einer Besprechung am Arbeitsplatz ausdrückst. Die Fähigkeit zum Code-Switching, also die Fähigkeit, deine Kommunikationsweise den jeweils verschiedenen sozialen Umgebungen so anzupassen, dass sie sich nahtlos einfügt, ist ein Maßstab für emotionale Intelligenz, eine Fähigkeit, »den Raum zu lesen«. Für Menschen of Colour entwickelt sich das Code-Switching jedoch von einem bloßen gesellschaftlichen Instrument zu einer beruflichen Notwendigkeit und beinhaltet sehr oft die Unterdrückung der eigenen Identität. In ihrem 2018 erschienenen Buch *Slay In Your Lane* erforschen die Autorinnen Yomi Adegoke und Elizabeth Uviebinené den Druck, dem Schwarze Frauen ausgesetzt sind, wenn sie ihren Kommunikationsstil am Arbeitsplatz anpassen und eine »annehmbare« Version ihrer selbst anbieten, die ihr Schwarzsein minimiert:

> »Freundinnen erzählen mir, dass sie, um in ihrem Arbeitsumfeld navigieren zu können, versucht haben, Gemeinsamkeiten mit ihren weißen Kolleginnen zu finden. Sie spielen herunter, dass es Unterschiede aufgrund rassistischer Strukturen gibt. Sie verändern ihren Körper, ihre

Sprache und ihre Kleidung, um dem Bild von Unterlegenheit und den rassistischen Stereotypen entgegenzuwirken. (…) Code-Switching ist eine Bewältigungsstrategie, die viele Schwarze Frauen nutzen, um sich in weiße Arbeitswelten einzufügen.«[4]

Adegoke und Uviebinené beschreiben dieses Verhalten als eine Art »weiße Maske« bei der Arbeit. Boots Rileys düstere Filmkomödie *Sorry to Bother You* (2018) nimmt diese Idee wieder auf und treibt sie auf die absurde, aber irgendwie plausible Spitze: Als ein afroamerikanischer Mann bei seinem Job als Telefonverkäufer eine »weiße Stimme« annimmt, schießen seine Verkaufszahlen sofort in die Höhe, und er wird schließlich zum »Power Caller« befördert. Der Protagonist wird von dem afroamerikanischen Schauspieler LaKeith Stanfield gespielt, aber die Macher des Films gehen so weit, dass sie ihn in den Szenen, in denen er seine »weiße Stimme« einsetzt, mit der Stimme eines echten weißen Mannes synchronisieren (dem Schauspieler David Cross, der vielleicht als Tobias Fünke aus *Arrested Development* bekannt ist). Zwar ist ein Großteil des Films absichtlich surreal, doch die Botschaft – Schwarze Menschen müssen weiß-Sein nachahmen, um beruflichen Erfolg zu haben – ist fest in der realen Welt verankert. Abzuschätzen, wie meine Worte und Handlungen aufgrund meiner Hautfarbe interpretiert werden könnten und sie entsprechend anzupassen, ist eine konstante, sogar alltägliche Facette der Schwarzen Erfahrung.

Aber irgendwann fordern diese Dinge ihren Tribut. Es ist eine große mentale Anstrengung, immer überlegen zu müssen, wie sich die Menschen in deiner Nähe wohler fühlen; der Druck, immer die beste Version deiner selbst zu liefern, damit nicht ein kleiner Ausrutscher dazu führt, dass jemand das Schlimmste über Schwarze Menschen im Allgemeinen annimmt; sogar die positiven Stereotype über Menschen, die ähnlich wie du rassifiziert werden, zu vermeiden, damit du den negativen nicht noch mehr Glaubwürdigkeit verleihst.

Immer mehr Arbeitgeber, insbesondere diejenigen, die sich als zukunftsorientiert positionieren wollen, legen bei der Einstellung neuer Mitarbeiter großen Wert auf die »kulturelle Übereinstimmung«. Das ist ein nebulöser Begriff und hört sich recht harmlos an, bis du erkennst, dass es sich dabei nicht nur um einen unglaublich subjektiven Maßstab für die Bewertung aktueller oder potenzieller Mitarbeiter handelt, sondern auch um einen Anspruch auf Konformität, die Menschen belohnt, die näher an der zumindest in Großbritannien mehrheitlich weißen Belegschaft sind. Angesichts der Tatsache, dass viele dieser Arbeitgeber ihr Engagement für Vielfalt betonen, scheint es sich um eine kognitive Dissonanz zu handeln. Einerseits verlangen sie von ihren Beschäftigten, dass sie einer bestimmten kulturellen oder sozialen Norm entsprechen, andererseits erwarten sie eine nichthomogene Belegschaft. Nicola Rollock, eine Wissenschaftlerin, die sich auf *Racial Justice* in der Bildung und am Arbeitsplatz spezialisiert hat, unterscheidet zwischen Personen of Colour, die in ihrer Identität entweder als »annehmbar« oder als »auffällig« wahrgenommen werden, und erklärt den Unterschied folgendermaßen:

> »Institutionen betrachten Personen of Colour, die ihre Identität hinsichtlich Race herunterspielen – das sind die »annehmbaren« – eher als passend in die Organisationskultur und -normen. Umgekehrt sehen Institutionen Personen of Colour, die sich zu ihrer Identität bekennen oder das Thema Race in den Vordergrund stellen – das sind die

»auffälligen« –, mehr als Ergänzung ihrer Organisationskultur.«[5]

Ich bin mir meiner Positionierung bewusst genug, um zu erkennen, dass ich von vielen Institutionen und Personen als »annehmbar« wahrgenommen werde, aber – Privatausbildung hin oder her – als Schwarze Frau werde ich nie den gleichen kulturellen Zugang haben wie eine Gruppe von Cricketbesessenen und ziemlich reichen weißen Männern. Letztendlich macht mich eine private Ausbildung oder die »richtige« Aussprache nicht weniger Schwarz, und statistisch gesehen bedeutet das, dass ich mit hoher Wahrscheinlichkeit schlechter bezahlt werde als meine weißen Kollegen, selbst wenn meine Qualifikationen besser sind als die der anderen. Untersuchungen der auf soziale Mobilität ausgerichteten Forschungseinrichtung Resolution Foundation haben ergeben, dass Schwarze Hochschulabsolventinnen bei gleichen Voraussetzungen (Alter, Qualifikationen, Region und Erfahrung) im Durchschnitt 9 Prozent weniger verdienen als weiße Hochschulabsolventinnen, während Schwarze Frauen ohne Hochschulabschluss 6 Prozent weniger verdienen als ihre weißen Kolleginnen.[6] Von den Hochschulabsolventinnen haben Schwarze Frauen sogar den größten Gehaltsnachteil unter allen befragten Gruppen, ein Unterschied, der bei Vollzeitbeschäftigung mehr als 3000 Pfund pro Jahr ausmacht. Sogar mein Name benachteiligt mich, dank des weitverbreiteten *name bias* – dem statistisch nachgewiesenen Phänomen, dass Menschen mit »ungewöhnlichen« (sprich: nichtweiß klingenden) Namen von Personalberatern und anderen institutionellen Entscheidungsträgern mit höherer Wahrscheinlichkeit diskriminiert werden. In einer Studie aus dem Jahr 2003, in der identische Lebensläufe für Bewerbungen mit »Schwarz klingenden« und

»weiß klingenden« Namen eingereicht wurden, war die Wahrscheinlichkeit, dass Letztere zu einem Vorstellungsgespräch eingeladen wurden, um 50 Prozent höher.[7] Jedes Mal, wenn ich eine Bewerbung ausfüllen oder eine unverbindliche Anfrage per E-Mail senden muss, denke ich an diese Statistik. Ein Name wie meiner ist ein untrügliches Anzeichen, er reizt den unterbewussten Abwehrmechanismus, selbst bei Linken und Liberalen, die sich für geistig und emotional offen halten. Sie waren die Hauptteilnehmenden in einer Studie, die 2015 zu einer ähnlichen Schlussfolgerung kam.[8]

Und obwohl ich zu Beginn dieses Kapitels darüber theoretisiert habe, was es heißt, auf die »richtige« Art und Weise Schwarz zu sein, entspreche ich als *dark-skinned*[9] Schwarze Frau in den Augen vieler einer sehr wenig idealen und begehrbaren Version von Schwarzsein. In vielen Communitys of Colour gibt es eine oft unausgesprochene rassistisch geprägte Körperpolitik, bekannt als *colourism*. Colourism wirkt als ein Parameter, der – wie die meisten Schönheitsnormen – auf Frauen stärker einwirkt als auf Männer. Für Schwarze Menschen hat Colourism, die Praxis gesellschaftlicher Hierarchisierung je nach Hautschattierung, seine Wurzel im Handel mit versklavten Menschen. Light-skinned Kinder, die nach der Vergewaltigung einer versklavten Schwarzen Frau durch den weißen Sklavenhalter geboren wurden, bekamen in der Regel auch den Status von Versklavten, wurden aber oft bevorzugt behandelt – sie galten als »Haussklaven« und nicht als »Feldsklaven«. So etablierte sich unter den Schwarzen US-Amerikanern eine Hierarchie der Hautschattierung, die über Generationen hinweg weitergegeben wurde.

Selbst nach der gesetzlichen Abschaffung der Sklaverei hatten light-skinned Schwarze US-Amerikaner einen besseren Zugang zu wirtschaftlichen und sozialen Chancen als dark-skinned Schwarze Menschen. Colourism wurde nicht nur vom weißen Amerika praktiziert – er wurde (und wird) auch innerhalb Schwarzer Communitys aufrechterhalten und stellt eine perfide Form von internalisiertem Rassismus dar. Während der Jim-Crow-Ära (nach der Abschaffung der Sklaverei und vor der Bürgerrechtsbewegung ab den 1950er Jahren) war der Zutritt zu bestimmten Schwarzen Kirchen davon abhängig, ob jemand den *Brown Paper Bag Test* bestand: Die Hautschattierung der Person musste heller sein als das Braun der Papiertüten, die man in US-amerikanischen Lebensmittelläden findet. An einigen historisch Schwarzen Colleges und Universitäten war eine hellere Hautschattierung unausgesprochener Teil der Zulassungskriterien. Dass eine bestimmte Haartextur als »gut« bewertet wird – also nur leicht gelockte Haare, die für *mixed-race* Menschen oder solche, die weiße Elternteile oder Verwandte haben, charakteristisch sind, im Gegensatz zu den dicht gelockten Haaren, die mir angeboren sind – ist eine weitere Dimension von Colourism, die einige Schwarze Menschen gesellschaftlich auf eine höhere Stufe stellt als andere. Auch das ist der Assoziation mit weiß-Sein und den eurozentrischen Schönheitsstandards zu verdanken.

In vielen der afroamerikanischen Kirchen, die Schwarze dark-skinned Menschen aus ihren Gemeinden ausschlossen, hing am Eingang ein Kamm an einer Schnur. Die Botschaft war: Wenn dein Haar zu kraus – also zu Schwarz – ist, sodass der Kamm nicht durchkommt, dann bist du zu Schwarz für die Gnade dieser Gemeinde. Jesus hat gewiss geweint.

Wie vieles in der afroamerikanischen Kultur wurden diese sozialen Normen durch Filme, Zeitschriften, Schönheitskampagnen und Musikvideos in Schwarze Communitys auf der ganzen Welt exportiert, von Lagos bis London. Die Präsenz von Colourism geht auch weit über die Menschen afrikanischer Abstammung hinaus – in den meisten Communitys of Colour, von Asien bis Lateinamerika, ist die Vorzugsbehandlung seit langem geprägt von der Nähe zum weiß-Sein und weißen Nomen – der Schatten des Kolonialismus wirkt noch lange nach seiner offiziellen Beendigung. In fast allen Teilen der Welt wird ein Mensch mit dunklerer Hautschattierung in einem offiziellen oder inoffiziellen Kastensystem ganz unten angesiedelt.

Forschungen zu den Auswirkungen von Colourism in quantitativer Hinsicht kommen immer wieder zu deprimierenden, wenn auch wenig überraschenden Ergebnissen. Eine Studie aus dem Jahr 2007, die anhand von Daten aus der National Survey of Black Americans durchgeführt wurde, ergab, dass dark-skinned Schwarze Arbeitnehmer umso weniger verdienen, je dunkler ihre Hautschattierung ist, wobei die Forscher insbesondere die bevorzugte Behandlung von light-skinned Arbeitnehmern als Ursache für diese Lohnunterschiede anführten.[10] Tatsächlich war der Lohnunterschied zwischen weißen und light-skinned Schwarzen Arbeitnehmern so gering, dass er statistisch unbedeutend ist – die wahre Ungleichheit bestand zwischen light-skinned und dark-skinned Schwarzen Arbeitnehmern. (Obwohl die Studie auf Grundlage von Daten männlicher Arbeitnehmer durchgeführt wurde, ist anzunehmen, dass auch bei Frauen ein ähnlicher Zusammenhang zwischen Race und Lohn besteht, zumal eine dunklere Hautschattierung bei Frauen noch stärker stigmatisiert ist als bei Männern.) Eine neuere Studie, die die Auswirkungen von Colourism auf die Berufsaussichten von US-amerikanischen Arbeitnehmern untersuchte, ergab, dass Personalverantwortliche light-skinned Schwarze und lateinamerikanische Befragte einheitlich als intelligenter einschätzen als ihre identisch qualifizierten dark-skinned Kollegen.[11] Schwarze dark-skinned Frauen wie ich können davon ausgehen, dass sich ihre Hautschattierung ein Leben lang negativ auf alle Aspekte des Lebens auswirkt, von der Verdienstmöglichkeit bis zu den Bildungschancen, die uns zur Verfügung stehen – wir werden dreimal häufiger von der Schule suspendiert als unsere light-skinned Mitschüler.[12] Mit größerer Wahrscheinlichkeit heiraten wir Partner mit niedrigerem Bildungsniveau, wenn wir überhaupt heiraten.[13] Aber diese Statistiken bestätigen nur, was die Gesellschaft mir im Lauf der Jahre bereits deutlich gemacht hat. Eine dark-skinned Schwarze Frau zu sein bedeutet, für weniger begehrenswert, weniger vermittelbar, weniger intelligent und letztlich weniger wertvoll gehalten zu werden als die light-skinned Kolleginnen, und nirgendwo wird das deutlicher als in Branchen, in denen das äußere Erscheinungsbild ausdrücklich zur Stellenbeschreibung gehört.

In den letzten Jahren wurde die steigende Zahl Schwarzer Models, Sängerinnen, Schauspielerinnen und Medienpersönlichkeiten, die in der Mainstreamkultur ganz oben stehen, als Beweis für die Vielfalt der weiblichen Schönheitsstandards angeführt – und doch sind die (wenigen) Schwarzen Frauen, die Zugang zu diesen heiligen Hallen haben, fast immer light-skinned oder *biracial.* Für Schwarze Frauen in der Unterhaltungsindustrie ist die Nähe zum weiß-Sein sehr oft ein Kriterium für den Erfolg.

Nehmen wir zum Beispiel den September 2018. Er wurde als Meilenstein für die Vielfalt in der Modebranche angekündigt, weil Schwarze Frauen auf den Titelseiten mehrerer großer Magazine zu sehen waren – und zwar in einem Monat, der als der wichtigste im Kalender der Modebranche gilt. Schon damals waren die Gesichter auf den Titelseiten der renommiertesten Zeitschriften – der britischen *Vogue*, US-*Vogue*, UK-*Elle*, US-*Marie Claire* – allesamt light-skinned

Schwarze Frauen mit luftigen Locken und europäischen Gesichtszügen, die von den Mainstreammedien leichter akzeptiert werden: Rihanna, Beyoncé, das Model Slick Woods und die Schauspielerin Zendaya. Als ich die Dutzende von Artikeln las, in denen diese Bilder atemlos als Zeichen des Fortschritts gepriesen wurden, wollte ich mich der Begeisterung gern anschließen, aber es war schwer, den Elefanten im Raum zu ignorieren: Keine dieser Frauen hatte auch nur annähernd meine Hautschattierung. Diese Cover als Errungenschaft für die Repräsentation von Schwarzen Frauen zu feiern, kam mir vor wie ein Ausradieren – doch niemand wies auf das Offensichtliche hin.

Unter den Schwarzen Frauen in der Musikindustrie sind es die Beyoncés und Rihannas, die Cardi Bs und Nicki Minajs, die auf der Weltbühne zu gedeihen scheinen – allesamt höchst talentierte Frauen natürlich –, aber auch allesamt Frauen, die von dem Privileg, light-skinned zu sein, profitieren. In Großbritannien ist die mangelnde Sichtbarkeit von dark-skinned Schwarzen Frauen – selbst in urbanen Musikgenres wie Grime und R&B – endemisch, wobei das Rampenlicht größtenteils auf biracial oder light-skinned Schwarze Frauen mit »guten Haaren« und ausreichend Schwarzsein fällt, die als urbane Künstlerinnen glaubwürdig sind, ohne den weißen Mainstream zu stören oder abzuschrecken; denken wir nur an die aufsteigenden Stars Mabel, Jorja Smith und Stefflon Don. Kulturschaffende wenden sich oft an biracial oder Schwarze light-skinned Frauen, um dem Druck gerecht zu werden, vielfältigere Talente zu engagieren. Sie sind froh, dass sie das Kästchen »Schwarz« auf ihren Casting-Anforderungen ankreuzen können, ohne tatsächlich Frauen einbeziehen zu müssen, die – wie soll ich sagen? – *zu* Schwarz aussehen.

Für viele Schwarze Männer ist es ein Zeichen von Erfolg,

eine Partnerin zu haben, die light-skinned ist: das ultimative Statussymbol. Die Hip-Hop-Kultur ist voll von Künstlern, die betonen, dass sie eine light-skinned Partnerin bevorzugen, sei es Jay-Z, der rappt »All the wavy light-skinned girls is loving me now« (aus seiner Single *December 4th* von 2003), oder Kanye West, der in der Zeitschrift *Essence* ein Interview gab, in dem er seine Vorliebe für mixed-race Frauen (oder, wie er sie nannte, »mutts«) ausdrückte.[14] Im Jahr 2014 ging ein Casting-Aufruf für das von Dr. Dre produzierte N. W. A.-Biopic *Straight Outta Compton* viral, weil dieser die Attraktivität explizit nach Hautschattierung einstufte. Der Aufruf wurde von einer Casting-Firma zusammengestellt, die laut ihrer Website auch an großen Filmen wie *Argo*, *Verblendung*, *The Social Network* und *There Will Be Blood* mitgewirkt hatte. Sie unterschied zwischen A GIRLS – »die heißesten der heißen« –, sie konnten »Schwarz, weiß, Latinas, *asian*, aus dem mittleren Osten oder auch mixed-race« sein; B GIRLS – »feine Mädchen … light-skinned, der Prototyp ist Beyoncé« – bis hin zu D GIRLS, die »afroamerikanische Mädchen« sein sollten und ihrer Definition nach »arm, keine gute Figur. Mittlere bis dunklere Hautschattierung«. Die Anforderungen wurden schließlich im Internet verbreitet, und es folgte einer Reihe vorhersehbarer Ereignisse. Die Twitter-Welt tobte, ausführliche Kommentare erschienen, die Casting-Firma gab eilig eine Entschuldigung heraus, und Universal Pictures (das Studio hinter dem Film) veröffentlichte schnell eine Stellungnahme[15], in der es sich vom Inhalt des Casting-Aufrufs distanzierte. Als ich die Kontroverse im Internet verfolgte, dachte ich darüber nach, wie sinnlos die ganze Empörung letztlich war. Die Casting-Anforderungen waren nichts Ungewöhnliches – die Produzenten dahinter waren lediglich so unvorsichtig gewesen, etwas förmlich festzulegen, was normalerweise unausgesprochen bleibt.

Die Idee von light-skinned Frauen als Statussymbol wurde vielleicht am besten durch ein Foto ausgedrückt, das in den Tagen nach den MTV Video Music Awards 2016 kursierte.[16]

Darauf sind fünf lachende Titanen der Musikindustrie mit einem Drink in der Hand zu sehen: Swizz Beatz, Jay-Z, Steve Stoute (ein einflussreicher Geschäftsmann und ehemaliger Plattenproduzent), Kanye West und Diddy. Sie stehen für Wohlstand und Erfolg. Hinter ihnen stehen ihre Ehefrauen und Freundinnen, ebenfalls lachend, und ihre Hände liegen liebevoll auf den Schultern ihrer Partner. Von den fünf sind vier dark-skinned Schwarze Männer (Swizz Beatz ist die Ausnahme), aber die fünf Frauen hinter ihnen – Jay-Zs Frau Beyoncé, Diddys damalige Freundin Cassie, Swizz Beatz' Frau Alicia Keys, Kanye Wests damalige Frau Kim Kardashian und Steve Stoutes Frau Lauren Branche – sind light-skinned Schwarze Frauen oder Frauen, die nach rassistischem Marker nicht zugeordnet werden können. Frauen, die den *Brown Paper Bag Test* mit Bravour bestehen würden.

Die Botschaft ist klar: Warum sollten sich Männer für eine dark-skinned Frau entscheiden, wenn sie jede haben können?

Aber es ist nicht alles schlecht und düster. Es gibt Umstände, unter denen mein Schwarzsein nicht nur akzeptabel, sondern sogar sehr begehrt ist – allerdings nur, wenn ich bereit bin, meine eigene Unterdrückung zur Ware zu machen oder zumindest anderen zu erlauben, sie für mich zu kommerzialisieren. Für rassifizierte Menschen, die in der Kreativwirtschaft – Medien, Kunst, Kultursektor – tätig sind, ist der Druck oft so groß, dass er an Zwang grenzt, unsere Identitäten und gelebten Erfahrungen einzutauschen, um Zugang zu Branchen zu erhalten, die nach wie vor hartnäckig und überwiegend weiß sind und bleiben. Oft wird von uns verlangt, dass wir aus singulären Erfahrungen universelle Schlüsse ziehen. Die

Nutzbarmachung der eigenen Unterdrückung kann wie die einzige Möglichkeit erscheinen, sich einen Namen zu machen. Zumal im Bereich der digitalen Medien aufgrund ihres algorithmischen Designs das Extreme, Erschütternde, Dramatische und Ausgefallene belohnt wird, was auf Geschichten über rassistische Traumata oft zutrifft. Die Journalistin Tiffany Curtis stellt fest, dass viele »rassifizierte Autorinnen und kreative Freiberuflerinnen von einem Unternehmen eingestellt werden (wenn sie überhaupt eingestellt werden), um dessen Ruf zu verbessern. Sie sollen kreative emotionale Arbeit leisten, leistungsstarke Inhalte rund um das ›Anderssein‹ *(otherness)* entwickeln, ihre Gedanken zum neuesten kulturellen Stilbruch einer Marke mitteilen oder die Tatsache kommentieren, dass Rassismus, wenig überraschend, immer noch existiert. Und dann werden sie für diese Arbeit unterbezahlt (wenn sie überhaupt bezahlt werden).«[17]

Daraus ergibt sich die Ökonomie der Schwarzen Identität und oft auch die Schwarzer Wut. Ich mache als Schwarze Autorin, die mit mehrheitlich weißen Redakteuren zusammenarbeitet, die Erfahrung, dass von mir oft erwartet wird, meine Wut, meine Dankbarkeit oder meinen Unmut über Dinge zum Ausdruck zu bringen, die mir, offen gesagt, einfach scheißegal sind. Oft haben sie schon ein Drehbuch im Kopf und brauchen nur noch eine Schwarze Person, die sie hinzufügen können. Die Absicht ist selten explizit böswillig – ganz im Gegenteil. Solche Aufträge kommen oft von wohlmeinenden weißen Menschen, die signalisieren möchten, dass sie »es kapiert« haben, und die sich von den Sünden ihrer Vorfahren befreien wollen. Aber nur selten wird Journalisten of Colour derselbe Spielraum eingeräumt wie ihren weißen Kollegen. Stattdessen werden wir dazu gedrängt, unsere Zugehörigkeit zu rassifizierten Communitys unentwegt aktiv unter Beweis zu stellen, indem wir zu bevorzugten Sprechern für Rassismusthemen werden. Das wäre in Ordnung, wenn wir nicht oft gebeten würden, uns *nur* zu Themen zu äußern, die mit Race zu tun haben. Weiße Journalisten hingegen können sich zu allem äußern (und tun das auch), da ihre Identitäten als neutral und ihre Erfahrungen als universell angesehen werden.

Wenn, wie Nora Ephron bekanntlich sagte, alles eine Kopie ist, wirst du dann ausgenutzt oder nutzt du bloß deinen Vorteil, indem du diese Forderungen erfüllst? Verkaufst du dich bloß unter Wert oder verkaufst du dich mit Haut und Haar? Bin ich eine Idiotin, wenn ich mich weigere, das Spiel mitzuspielen, oder bin ich eine Pragmatikerin, wenn ich es mitspiele? Und das Wichtigste: Wo zieht man die Grenze?

Zu Beginn meines Streifzugs durch die Welt des professionellen Schreibens, nicht lange bevor ich *Vice* verließ, geriet ich in eine seltsame Situation. Ein Freund, der bei einer führenden Zeitung arbeitete und wusste, dass ich in den Journalismus einsteigen wollte, hatte mir eine E-Mail seiner Chefin weitergeleitet. Die Redakteurin des Online-Kommentarressorts der Zeitung suchte dringend einen Artikel über einige beleidigende Äußerungen, die der Sänger Tom Jones kürzlich in einem Interview zum Thema Race gemacht hatte. Sie hatte meinen Freund gefragt, ob er eine Person kenne, die für den Job infrage käme. In der Medienwelt werden solche Artikel »Hot Takes« genannt – es sind stark reaktive und oft kontroverse Meinungsartikel als schnelle Reaktion auf ein aktuelles Ereignis. Sie sind von fragwürdigem Wert für die Medienlandschaft – Simon Maloy definiert sie in seinem Internetmagazin *Salon* als »absichtlich provokative Kommentare, die fast immer auf oberflächlicher Moralisierung beruhen«.[18]

Die erste Wahl der Redakteurin für den Artikel, ein junger Schwarzer Journalist, war aus irgendeinem Grund durchgefallen, sodass sie sich nun verzweifelt nach einer anderen Person umsah, die die erforderliche Kombination aus Empörung, Schmerz und frechem Fingerschnipsen in etwa 500 Wörtern liefern konnte, und zwar bis zum Mittag.

So begann die Mail:

Hallo Otegha.
Was hältst du davon, dass Tom Jones einen DNA-Test machen lässt, um festzustellen, ob er Schwarze Vorfahren hat – nur weil er lockige Haare und eine tiefe Stimme hat? Ich hätte gern einen Artikel, der darauf eingeht und idealerweise sagt, dass es beleidigender Blödsinn ist. Hättest du Lust, den Artikel heute zu schreiben? Wenn nicht, kannst du mir eine Person nennen, die heute die Zeit dafür hat?

Der Auftrag war unbezahlt, aber da ich unbedingt einen Fuß in die Tür eines angesehenen Medienunternehmens bekommen wollte, sagte ich sofort zu.

Mein erster Auftrag! Was für ein Arsch ist Tom Jones, dachte ich mir und spitzte meinen metaphorischen Bleistift, als ich mich an meinem Schreibtisch niederließ, bereit, ihm die Abreibung zu verpassen, die er zu Recht verdient hatte.

Nur …

Ich: Scheiße … Tommy, ich habe mich gerade hingesetzt, um das Interview von Tom Jones zu lesen.
Tommy: Und?
Ich: Und seine Aussage ist eigentlich ziemlich verständlich. Überhaupt nicht beleidigend. Aber ich habe jetzt schon zugesagt, es zu schreiben.
Tommy: Kannst du deine Zusage zurücknehmen?
Ich: Nein, kann ich nicht.

Tommy: Okay. Was genau hat er denn gesagt?
Ich: »Viele Leute denken immer noch, ich bin Schwarz. Als ich das erste Mal in die USA kam, waren die Leute, die mich im Radio hatten singen hören, überrascht, dass ich weiß bin. Wegen meiner Haare sagen mir viele Schwarze Menschen, dass ich mich bloß als weiß ausgebe. Als ich geboren wurde, hatte meine Mutter große dunkle Flecken am ganzen Körper. Sie wurde gefragt, ob sie Schwarze Vorfahren hat, und sie sagte, sie weiß es nicht. Ich werde meine DNA testen lassen. Ich will es herausfinden.«[19]
Tommy: Hmmmmmmm ...
Ich: ???
Tommy: Ich habe das Gefühl, dieser Auftrag klammert sich einfach an einen Strohhalm.
Ich: Ich auch!!! Er will herausfinden, ob es sein kann, dass er Schwarze Vorfahren hat. Das ist doch legitim?
Tommy: Ja. »Beleidigender Blödsinn« ist ziemlicher Quatsch.

Ich geriet in Panik. Die Redaktion wollte offensichtlich, dass ich die Kommentare von Jones in den Kontext des Rassismusdiskurses einordnete, der zu dieser Zeit im Internet aufkam, und hoffte offensichtlich, damit Empörung zu erzeugen – ob in Form von Unterstützung oder als Kritik an meinem Artikel weiß ich bis heute nicht. Zu spät erkannte ich, dass ich an diesem Tag als Opferlamm auserkoren worden war, um den unersättlichen Ansprüchen von Web-Traffic-Zielen und einem klickbasierten Algorithmus zu genügen.

Ich: Was soll ich tun?? Ich habe zugesagt, dass ich das schreibe, ich kann da nicht mehr raus. Das würde nur noch mehr Klicks ergeben – ich glaube nicht mal, dass er

etwas falsch gemacht hat. Ich stehe wie eine Vollidiotin da, wenn ich diesen Scheiß schreibe. Kann ich dich anrufen?
Tommy: Ja klar, ich suche nur schnell einen freien Konferenzraum.

In der nächsten halben Stunde überlegten Tommy und ich, welche Standpunkte ich darlegen und unterschreiben könnte, ohne mich total zu schämen. Wir schwankten zwischen völliger Fassungslosigkeit und hysterischem Gelächter über die Absurdität meines Dilemmas.

»Ich kann nicht fassen, dass dein großes Journalismusdebüt ein Schmähartikel ausgerechnet über Tom Jones sein soll«, keuchte Tommy. Er konnte kaum sprechen vor Lachen. Trotz meiner Panik sah auch ich die bizarre Komik der Situation.

Schließlich beschloss ich, dass ich nicht guten Gewissens einen Artikel schreiben konnte, in dem ich Großbritanniens Nationalheiligtum Tom Jones anprangerte, eine Person, über die ich mir noch nie in meinem Leben Gedanken gemacht hatte. Ich schickte der Redakteurin eine E-Mail mit der fadenscheinigen Ausrede, ich wäre von plötzlicher Arbeit überwältigt und zog meine Zusage zurück. Sie antwortete nicht, aber kaum eine Stunde später erschien auf der Website der Zeitung ein Artikel von einem jungen Schwarzen Journalisten, der die geforderte Aufgabe erfüllte. Es war eine schmerzhafte Lektüre, ein riesiger Artikel, der auf zynische Weise versuchte, sich auf die Rhetorik von Black Lives Matter und anderen aktivistischen Bewegungen zu berufen, und der in den Kommentaren darunter (zu Recht) zerrissen wurde. Wie beabsichtigt, erzeugte er viele Klicks. Ein kleiner Zähler in der Ecke der Webseite zeigte an, wie oft der Artikel geteilt wurde. Zumindest in der Hinsicht war er ein voller Erfolg.

Natürlich ist der Druck, die eigene Identität oder das persönliche Trauma online zu vermarkten, nicht auf rassifizierte Autoren beschränkt. Die wachsende Zahl digitaler Medienplattformen, auf denen oft erschütternd persönliche Essays veröffentlicht werden, zeigt einen Trend. Auf dem Höhepunkt im Jahr 2015 erschien ein *Slate*-Essay der Journalistin Laura Bennett, in dem sie das unter die Lupe nimmt, was sie die »Erste-Person-Singular-Industrie« nennt.[20] Bennett, eine Veteranin digitaler Plattformen wie *Slate*, *Salon* und *The New Republic*, untersucht die Fallstricke dessen, was sie als »das neue Zeitalter der digitalen Selbstenthüllung« bezeichnet – die Praxis, deine Seele online im Austausch für ein paar tausend Klicks und (wenn du Glück hast) vielleicht auch ein paar Dollar zu entblößen. Bennett schreibt: »Für Autoren, die im Journalismus Fuß fassen wollen, sind düstere, persönliche Berichte vielleicht der sicherste Weg, um gelesen zu werden.« Sie erklärt dann, warum gerade Frauen dem »bodenlosen Appetit auf erschütternde persönliche Essays« im Internet ausgeliefert sind: »Auf den Seiten für Frauen ist der Bedarf nach schnellen Texten von Freiberuflerinnen am größten und die Einstiegshürde für eine Veröffentlichung am niedrigsten.«

Nicht alle Schwarzen Menschen in kreativen Positionen sind mit dieser Dynamik so unzufrieden, wie ich es mittlerweile bin. Die US-amerikanische Schriftstellerin Morgan Jerkins, Autorin des Bestsellers *This Will Be My Undoing* (Das wird mein Verderben sein), hat in der Vergangenheit darüber gesprochen, wie eine Reihe bekannter Fälle von Polizeigewalt ihr den Weg zu frühen Karriereerfolgen ebnete. Über die Zeit unmittelbar nach der Erschießung des Schwarzen Jugendlichen Michael Brown im August 2014 durch einen weißen Polizisten in Ferguson, Missouri, was heftige Proteste auslöste und die damals aufkommende Black-Lives-Matter-Bewegung anheizte, schreibt Jerkins:

> »Ich begann E-Mails von weißen Redakteuren zu erhalten, die Geschichten über Schwarzes Leid und Trauma in Auftrag gaben. Sie brauchten mich. Sie konnten sich nicht mehr darauf verlassen, dass ihre weißen Kollegen über Erfahrungen berichteten, die sie nicht betrafen.
> Die rassistischen Auseinandersetzungen hatten einen Höhepunkt erreicht, und ich nutzte diesen fiebrigen Moment – von dem ich dachte, er ginge vorüber – als Karrierechance.
> Ich erkannte, dass meine Wut eine Art Währung sein konnte: mehr Artikel, Geld, Kontakte, Einfluss.«[21]

Sie wiederholte diese Einschätzung später in einem Interview im *Dear Sugars*-Podcast, wo sie diese Zeit als »sehr, sehr profitabel« bezeichnete.[22] Die Vorstellung, die Ermordung eines jungen Schwarzen Mannes könnte für den eigenen Ehrgeiz und den eigenen Kontostand genutzt werden, ist offensichtlich geschmacklos, ja sogar gruselig, und doch zieht Jerkins' Wortwahl – »Währung«, »kapitalisiert«, »profitabel« – eine direkte Verbindung zwischen dem Schwarzen Trauma und ihrem eigenen wirtschaftlichen Gewinn.

Schwarze Kreative, denen die Idee, ihr Schwarzsein zu Geld zu machen, nicht geheuer ist, brauchen sich keine Sorgen zu machen, denn es gibt viele Menschen, die das für sie übernehmen. Die weiße Mainstreamkultur hat eine lange Geschichte der Vereinnahmung Schwarzer Kultur und Ästhetik zu kommerziellen Zwecken und kolonialisiert fröhlich alles, von Schönheitstrends über Musik bis hin zur Sprechweise. Man denke nur an den Rock 'n' Roll, ein Genre, das ursprünglich von afroamerikanischen Musikern in den 1950er Jahren erfunden wurde, bevor es von Künstlern wie Elvis Presley neu verpackt und einem weißen Publikum verkauft wurde, oder an die Allgegenwart von Streetwear, die wir der Hip-Hop-Kultur verdanken. Verbrauchermarken streben nach kultureller Relevanz, indem sie Worte aus AAVE (African American Vernacular English) in ihre Social-Media-Accounts einstreuen, Wörter wie *lit* und *bae*, die aus ihrem Zusammenhang im Schwarzen Amerika herausgerissen und in fade Firmensprache gepresst werden. Schwarze Menschen und vor allem Schwarze Jugendliche sind seit langem die Architekten des Coolen, die kreativen Köpfe hinter der heutigen Kunst und Kultur.

Eine großzügigere Lesart als meine könnte diese Art kultureller Aneignung auch als eine Form der Hommage betrachten und (richtigerweise) feststellen, dass die Entwicklung von Kultur zwangsläufig damit einhergeht, Einflüsse aus bestehenden Genres aufzunehmen, auszuleihen, zu tauschen und ja, sogar zu stehlen, damit neue Kunstformen geschaffen werden. Kulturelle Vermischung ist an sich kein böses Phänomen, und das »Mainstreaming« Schwarzer Kultur – die so lange an den Rand gedrängt wurde – ist keine schlechte Sache. Problematisch wird es allerdings, wenn die kulturelle Einflussnahme mit der Auslöschung Schwarzer Urheber einhergeht, die nur selten gewürdigt oder anerkannt werden; wenn ausbeuterische kommerzielle Praktiken dazu führen, dass Schwarze Menschen nicht an den Erträgen ihrer Kreativität teilhaben können; wenn Doppelmoral dazu führt, dass Schwarze Ästhetik nur dann gesellschaftlich akzeptiert wird, wenn sie von nicht-Schwarzen Menschen übernommen wird.

Da wäre zum Beispiel die aktuelle Liebesaffäre der Modeindustrie mit der Schwarzen Kultur, insbesondere mit Hip-Hop und der dazugehörigen Ästhetik. Wie die Modekritikerin Lou Stoppard und ihr Kollege Antwaun Sargent in der *Financial Times* schreiben: »Schwarz ist im Trend – so hässlich dieser Satz auch klingt. Die Mode fetischisiert Schwarze

Kulturikonen. Hip-Hop-Style wird angezapft, als ginge es um einen Gebrauchsgegenstand. Marken anerkennen gern Schwarze Talente und engagieren Schwarze Gesichter für ihre Werbekampagnen, denn sie verlassen sich auf deren enorme Reichweite, um Ansehen und Aufmerksamkeit zu erlangen.«[23] Dieses Phänomen bezeichnet die politische Autorin Naomi Klein in ihrem 1999 veröffentlichten Buch *No Logo!*, einer Polemik gegen Marken und Konzerne, als *cool hunting*. Tracksuits, Sneaker, gut sichtbare Designerlogos – das sind die Markenzeichen des Hip-Hop-Stils, der in den 1980er und 1990er Jahren aufkam. Diese Markenzeichen wurden durch MTV der breiten Masse bekannt und oft als *gauche* abgetan – bis sie plötzlich nicht mehr abgetan wurden. Während ich dies schreibe, kostet eine Jogginghose mit Gucci-Logo 890 Pfund und der passende Kapuzenpulli mit Reißverschluss weitere 1100 Pfund. Beide Kleidungsstücke lehnen sich stark an die visuelle Sprache der Hip-Hop-Kultur an. Es handelt sich um dasselbe Gucci, das im Februar 2019 gezwungen war, einen 690 Pfund teuren Pullover aus den Geschäften zu nehmen, weil er an die rassistischen Bilder der Golliwog-Figur erinnerte.[24] Nur wenige Monate nachdem die Popularität von Streetwear und Logomanie dazu beigetragen hatte, den Gewinn des Unternehmens um 33 Prozent auf 8,29 Milliarden Euro zu steigern,[25] musste Gucci – ein Modegigant mit Tausenden von Mitarbeitern weltweit – zugeben, dass es keinen einzigen Schwarzen Designer im Haus beschäftigte.[26] Die Beliebtheit der Schwarzen Kultur in der Modebranche steht in krassem Gegensatz zur Erfolgsbilanz der Branche in Bezug auf Race und Diversität, wie die Ereignisse im Sommer 2020 zeigten, als der Mord an George Floyd eine weltweite Auseinandersetzung mit institutionellem Rassismus und Rassismus am Arbeitsplatz auslöste. In der gesamten Branche wurden Vorwürfe über rassistische Einstellungen und diskriminierende Behandlung laut. So auch bei etablierten Magazinen wie der US-*Vogue*, deren Chefredakteurin Anna Wintour sich schließlich gezwungen sah, in einer E-Mail an die Belegschaft zuzugeben, dass das Magazin »nicht genug getan hat, um Schwarze Redakteure, Autoren, Fotografen, Designer und andere Kreative hervorzuheben und ihnen Raum zu geben«.[27]

Vor allem Schwarze Frauen sind zur Hauptzielscheibe für unternehmensweite Kulturraubzüge geworden, deren kreativer Prozess darin besteht, globale Subkulturen nach neuer Ästhetik zu durchforsten und sich diese anzueignen. Es begegnet uns in den Modemarken und Magazinen, die (oft nicht-Schwarze) Models mit aufwendig gegelten Babyhaaren und Bambus-Hoop-Ohrringen als Standard stylen. Beide Trends haben ihren Ursprung in den Schwarzen und Latinx Communitys, ebenso wie die Namensketten, die, wie der Journalist Collier Meyerson schreibt, »ein kulturelles Wahrzeichen von Schwarzer und *Brown* urbaner Mode« sind und »eine auffällige und pointierte Ablehnung der Banalität des weißen Wohlstands« darstellen sollen.[28] Das Gleiche gilt für lange Fingernägel aus Acryl, vor allem für die kunstvollen, mit eckigen Rändern versehenen und stark verzierten Nägel, die seit langem von Schwarzen Frauen auf der ganzen Welt getragen werden – von den »around the way girls« bis zu den Hip-Hop-Superstars –, und die bis vor kurzem als *ghetto* abgetan wurden.

Als ich aufwuchs, warnten unsere Eltern mich und meine Schwestern davor, solche Trends zu übernehmen. Ich kann mich nicht erinnern, ob sie uns ausdrücklich verboten, unsere Haare und Nägel auf bestimmte Weise zu tragen oder ob sie nur andeuteten (wie es nigerianische Eltern so gut können), dass diese Trends unter ihrem Dach nicht willkommen waren. Eine häufig wiederholte Warnung während meiner gesamten

Jugend war, nicht wie ein »Peckham-Girl« auszusehen – die geospezifische Art meiner Eltern, *ghetto* zu signalisieren. Ihre Mahnungen kamen nicht aus Snobismus, sondern aus dem Bewusstsein, dass Schwarze Teenagermädchen mit diesem Stil auffallen. Sie wollten uns helfen, die weitverbreiteten Vorurteile gegenüber Schwarzen Frauen zu vermeiden. Ihre Warnungen haben gewirkt. Auch jetzt als Erwachsene, wo ich mich kleiden und stylen kann, wie ich will, und obwohl ich gern mit Mode und Schönheit experimentiere, vermeide ich die sogenannte »Peckham-Girl«-Ästhetik. Nicht weil ich sie nicht mag – im Gegenteil –, sondern weil ich weiß, wie ich dann von der Außenwelt (sprich: von Weißen) wahrgenommen werde. Eine Schwarze Frau im Trainingsanzug und mit glitzernden Acrylnägeln wird ganz anders bewertet als eine weiße Frau, die das Gleiche trägt.

Die Doppelmoral, die dazu führt, dass eine bestimmte kulturell Schwarze Ästhetik nur dann als akzeptabel gilt, wenn sie von nicht-Schwarzen Menschen getragen wird, wurde im September 2016 perfekt illustriert, als der Modedesigner Marc Jacobs seine Models auf der New York Fashion Week Show mit pastellfarbenen Dreadlocks stylte. *Locs* sind eine traditionell Schwarze Frisur. Sie kommt aus der Rastafaribewegung und hat für viele, die sie tragen, eine große kulturelle und spirituelle Bedeutung. Natürlich stellte Marc Jacobs eine Truppe überwiegend weißer Models zusammen (darunter Gigi und Bella Hadid, Kendall Jenner und Karlie Kloss). Sie trugen die bunten Dreadlocks, die sein Designteam über Etsy gekauft hatte. Die US-*Vogue* bezeichnete die Frisuren in einem Artikel als »atemberaubend«, ohne ihre Herkunft in der Rastafaritradition zu erwähnen.[29] Zur gleichen Zeit, als Jacobs' Parade weißer Models mit Dreadlocks im Schlepptau über den Laufsteg stolzierte, hielt die US-Armee noch an dem Ausschluss von Offizieren fest, die Locs trugen, und hob dieses Verbot erst im folgenden Jahr auf.[30] Bei reichen weißen Frauen sind Dreadlocks *haute couture*, bei Schwarzen Menschen »unprofessionell« und sogar ein Kündigungsgrund. Geschichten über Schwarze Männer, Frauen und Kinder, denen wegen ihrer Locs eine Beschäftigung oder Ausbildung verweigert wird, gibt es wie Sand am Meer, wie schon eine flüchtige Analyse der jüngsten Nachrichten zeigt: 2018 wurde einem sechsjährigen Jungen in Florida an seinem ersten Schultag der Zutritt verweigert, weil er Locs trug;[31] im selben Jahr wurde ein zwölfjähriger Junge in London isoliert und aufgefordert, seine Locs abzuschneiden, oder er werde suspendiert[32]. Wenn du dein Blickfeld ein wenig erweiterst, wird klar, dass das Problem weit über Dreadlocks hinausgeht und Schwarze Haare im Allgemeinen betrifft: Einer Schwarzen Person, die sich 2017 bei *Harrods* bewarb, wurde gesagt, sie müsse ihr natürliches Haar chemisch glätten, um eine Chance auf die Stelle zu haben. Ihre Haare wurden von der für die Einstellung zuständigen Agentur als »nicht professionell genug« angesehen.[33]

Natürlich hat keine Person und kein Konzern die Schwarze Ästhetik rücksichtsloser zum eigenen Vorteil gebogen und ausgenutzt wie der Kardashian-Jenner-Clan, dessen Übernahme Schwarzer kultureller Symbole und Ästhetik entscheidend zu ihrem Erfolg beigetragen hat. Ich war zutiefst schockiert und gleichzeitig überhaupt nicht überrascht, als mir eine Freundin verriet, dass sie seit Jahren davon ausgeht, dass Kim Kardashian zumindest teilweise afroamerikanische Vorfahren hat. Wer könnte ihr das verübeln? Die Kardashian-Schwestern sehen nicht wie weiße Frauen aus. Durch eine Reihe von Körpermodifikationen, die ihren Po und ihre Lippen optisch vergrößert haben, entsprechen ihre Körper jetzt im Großen und Ganzen der Ästhetik vieler Schwarzer Frauen, während ihre Vorliebe für künstliche Bräune und Körper-Make-up ihre Haut bis zu dem Punkt verdunkelt hat, dass sie *racially ambiguous* sind. Gleichzeitig sind sie – wohl auch aufgrund ihrer immer spektakuläreren Proportionen – extrem reich und außerordentlich berühmt geworden. Von den fünf Schwestern sind Kylie und Kim die beiden, die sich am stärksten der Hip-Hop-Kultur verschrieben haben und häufig Frisuren und Kleidung tragen, die aus der Black Community stammen. Sie sind auch die beiden reichsten – im April 2021 wurde Kim vom *Forbes*-Magazin offiziell zur Milliardärin ernannt, und ihre jüngere Schwester Kylie ist wahrscheinlich nicht weit davon entfernt. Aber woher kommt das Lob? Wie viele andere, die auf Coolness aus sind, nennen auch die Kardashians nur selten ihre Einflüsse und verschleiern stattdessen oft die Herkunft ihrer Mode- und Schönheitsentscheidungen. Kim nennt ihre Flechtfrisuren, die sie gelegentlich trägt, »Bo Derek« und »Boxer-Braids«, obwohl die meisten Schwarzen Menschen sie sofort als Fulani-Braids und Cornrows erkennen, die seit Jahrhunderten in unseren Schwarzen Communitys getragen werden. Als Guido Palau, der Haarstylist der bereits erwähnten Marc-Jacobs-Show, gefragt wurde, ob ihn die Rastakultur inspiriert habe, antwortete er schlicht: »Nein, überhaupt nicht«, und distanzierte sich schnell von der Schwarzen Kultur[34] (obwohl er nur zu gern von der *faux bohemian*-Konnotation profitierte, die seine massenhaft eingekauften Dreadlocks der Show verliehen hatten).

Auch wenn sich der Kontext ändert, das Muster ist immer das gleiche. Vom transatlantischen Sklavenhandel bis zum heutigen Tag wurde Schwarzsein – im wahrsten Sinne des Wortes – gekauft und verkauft. Wenn nicht unsere Körper, dann ausgesuchte Teile von ihnen, und wenn nicht diese, dann sind es unsere Identitäten und unsere Ideen, die zu Waren werden: Güter, die abgebaut, zu Geld gemacht und für den kommerziellen Gewinn vermarktet werden. Schwarze Kultur und Schwarze Ideen sind oft dann am begehrtesten und lukrativsten, wenn sie von den Menschen getrennt sind, die sie geschaffen haben. Wie eine unter Schwarzen Amerikanern beliebte Redewendung sagt: »They want our rhythm but not our blues« (Sie wollen unseren Rhythmus, aber nicht unser Leid). Die Torwächter der kommerziellen Kultur wollen »Black cool«, aber nicht das »Black«.

Schwarzsein *(blackness)* war schon immer profitabel. Aber tatsächlich Schwarz zu sein – das ist etwas ganz anderes.

Kapitel 6

Die Schönheitssteuer

Vorletztes Jahr im Sommer wollte ich endlich – was ich mir schon lange vorgenommen hatte – herausfinden, wie viel Zeit in meinem Leben ich damit verbringe, die scheinbar endlose Liste schönheitsbezogener Aufgaben zu erledigen, die ich für notwendig erachte, um der Welt täglich zu begegnen. Also beschloss ich es zu dokumentieren. Und zwar alles. Ich fing an, mir jeden Abend vor dem Schlafengehen auf meinem Handy zu notieren, wie viel Zeit ich mit meinem Aussehen verbringe. Ich sage Sommer, dabei war es Mai, aber England ist nun mal England, es war kühl und regnete viel. Und doch hatten diese frühsommerlichen Schauer etwas Gutes: Ich musste nicht annähernd so viel Zeit für meine Schönheitspflege aufwenden wie im Hochsommer, wenn Pediküre und regelmäßige Beinrasur dazukommen. (Das Leben ist zu kurz – und ich bin zu faul –, um mich das ganze Jahr über zu rasieren.)

Ich nahm mir vor, einen Monat lang alles aufzuzeichnen, was als »Schönheitsarbeit« gelten könnte. Dabei zählte alles, was über die grundlegende Hygiene und Bemühung um ein gepflegtes Äußeres hinausging. Duschen, Zähneputzen, Deo auftragen und so weiter protokollierte ich also nicht. Ebenso wenig das Eincremen der Haut, denn ich bin eine Schwarze Frau, und für Schwarze Menschen ist es eine Frage des grundlegenden menschlichen Anstands, sich einzucremen. Um ein möglichst vollständiges Bild davon zu bekommen, wie viel Zeit ich für die Pflege meines Äußeren aufbringe, bezog ich auch die Fahrtzeit mit ein, wenn ich für eine Kosmetikbehandlung das Haus verlassen oder aus Schönheitsgründen einen Umweg machen musste. Ich erkläre mir das Bedürfnis, den zeitlichen Aufwand zu berechnen, damit, dass Zeit damals – als ich unter der Last verschiedener Projekte und Deadlines litt und dauernd das Gefühl hatte, der Tag sei zu kurz – mein wertvollstes Gut war. In anderen, weniger hektischen Phasen belasteten mich die Kosten meiner Aufwendungen am meisten, obwohl ich als Selbstständige meine Zeit als Geld verbuchen kann und umgekehrt. Ich berechne Projekthonorare in Form von Tagessätzen und quantifiziere Freizeit in Form von entgangenem Einkommen; diese beiden Größen existieren als fließende Umrechnungstabelle in meinem Kopf. Trotzdem führte ich auch möglichst genau die finanziellen Kosten auf.

Ich war mir nicht sicher, was mich erwartete oder ob sich mein Experiment überhaupt lohnen würde, aber ich dachte mir, wenn ich schon über die Kosten von Schönheit schreibe, dann sollte ich doch erst einmal meine eigenen Ausgaben überprüfen. Hier ist also, was ich herausgefunden habe:

Tag 1 (heute Abend auf einer Party)
Morgens: Beine rasieren (15 Min.). Pediküre, selbst (15 Min.)
Haare gründlich pflegen und einen Twist out machen (1 Std. 30 Min.)
Abends: Augenbrauen zupfen (5 Min.)
Twist out lösen und Haare stylen (10 Min.). Make-up auftragen (15 Min.). Feststellen, dass ich keine Lust habe, auf die Party zu gehen (60 Sek.). Abschminken (5 Min.)

Tag 2: Nichts. Arbeite den ganzen Tag von zu Hause aus.
Tag 3: Wieder nichts. Auf dem Weg zu einer Freundin eine neue Body-Butter-Creme kaufen (15 Pfund)
Tag 4: Haare waschen, Tiefenpflege, *detanglen* und föhnen (1 Std. 30 Min.)
Tag 5: Im Friseursalon wegen Cornrows (4 Std. 15 Min. inkl. Hin- und Rückfahrt; 30 Pfund)
Tag 6: Haarpflege – Kopfhaut einölen, ein paar Strähnen bändigen (30 Min.)
Tag 7: Haaransätze mit Gel stylen (5 Min). Make-up auftragen (10 Min.). Abends abschminken (5 Min.)

Und so ging es die nächsten drei Wochen weiter. Allein am Ende dieser ersten Woche hatte ich insgesamt 9 Stunden und 45 Pfund für Kosmetik und Körperpflege ausgegeben. Am Ende des Monats waren es bereits 21 Stunden und 150 Pfund, ein Betrag, in dem die Kosten der verschiedenen Haar-, Make-up- und Hautpflegeprodukte, die ich bereits besaß, noch nicht einmal berücksichtigt waren.

Wie sich herausstellte, ist das Führen eines Zeitplans für die Pflege meines Äußeren eine ziemlich unvollkommene Wissenschaft. Schon früh wurde mir klar, dass selbst das strengste System nicht die kleinen Zeitfragmente berücksichtigte, die in der Summe wahrscheinlich den bedeutendsten Teil meiner Ausgaben ausmachen. Die Zeiten, in denen ich eine ganze Busfahrt damit verbringe, durch Pinterest zu scrollen, um eine neue Frisur auszusuchen (30 Minuten), oder die Abende, an denen ich nach dem Abschminken des Tages (5 Minuten) mein Gesicht im Badezimmerspiegel trübsinnig betrachte und jeden neuen Makel oder Fleck katalogisiere, bevor ich ins Bett krieche, um im Internet nach einer Art Heilmittel zu suchen (15 Minuten). Was als neugieriges Experiment begann, kam mir am Ende des Monats vor wie ein Katalog meiner eigenen Dummheit. Da sich die Arbeit kosmetischer Pflege in der Regel auf mehrere Tage verteilt – eine Stunde in der einen Woche, ein Nachmittag in der nächsten –, war mir nie ganz klar, wie viel Zeit ich damit verbringe, mich aktiv um mein Äußeres zu kümmern, verschiedene Cremes und Gels aufzutragen oder untätig zu sein, während eine andere Person sich um mein Gesicht, meine Hände oder meine Füße kümmerte. Das entsprach drei Arbeitstagen im Monat, was ich immer noch deprimierend viel finde. Und dann die Kosten: Meine Ausgaben von 150 Pfund im Monat summieren sich zu 1800 Pfund im Jahr auf.

Schuldbewusst überlegte ich, was ich in diesen Stunden alles hätte tun können (und sollen) – Sport machen, Freunde sehen, an diesem Buch schreiben. Noch schuldiger fühlte ich mich, weil ich zwar versuchen wollte, meinen Schönheitsaufwand effizienter zu planen und vielleicht alle paar Wochen auf *einen* Nachmittag zu legen, aber absolut nicht die Absicht hatte, irgendetwas davon zu streichen.

Zunächst einmal machen mir die kosmetischen Arbeiten größtenteils wirklich Spaß. Ich genieße das Ritual, eine Gelmaniküre zu bekommen, eine Farbe für die nächsten zwei Wochen auszusuchen und dann eine Stunde lang still sitzen zu dürfen, während eine andere Person die ganze Arbeit macht. Ich mag die Vorfreude darauf, eine neue Frisur auszuprobieren und das fast schon spirituelle Glücksgefühl, meine Haare für ein paar Stunden den Händen einer anderen Person zu überlassen, die sie viel besser detanglen und föhnen kann als ich. Für mich erfüllen diese Rituale einen Zweck, der weit über die Ästhetik hinausgeht. Sie bieten eine vorübergehende Atempause von der täglichen Nachrichtenflut und ständigen Entscheidungsfindung, die sonst meine Tage bestimmen. Für viele Frauen ist die Beschäftigung mit dem eigenen Aussehen auch eine emotionale Pflege. Und natürlich gibt es das kommunikative Potenzial von Schönheit: Die Wahl der richtigen Ästhetik funktioniert wie eine eigene Sprache, eine visuelle Kurzschrift für unseren Gemütszustand. Sie kann eine starke Form der Selbstdarstellung sein und eine Mitteilung an andere, sei es ein neuer, ernst gemeinter Haarschnitt oder ein roter Lippenstift, der verführerisch wirken soll.

Doch bei allem Spaß, den mir diese Gewohnheiten machen – ein nicht unerheblicher Teil von mir fühlt sich von anderen Kräften als meiner persönlichen Befriedigung dazu gezwungen. Wie die meisten Frauen bin ich mir meines Aussehens ständig bewusst und weiß, dass ich von anderen Menschen hauptsächlich danach beurteilt werde. Vor Jahren musste ich auf dem Weg zu einem Vortrag mit Entsetzen feststellen, dass ich meine Schminktasche zu Hause vergessen hatte. Da ich spät dran gewesen war, beschloss ich (wie so oft), mich unterwegs zu schminken, hatte aber vor lauter Eile die Kosmetiksachen liegen lassen. Als mein Zug in den Bahnhof Victoria einfuhr, holte ich einen Spiegel aus meiner Handtasche und beurteilte mein Gesicht. Ich könnte den Vortrag so halten, wie ich war, ungeschminkt, aber vorzeigbar. Die Veranstaltung wurde nicht gefilmt oder fotografiert, mein ungeschminktes Gesicht würde also nicht für die Nachwelt dokumentiert. Normalerweise schäme ich mich ungeschminkt nicht – meine Eitelkeit würde es sicher verkraften. Aber ich fürchtete, mein ungeschminktes Auftreten könnte einen Mangel an Anstrengung signalisieren, meine Glaubwürdigkeit untergraben und die Resonanz auf meinen Vortrag beeinträchtigen. Die Ironie des Ganzen entging mir nicht. Ich war eingeladen worden, um über die Herausforderungen zu sprechen, die Frauen im Berufsleben üblicherweise meistern müssen, und stand nun vor einem Dilemma, das dieses Thema fast zu perfekt auf den Punkt brachte: Wie müssen wir aussehen, um ernst genommen zu werden? Ist es wirklich wichtig, ob ich Make-up trage? Ich war verärgert, wusste aber, dass es wichtig ist, und es war nicht der Tag, an dem ich ein politisches Statement abgeben wollte. Ich machte einen kleinen Umweg, kaufte eine neue Wimperntusche und einen neuen Augenbrauenstift und schminkte mich schnell auf den letzten Stationen vor meinem Ziel.

Der Zusammenhang zwischen physischer Attraktivität und höherem Einkommen ist gut dokumentiert und gilt für alle; Frauen und Männer. Der Zweig der Wirtschaftswissenschaften, der sich mit der Frage beschäftigt, wie sich die körperliche Attraktivität auf die wirtschaftlichen Chancen einer Person auswirkt, hat sogar einen eigenen Namen: »Pulchronomik«. In einer Studie aus dem Jahr 2016, in der die Auswirkungen der persönlichen Pflege auf die Gehaltsaussichten und die Unterschiede zwischen den Geschlechtern untersucht wurden, stellten die Soziologen Jaclyn Wong und Andrew Penner fest, dass ein höheres Gehalt bei Frauen nicht von der physischen Attraktivität abhängt, sondern vielmehr von der Mühe, die wir in unser Äußeres stecken.[1] Attraktive, aber schlecht gepflegte Frauen verdienten fast 40 Prozent weniger als ihre gut gepflegten »nichtattraktiven«[2] Kolleginnen, woraus Wong und Penner schlussfolgerten, dass »eine gute Pflege für Männer von Vorteil, für Frauen aber unerlässlich ist … Die Pflegepraktiken von Frauen tragen dazu bei, Glaubwürdigkeit zu vermitteln, und ermöglichen es Frauen, ihre Macht am Arbeitsplatz zu behaupten«. Laut Wong und Penner geht es für Frauen – zumindest am Arbeitsplatz – bei der Körperpflege und Schönheitspflege oft weniger darum, sich selbst zu verschönern, als darum, die Konformität mit »vorgeschriebenen sozialen Regeln für die Präsentation des Körpers« zu demonstrieren. Frauen müssen sichtbar zeigen, dass sie sich an die sozialen Normen halten. Und die verlangen von uns, dass wir an unserem Äußerem arbeiten.

An einigen Arbeitsplätzen, insbesondere im Hotel- und Gaststättengewerbe mit den vielen Aufgaben im Kundenkontakt, ist diese Anforderung oft noch offensichtlicher und sogar in den Anweisungen für Angestellte festgeschrieben. Erst 2019 hat die berühmt-berüchtigte, imagebewusste Fluggesellschaft Virgin Atlantic die bis dahin geltende Vorschrift, das weibliche Kabinenpersonal habe während der Arbeitszeit Make-up zu tragen, aufgehoben und gegenüber den Medien erklärt:

> »Weibliches Kabinenpersonal ist nicht mehr verpflichtet, Make-up zu tragen, *wenn sie dies wünschen.* Sie sind jedoch nach wie vor *herzlich eingeladen*, die in den Richtlinien von Virgin Atlantic *festgelegte Palette an Make-up* (einschließlich Lippenstift und Foundation) zu tragen.«[3]
> (Hervorhebungen von mir, O. U.)

Die konkurrierende Fluggesellschaft British Airways verlangt von ihrem weiblichen Kabinenpersonal immer noch, »mindestens« Lippenstift und Rouge zu tragen, und geht sogar so weit, die zulässigen Lippenstifttöne vorzuschreiben.[4]

Trotzdem werden die Pflege- und Kosmetikgewohnheiten von Frauen oft als bloßer Schnickschnack abgetan. Die Zeit und das Geld, die wir »freiwillig« für die Pflege unserer Schönheit aufwenden, seien der Preis, den wir für die uns angeborene Eitelkeit zahlen. Meine regelmäßige Maniküre sehe ich aber seit langem wie eine berufliche Erfordernis, eine Investition in meine Verdienstmöglichkeiten, so pragmatisch wie ein Masterabschluss. Ich habe mich nicht für diesen Vortrag geschminkt, weil ich unbedingt die Akne an meinem Kiefer kaschieren oder meine Augenbrauen definieren, sondern weil ich Seriosität und Professionalität signalisieren wollte. Das Tragen von Make-up ist ein einfacher – ich wage zu sagen, notwendiger – Weg, dies zu tun.

Meistens versuche ich nicht allzu sehr darüber nachzudenken, wie ich diese Normen aufrechterhalte und mich zu einer Komplizin eines Wertesystems mache, das ich im Allgemeinen verabscheue. Ich schäme mich ein wenig für den gelegentlichen Anflug von Dankbarkeit für die gesellschaftliche Anerkennung, die mir zuteilwird, weil ich schlank und einigermaßen attraktiv bin. Ich weiß wohl, dass diese Eigenschaften mir wahrscheinlich Chancen eröffnen, die Frauen ohne diese Eigenschaften verwehrt bleiben. Wie die afroamerikanische Soziologin Tressie McMillan Cottom in ihrer Essaysammlung *Thick* schreibt, ist Schönheit kein gutes Kapital, denn es verstärkt die Unterdrückung des Geschlechts. Aber wer kann es uns verdenken, dass wir innerhalb einer Kultur, in der so viele Institutionen und Strukturen Frauen allein aufgrund ihres Geschlechts zu bestrafen scheinen, versuchen uns alle möglichen Vorteile zu sichern? Laut der Philosophin Heather Widdows, die in ihrem Buch *Perfect Me* den Wandel der modernen Schönheitsideale untersucht, ist das Streben nach Schönheit letztlich eine rationale Entscheidung in einer Welt, in der das Äußere so hochgeschätzt wird.[5]

Manchmal frage ich mich, ob das Vergnügen, das mir die Arbeit an meiner eigenen Attraktivität bereitet, eine Art Stockholm-Syndrom ist, der Versuch meines Gehirns, die Demütigung zu lindern, die das Ganze hat. Der Begriff Stockholm-Syndrom wurde ursprünglich geprägt, um ein seltsames psychologisches Phänomen zu erklären: Geiseln beginnen gelegentlich, sich mit den Geiselnehmern zu identifizieren, mit ihnen zu sympathisieren oder sogar zu ihnen überzulaufen. Dieses Phänomen manifestiert sich auch darin, dass inmitten entsetzlicher Bedingungen selbst kleinste Freundlichkeiten mit extremer Dankbarkeit aufgenommen werden, eine offensichtlich irrationale psychologische Reaktion.[6] Vielleicht empfinde ich nur deswegen Freude im Schönheitssalon, wo mir eine Frau regelmäßig die Haare aus der Bikinizone reißt, weil die Duftkerzen und die geschmackvolle Einrichtung wie ein Segen wirken inmitten des Horrors eines Waxings.

Wenn aber diese Freude eine Art Stockholm-Syndrom ist, dann stellt sich natürlich die Frage: Wer sind meine Entführer – und warum halten sie mich als Geisel?

In ihrer feministischen Polemik *The Beauty Myth* (dt.: *Der Mythos Schönheit*) schildert Naomi Wolf die modernen Schönheitsnormen als einen Mechanismus, der nur dazu dient, uns Frauen durch unser sisyphushaftes Zupfen und Polieren, das wir quasi schicksalhaft betreiben, von Fortschritten im privaten und öffentlichen Bereich abzulenken. Erstmals 1990 veröffentlicht – meinem Geburtsjahr –, könnte das Buch, mit ein paar epochenspezifische Änderungen (Instagram statt Modemagazine, Influencer statt Filmstars), auch gestern erst geschrieben worden sein. Die Anforderungen der heutigen westlichen Schönheitsstandards und die Anstrengungen, die sie den Frauen abverlangen, bezeichnet Naomi Wolf als eine gewaltige Gegenreaktion auf den Feminismus. Ihrer Ansicht nach ist der Zwang, den ich verspüre, 60 Pfund für Fläschchen mit Duftwasser auszugeben, die angeblich meine Poren reinigen, oder mir vor jedem wichtigen Treffen die Nägel machen zu lassen, der Gegenangriff des Patriarchats auf die feministischen Errungenschaften der letzten Jahrzehnte, der Todeskampf eines Systems, das verzweifelt seine Vorherrschaft zu erhalten versucht. Laut Wolfs Theorie des Mythos Schönheit – womit sie die Schönheitsstandards und -normen meint, die das weibliche Aussehen bestimmen –, ist er perfekt dazu geeignet, sich in alle Lebensbereiche einer Frau hineinzudrängen, und – so langsam und unmerklich, dass die zersetzende Kraft kaum wahrnehmbar ist – den Boden zu untergraben, den sich die Frauen in einem langen, mühevollen Kampf erarbeitet haben.

Wolf steht in einer langen Reihe feministischer Denkerinnen, die darauf hinweisen, dass zu jedem Zeitpunkt in der Geschichte, an dem Frauen bedeutende Fortschritte in Richtung Emanzipation gemacht haben – von der Wahlrechtsbewegung Ende des 19. Jahrhunderts bis zur sexuellen Revolution der 1960er Jahre –, unsere Errungenschaften von den (männlichen) Machthabern zurückgedrängt und eingeschränkt wurden. Als die Frauenbewegung im 20. Jahrhundert begann, die seit langem bestehenden gesellschaftlichen Normen aufzubrechen, die Frauen als das domestizierte Geschlecht einstuften, entstanden auch immer höhere Schönheitsstandards, an die sich die Frauen halten mussten. Die unerschöpfliche, aber kurzlebige Pflege der Schönheit trat an die Stelle der unerschöpflichen, aber kurzlebigen Pflege des Haushalts und übernahm so die Arbeit des sozialen Zwangs, zu dem der Mythos von Mutterschaft, Häuslichkeit, Keuschheit und Passivität nicht mehr passte. Die Journalistin Susan Faludi hat diese Politik der Gegenreaktion oder des Rückschlags in ihrem 1991 erschienenen Text *Backlash: The Undeclared War Against American Women* (dt.: *Backlash. Die Männer schlagen zurück*) als historischen Trend genauer untersucht und die Welle der antifeministischen Stimmung dokumentiert, die auf die zweite Welle der Bewegung der 1960er und 1970er Jahre folgte. Sie sagt, die antifeministische Stimmung sei nicht als Reaktion auf die errungene Gleichberechtigung der Frauen zu verstehen, sondern als eine Reaktion darauf, dass Gleichberechtigung möglich schien. Ein Präventivschlag, der Frauen stoppt, lange bevor sie das Ziel erreichen.

Nehmen wir zum Beispiel die #MeToo-Bewegung, die weltweit erste Massenbewegung gegen sexualisierte Gewalt und wohl eine der größten Veränderungen der Geschlechternormen, die das 21. Jahrhundert bisher erlebt hat. Kaum einen Monat nachdem die Bewegung im Oktober 2017 ins öffentliche Bewusstsein gerückt war, wurde behauptet, die Bewegung habe sich in eine »Hexenjagd« verwandelt, als die ersten Täter für ihre Taten zur Rechenschaft gezogen wurden. Im Dezember 2017 veröffentlichte die *New York Times* – dieselbe Zeitung, die nur zwei Monate zuvor die Vorwürfe gegen Harvey Weinstein veröffentlicht[7] und damit den Anstoß für #MeToo gegeben hatte – einen Meinungsartikel mit der Überschrift »When #MeToo Goes Too Far«. Darin bezeichnete der (männliche) Journalist Bret Stephens einen anderen (männlichen) Journalisten, der nach mehreren Anschuldigungen wegen sexueller Übergriffe am Arbeitsplatz entlassen worden war, als einen »Pfeiler und Vorkämpfer seiner Heimatstadt«.[8] Laut einer Umfrage im Januar 2018, die von der Organisation Lean In beauftragt wurde, verdreifachte sich in den drei Monaten nach dem Aufkommen der #MeToo-Bewegung die Zahl männlicher Führungskräfte, die sich unwohl dabei fühlten, ihre weiblichen Kolleginnen als Mentoren zu unterstützen.[9] Angesichts der Tatsache, dass die meisten Führungspositionen in der Arbeitswelt von Männern besetzt sind, stellt diese Entwicklung ein klares Hindernis für den beruflichen Aufstieg von Frauen dar. Irgendwie garantiert das System, dass wir die Benachteiligten sind, wenn wir es wagen, männliche Übergriffe anzuprangern.

Während US-amerikanische Frauen dafür kämpften, unbehelligt von sexualisierter Gewalt leben und arbeiten zu können, reagierte die ultrakonservative Regierung von Donald Trump mit einer weiteren Einschränkung der körperlichen Autonomie von Frauen. Während ich diese Zeilen schreibe, stehen die Abtreibungsrechte in den USA, die erstmals 1973 im Rahmen des bahnbrechenden Urteils »Roe v. Wade« gewährt wurden, kurz davor, zurückgenommen zu werden. Als mit der Ernennung von Brett Kavanaugh zum Mitglied des Obersten Gerichtshofs der Vereinigten Staaten im Jahr 2018 das Gericht sich weiterhin in Richtung Konservatismus bewegte, legten Dutzende anderer Bundesstaaten sogenannte »Heartbeat bills« vor oder verabschiedeten sie. Sie verbieten eine Abtreibung, sobald ein fötaler Herzschlag festgestellt wird. Das kann bereits in der sechsten Schwangerschaftswoche der Fall sein (und bevor viele Frauen überhaupt von ihrer Schwangerschaft wissen).[10] Im Mai 2019 verabschiedete der Bundesstaat Alabama ein Gesetz, das Abtreibungen in fast allen Fällen verbietet – selbst bei Vergewaltigungsopfern –, und während der Coronapandemie, die 2020 begann, versuchten republikanische Gesetzgeber in mehreren Bundesstaaten, aus dem angespannten Gesundheitssystem ihres Landes Kapital zu schlagen, indem sie den Zugang zu Abtreibungen mit dem Argument verhinderten, solche Eingriffe seien »nicht lebensnotwendig«.[11] Diese Entwicklungen lassen konzertierte Bemühungen von Abtreibungsgegnern erahnen, die in naher Zukunft eine Anfechtung von »Roe v. Wade« durch den Obersten Gerichtshof erreichen wollen. Nach dem Tod von Richterin Ruth Bader Ginsburg im September 2020, durch den ein Sitz im Obersten Gerichtshof frei wurde, haben die Republikaner schnell gehandelt und die entschieden konservative und abtreibungsfeindliche Richterin Amy Coney Barrett als ihre Nachfolgerin in den Gerichtshof berufen.[12]

Zwei Schritte vorwärts, einen zurück. Wenn Frauen in

dem einen Lebensbereich an Selbstbestimmung und Freiheit gewinnen, stoßen sie in einem anderen fast immer auf Widerstand. Die heutigen Schönheitsnormen sind nur ein Teil der ausgeklügelten Durchsetzungsmechanismen, die das Patriarchat entwickelt hat, um Frauen in Schach zu halten.

In Anbetracht der Tatsache, dass ein Großteil des gegenwärtigen Feminismus jede Entscheidung einer Frau automatisch als einen Akt des Feminismus an und für sich deklariert, egal um welche *Art* der Entscheidung es geht, lässt sich die Beschäftigung mit der eigenen Ästhetik, für die sich so viele Frauen aktiv entscheiden, unmöglich als etwas verstehen, das unter Zwang geschieht. Es hieße, den Frauen ihre Handlungsfreiheit abzusprechen, und könnte als bevormundend, ja sogar als paternalistisch ausgelegt werden. Die Kulturkritikerin Amanda Hess stellt fest, dass »ein Teil der Konditionierung des ›patriarchalen Ideals‹ darin besteht, dass Frauen sich dadurch zu ihren eigenen Bedingungen empowert fühlen. So bedeutet jede Kritik an einem unausgesprochenen Anspruch an Frauen gleichzeitig eine Kritik an etwas, das Frauen selbst gewählt haben. Und wer will schon die Wahl einer Frau kritisieren?«[13] Im Jahr 2003 titelte die satirische Nachrichten-Website *The Onion*: »Women Now Empowered by Everything a Woman Does« (Frauen jetzt durch alles ermächtigt, was eine Frau tut) und machte sich über »eine neue Form des Feminismus« lustig, »in der alltägliche Aktivitäten als stolze, kühne Behauptungen der Unabhängigkeit von der unterdrückenden patriarchalischen Hegemonie angepriesen werden«.[14] Wie bei vielen *Onion*-Schlagzeilen liest sich das weniger als Satire denn als Tatsachenbeschreibung.

Schönheitspflege als ein Zeichen weiblicher Emanzipation zu sehen wäre einfacher, wenn sie nicht zugleich organischer

Ausdruck des (sehr natürlichen) menschlichen Drangs nach Schönheit wäre. Frauen werden nicht mit einem Wunsch nach einer haarlosen Vulva oder Doppel-D-Brüsten geboren. Diese Wünsche sind eine direkte Reaktion auf die ständige Flut von Bildern, die suggerieren, es gebe ein »richtiges« Aussehen, und auf eine Kultur, in der Frauen, die dem gewünschten Standard entsprechen, belohnt werden mit anders schwer Erreichbarem, nämlich Status, Reichtum, sozialem Kapital und sogar echter Handlungsfähigkeit. Es fällt nicht leicht, die beträchtlichen Kosten, den Aufwand und die bisweilen extremen körperlichen Unannehmlichkeiten, die eine Frau auf sich nehmen muss, um den aktuellen Standards weiblicher Schönheit zu genügen, als völlig freiwilliges Unterfangen zu betrachten.

Natürlich ziehen wir potenziellen Nutzen aus der Beschäftigung mit Schönheit, einen Nutzen, den Ökonomen als »Schönheitsprämie« bezeichnen. Aber was kostet das alles? Wie beziffern wir den Preis des Frauseins in einer Gesellschaft, die unseren wahrgenommenen Wert weitgehend von einem Mindestmaß an Attraktivität abhängig macht, die wiederum von einem System bestimmt wird, dem nicht einmal unser Wohl am Herzen liegt? Da ist zum einen die Zeit, die wir investieren (in meinem Fall einundzwanzig Stunden oder drei Arbeitstage pro Monat, aber das mag bei euch anders sein). Da ist das Geld, das ausgegeben wird: Frauen in Großbritannien geben im Durchschnitt 1352 Pfund[15] pro Jahr für die Schönheitspflege aus, das sind 70 000 Pfund im Laufe eines Lebens (auch wenn man dazu keine unbestrittene Zahl findet). Hinzu kommen die nicht unerheblichen körperlichen Unannehmlichkeiten, die zu ertragen sind – vom Brennen eines chemischen Peelings bis zu den Schmerzen, wenn ein Chirurg mit dem Skalpell den Kieferknochen wegmeißelt. Die Vorstellung, dass Schönheit und Schmerz unabdingbar zusammengehören, ist tief eingebettet in unser kulturelles Verständnis nicht nur von Schönheit, sondern auch vom Frausein überhaupt. Was ist mit dem emotionalen und psychologischen Tribut, den das ständige Streben nach ästhetischer Perfektion fordert, dem Elend der Diäten und dem geringen Selbstwertgefühl; was ist mit dem Leiden am eigenen Körper, das durch die unentwegte Verehrung bestimmter Erscheinungsformen in fast allen Medien hervorgerufen wird? Das erzwungene Streben nach Attraktivität, die sich nach immer höheren Maßstäben bemisst, ist eine Steuer auf die weibliche Existenz. Eine Steuer, die wir zahlen müssen, um in einem System, das das körperliche Erscheinungsbild in den Vordergrund gestellt hat, zu funktionieren. Frauen sind nicht nur einem Lohn-, Renten- und Vermögensgefälle ausgesetzt, sondern werden zu allem Überfluss auch noch durch gesellschaftliche Normen gezwungen, einen Teil ihres ohnehin schon geringeren Einkommens für die Arbeit an ihrem Äußeren auszugeben, damit sie auf dem Arbeitsmarkt wettbewerbsfähig bleiben. Naomi Wolf beschreibt das als Einkommensdiskriminierung in Do-it-yourself-Manier. Die Schönheitssteuer ist im Wesentlichen ein Kapitaltransfer, bei dem psychologische Manipulation und die sehr reale Androhung negativer Konsequenzen im Fall der Verweigerung als Durchsetzungsmechanismus eingesetzt werden.

Und natürlich ist die Steuer für Schwarze Frauen noch höher. Sie geben viel mehr Geld für Haare und Schönheit aus als ihre nicht-Schwarzen Geschlechtsgenossinnen, wobei ein großer Teil dieses Geldes für die Relaxer und Extensions verwendet wird, die erforderlich sind, um »gute Haare« zu haben, die den eurozentrischen Schönheitsstandards entsprechen. Selbst als Studentin mit knappem Geldbeutel habe ich die 80 Pfund, die das Haareglätten kostete, alle acht Wochen irgendwie aufgetrieben. In Oxford kannte ich keinen Salon für Black Hair, sodass ich, wenn meine Friseurbesuche in die Vorlesungszeit fielen, nach London fahren musste (was weitere 15 Pfund kostete). Oft verheimlichte ich den wahren Grund und erzählte meinen Freunden, ich hätte ein wichtiges Lehrbuch oder ein Kleidungsstück zu Hause in London vergessen, bevor ich mich am frühen Morgen aus dem College schlich. Im Nachhinein ist mir klar, dass es mir in gewisser Weise peinlich war, wie viel Zeit und Geld ich in die Pflege einer Frisur steckte, die nicht einmal besonders gut aussah und immer nur eine Annäherung an das europäische Haar sein würde, das mit chemisch geglättetem Afrohaar nachgeahmt werden sollte.

Trotzdem pilgerte ich regelmäßig wie ein Uhrwerk alle acht Wochen zu einem Boutiquesalon im Süden Londons, wo die Besitzerin und das noch unhöflichere Personal keinen Widerspruch darin sahen, mir 80 Pfund abzuknöpfen für das Privileg, mir schmutzige Blicke zuzuwerfen, während sie mir Wannen mit stechenden chemischen Lösungen auf den Kopf schütteten. Ihr mürrisches Verhalten änderte sich nur, wenn sie mir eine ihrer teuren, aber nutzlosen Behandlungen aufschwatzen konnten, und manchmal willigte ich ein, nur um sie zu beschwichtigen. Ich hasste diese Besuche, aber dieser war einer der wenigen Salons, wo ich mich darauf verlassen konnte, von einer gut ausgebildeten Friseurin bedient zu werden. Damals – und in gewissem Maße auch heute noch – gab es nur wenige seriöse Friseursalons für Schwarze Menschen, was auf einen weiteren Grund hinweist, warum Schwarze Frauen gezwungen sind, so viel Geld für Haare und Schönheit auszugeben. Wir sind eine Bevölkerungsgruppe, die von der Kosmetikindustrie notorisch unterversorgt wird, und es gibt nur wenige Haarprodukte oder Dienstleistungen, die sowohl von guter Qualität als auch preiswert sind. Vor einem Jahrzehnt hatte ich das Gefühl, dass ich entweder das eine oder das andere haben konnte, aber nicht beides. Meine kurze Erkundung des Billigmarktes in meinen Teenager- und frühen Zwanzigerjahren – und die daraus resultierende Verwüstung meiner Haare – hat mich dazu motiviert, das Geld aufzutreiben, um meine Haarpflege zu verbessern, koste es, was es wolle.

Ich war vierundzwanzig, als ich endlich den Mut fand, meine Haare nicht mehr chemisch zu glätten, sieben Jahre nachdem ich meine zögerliche Mutter überredet hatte, mir das Glätten zu erlauben, damit ich eine Haarverlängerung tragen konnte. »Du ruinierst dein Haar«, hatte sie mich vorgewarnt, aber ich ließ mich nicht abschrecken. Sie hatte, wie es so oft bei Müttern ist, völlig recht. In meinen frühen Zwanzigern wurde ich dann von der aufkeimenden Afrohaarbewegung inspiriert, die Frauen afrikanischer Abstammung dazu ermutigte, ihre natürliche Haartextur zurückzuerobern und sich von den Relaxern und Extensions zu trennen, die bis vor etwa einem Jahrzehnt für Schwarze Frauen in der gesamten Diaspora und vor allem im öffentlichen Leben der Standard waren. Diese vom Internet ausgehende Bewegung, die ihren Ursprung in den USA hat und sich über YouTube-Kanäle und Chatforen weltweit verbreitet, hat mir die Begegnung mit einer ganzen Welle von Naturafrohaar-Bloggerinnen gebracht. Sie predigen das Evangelium des proaktiven Stylings und illustrieren ihre »Reise mit dem eigenen Afro« mit dramatischen Vorher-nachher-Fotoserien.

Langsam, zögernd und hoffnungsvoll begann ich die Sprache der Lockenstrukturen und der »Big Chops« zu entschlüsseln, um mich auf meinen eigenen »heiligen Moment« vorzubereiten. Mit Anfang zwanzig hatte sich mein dünnes, dank jahrelanger chemischer Behandlung geschädigtes Haar schon fast aufgelöst. Die Bilder, die ich im Internet sah – von Schwarzen Frauen mit kräftigem, gesund aussehendem Haar, tollen Locken und aufwendigen Frisuren –, waren weit entfernt von meiner eigenen Realität: lästig aussehende Strähnen, die sich hartnäckig weigerten, über Kinnlänge hinaus zu wachsen. Dennoch dauerte es Jahre, bis ich den Schritt wagte und in einem zeitaufwendigen und oft teuren Prozess mit Hilfe der Trial-and-Error-Methode lernen musste, mein eigenes natürliches Afrohaar zu pflegen.

Doch selbst in der Naturhaar-Community, die das Afrohaar feiert, ist Colourism – oder besser gesagt *texturism* – tief verwurzelt. Es genügt, durch die Online-Foren und Pinterest-Boards zu scrollen, die dem Austausch von Haarpflegetipps gewidmet sind, oder die Bloggerinnen zu betrachten, die für die Kampagnen der wachsenden Zahl von Marken für natürliches Haar ausgewählt wurden, um zu sehen, dass es überwiegend die losen Locken sind, typisch für biracial Frauen, die als Gesicht der Bewegung positioniert werden. Die meisten »Naturalistas« versuchen sich wahrscheinlich als Erstes an einem Twist out. Die präzise Mischung aus Hitze, Haarpflegeprodukten und schierer Willenskraft, die es braucht, um einen passablen Twist out zu erzielen, ist das Thema unzähliger Blogbeiträge und YouTube-Videos (ich habe mindestens ein halbes Dutzend frustrierender Versuche gebraucht, bis ich eine Technik beherrschte, die bei mir funktioniert). Und doch, wenn es richtig gemacht wird, ahmt das Endergebnis die luftigen Locken und die Haartextur von mixed-race Frauen gut nach. Selbst im »natürlichen« Zustand wird Afrohaar besonders enthusiastisch gefeiert, wenn es zufällig mit europäischem Erbe vermischt ist, oder wenn du bereit bist, die Zeit, den Aufwand und das Geld zu investieren, um so zu tun, als ob. Bezeichnenderweise gebe ich jetzt, wo ich es natürlich trage, immer noch ungefähr genauso viel Zeit und Geld für mein Haar aus wie in den Jahren, als es noch geglättet war.

In den letzten zehn Jahren sind Social-Media-Kampagnen und Aktivitäten, die unsere Vorstellung von Schönheit erweitern sollen, zum festen Bestandteil unserer täglichen Medienkost geworden, aber die Mehrheit der Bilder, mit denen wir bombardiert werden, zeigt immer noch die Standardversion weiblicher Schönheit als jung, schlank und weiß. Wer von dieser Norm in irgendeiner Weise abweicht, muss mit großer Sicherheit eine noch höhere Schönheitssteuer zahlen. In *Thick* beschreibt Cottom, wie sie als Teenager feststellte, dass weiß-Sein die vorherrschende Schönheitsnorm in der Gesellschaft ist. Sie erläutert, dass sie als Schwarze Person immer »nichtattraktiv« bleiben wird, weil die vorherrschende Norm das Schwarzsein eben per Definition ausschließt. Es ist eine konfrontierende Behauptung, die Cottom ausführlich darlegt (und es lohnt sich, ihre Argumentation in Gänze zu lesen). Sie beruht auf der Überzeugung, dass die heutigen Schönheitsnormen absichtlich so gestaltet wurden, dass sie das weiß-Sein hervorheben und schützen und dass genau das ihre Funktion ist.

Wie sieht also der Schönheitsmythos aus, den Naomi Wolf 1990 identifiziert hat, heute, wo wir Smartphones und Facetune-Apps haben und die schleichende Allgegenwart von Internetpornographie und sozialen Medien; wo die Demokratisierung des Zugangs zu digitaler Technologie es vereinfacht hat, Bilder zu erstellen, zu verbreiten und zu verändern? Unsere Schönheitsvorbilder kommen jetzt in gestochen scharfem HD, unterstützt von Algorithmen, die diejenigen bestätigen, die den immer strengeren Vorgaben am besten entsprechen. Wo früher Prominente nur im Kontext von Filmen und Hochglanzmagazinen zu sehen waren, haben das Aufkommen der Paparazzikultur und der wachsende Durst nach immer freimütigeren Promifotos – gepaart mit der Verbreitung von Medien, über die jene senden und wir konsumieren können – die Grenzen zwischen Prominenten und »normalen« Menschen aufgelöst. Die Schönheitsstandards, die früher nur von Schauspielerinnen, Models und Entertainerinnen – mit anderen Worten, »professionellen Schönheiten« – erwartet wurden, werden nun auch von »gewöhnlichen« Frauen erwartet.

Du brauchst nur Instagram zu öffnen und wählst dir dein eigenes Gift: Strebst du nach der mühelosen, natürlichen Schönheit eines Glossier-Girls, der Make-up-Marke der Millennials, vorgeführt von gewöhnlichen Frauen, die anscheinend nur ein paar Tupfer Concealer brauchen, um wie Models auszusehen? (Nicht umsonst nennt man Glossier den Make-up-Lieferanten für bereits »schöne« Menschen.) Oder stehst du vielleicht auf die makellos konturierten Gesichter, die meine Instagram-Seite erobert haben und deren Fenty-Highlighter verführerisch zwischen Urlaubsrückblicken und Videos von Welpen, die sich danebenbenehmen, hervorblitzen? Der Schönheitsmythos scheint sich in zwei gegensätzliche Lager aufzuspalten: In der blauen Ecke steht das übergroße Kardashian-Paradigma und in der roten Ecke der Schönheitsminimalismus, der von Gwyneth »Rarely Wears Make-up«[16] Paltrow und Co. praktiziert wird. Beide Ideale sind auf ihre eigene Art und Weise bedrückend, obwohl der Kardashian-Standard vielleicht noch drastischer wirkt, indem er künstliche Füllstoffe und plastische Chirurgie propagiert und die Familie mit glasigen Augen den »flacher Bauch«-Tee und den »Taillentrainer« (auch bekannt als Abführmittel und Korsett) anpreist.

Aber auch wenn die vermeintliche Leichtigkeit der natürlichen Schönheitsbewegung mit einer gewissen Portion Anstrengung verbunden ist, wird sie oft als authentischer angesehen und von denjenigen, die die Ästhetik des Kardashian-Clans und dessen offenes Bekenntnis zur Schönheitspflege verwerfen, leichter akzeptiert. Die Verlockung, nicht so auszusehen, als steckte viel Aufwand dahinter, ist eine gesellschaftliche Norm, die schon lange vor den Goops und Glossiers der Neuzeit galt. Im Jahr 1528 schrieb der italienische Hofmeister Baldassare Castiglione einen Etiketteleitfaden, *Das Buch vom Hofmann*, in dem er die idealen Eigenschaften auflistete, die Mitglieder der höheren Gesellschaft anstreben sollten. Dazu gehörte auch die Qualität der *sprezzatura*, was in etwa gepflegte Lässigkeit bedeuten soll. Laut Castiglione war die Fähigkeit, eine gewisse Nonchalance und Mühelosigkeit an den Tag zu legen, der Gipfel der Kultiviertheit.

Jahrhunderte später ist es immer noch mit einer seltsamen Scham verbunden, wenn wir gestehen, dass die Aufrechterhaltung unseres Aussehens erhebliche Anstrengungen erfordert, besonders für Frauen. Das Ziel ist es, alle davon zu überzeugen, du wärst, um Beyoncé zu zitieren, so aufgewacht. In einer 2018 im *Journal of Consumer Research* veröffentlichten Studie untersuchten Forscher, wie die Arbeit am Aussehen die Wahrnehmung des moralischen Charakters prägt, und kamen zu dem Ergebnis, dass eine »aufwendige« Schönheitspflege eher negative Beurteilungen hervorruft und sowohl von Männern als auch von Frauen als Beweis für einen »schlechteren moralischen Charakter« angesehen wird.[17] Frauen befinden sich also in der doppelten Zwickmühle. Einerseits sollen sie den modernen Schönheitsnormen entsprechen, und andererseits müssen sie ihre Bemühungen zu diesem Zweck herunterspielen. Denn wir fürchten, sonst als frivol, oberflächlich oder eitel zu gelten, und wir wissen doch, dass die Geschichte eitlen Frauen selten wohlgesonnen war. (Denken wir nur an die alttestamentarische Isebel, die sich »die Augen bemalt und den Kopf schmückt« und später von einem Turm in den Tod gestürzt wird, worauf wilde Hunde ihren Leichnam auffressen.)

Die Untersuchung ergab auch, dass Frauen, je mehr Zeit sie morgens mit dem Herrichten verbrachten, diesen Aufwand desto zögerlicher offenlegten. Die Last des Verbergens wurde ein Teil der von ihnen verlangten Arbeit.

Oft besteht die Lösung darin, diese Bemühungen als »Self-Care« oder als das zunehmend verfälschte Modewort »Wellness« zu verpacken und damit das Streben nach Schönheit zu medikalisieren und aufzuwerten. Anstatt dich jeden Tag komplett zu schminken (eitel), vereinbarst du einen monatlichen Termin bei der Dermatologin (tugendhaft) oder kaufst ein Puderpäckchen der Marke Goop, das verspricht, dich »von innen heraus strahlen« zu lassen (gesund). Dabei ist es egal, dass diese Herangehensweise oft genauso viel Aufwand und Geld erfordert wie die offensichtlichen Pflegemaßnahmen der Kardashians und ihresgleichen, wie 2019 ein Artikel in *Atlantic* mit dem Titel »The Best Skin-Care Trick Is Being Rich« (Der beste Hautpflegetrick ist, reich zu sein) feststellte. Die Journalistin Amanda Mull beschreibt darin die Praxis von Prominenten und anderen einflussreichen Frauen, die in Interviews ihre Hautpflegeroutinen verraten, und stellt fest: »Wenn wohlhabende Menschen nur einen einzigen Trick nennen sollen, der angeblich geradezu magisch funktioniert – meistens in einer Frauenzeitschrift dazu aufgefordert –, dann lassen sie Cremes, Seren und Peelings im Wert von Hunderten von Dollar unter den Tisch fallen.«[18] Solche Berichte verschleiern die Tatsache, dass diese spezielle Version von Schönheit vor allem durch Wohlstand erreicht wird, es sei denn, du bist genetisch entsprechend gesegnet.

Nehmen wir das Beispiel der Soulsängerin Alicia Keys, die 2016 öffentlichkeitswirksam auf Make-up verzichtete, um sich gegen den Druck körperlicher Perfektion zu wehren, der auf Frauen lastet. »Ich will mich nicht mehr verstecken«, erklärte

Keys in einem beeindruckenden Essay für den Newsletter *Lenny Letter.* Ihre Entscheidung, auf Make-up zu verzichten, sei sowohl eine zutiefst persönliche als auch eine zivilgesellschaftliche Haltung gegen die Tyrannei der modernen Schönheitserwartungen.[19] Selbst in einer Zeit, in der berühmte Frauen Selfies mit dem Hashtag #nomakeup teilen, um ihre Normalität zu beweisen, ist der vollständige Verzicht einer weltberühmten Sängerin auf Make-up – bei Preisverleihungen, Liveauftritten und auf ihrem Albumcover – bemerkenswert, und die Medien reagierten entsprechend.

Allerdings bedarf es keiner großen Anstrengung, um herauszufinden, wie Alicia Keys – eine Frau, die mit oder ohne Make-up tatsächlich sehr attraktiv ist – in diese Position gelangt ist. In einem Interview mit dem *W Magazine* verriet Keys' persönlicher Make-up-Artist einige Monate später, dass sie regelmäßig Gesichtsbehandlungen, Akupunktur und etwas, was sich Ice-Work nennt, neben einem Cocktail aus sündhaft teuren Seren und Gesichtsmasken benutzt und in ihre Schönheitsroutine aufnahm. Schließlich enthüllte er, dass die Sängerin bei hochkarätigen Auftritten tatsächlich Make-up trägt. Sie gibt einzelne falsche Wimpern auf ihre Augenbrauen, um sie voller aussehen zu lassen, malt Sommersprossen auf und trägt Selbstbräuner auf den Wangen.[20] Keys' Verzicht auf Make-up war also nicht die völlige Ablehnung moderner Schönheitsstandards, wie sie es dargestellt hatte und wie sie es sich wahrscheinlich auch vorgestellt hatte. Stattdessen ersetzte sie lediglich eine Version der Schönheitssteuer durch eine andere und nutzte ihre beträchtlichen Ressourcen für ein Ergebnis, das der Rest von uns finanziell schwach ausgestatteten Normalmenschen mit gewöhnlichem Abdeckstift nachahmen muss. »Natürliche Schönheit«, wie sie von prominenten Frauen und den Marken, die sie vertreten, praktiziert wird, beansprucht die Zeit und das Geld der Frauen ebenso sehr wie der oft verspottete Kardashian-Standard, der zumindest relativ transparent ist, was den Aufwand angeht (auch wenn die Familie Schönheitsoperationen stets leugnet). Wenn sich die Mühe und der Aufwand lohnen, dann für eine prominente Frau. Sie wird viel genauer unter die Lupe genommen als eine durchschnittliche Frau, und persönliche Körperpflege und Kosmetik (ähnlich wie für Flugbegleiterinnen) ist für sie praktisch eine Voraussetzung für Erfolg in ihrem Beruf. Aber Alicia Keys' Goop-ähnliche Herangehensweise an die Schönheit ist nicht Welten entfernt von den Kardashians. Sie ist ein Beispiel für eine andere ästhetische Vorliebe – *au naturel* im Gegensatz zu *high glamour* – und nicht eine grundsätzliche Absage an die Arbeit an ihrem Aussehen, wie suggeriert wird.

Als gäbe es nicht schon genug Erwartungen an den weiblichen Körper, geht das, was als schön gilt, weit über die physische Erscheinung von Frauen hinaus und umfasst unsere gesamte Existenz. Neben einem normschönen Körper – mit prallen Brüsten und makelloser Haut, strahlend weißen Zähnen und einem perfekten Verhältnis von Hüfte zu Taille – müssen wir jetzt auch ein schönes Leben haben. Wir wachen in unseren schönen, geschmackvoll eingerichteten Häusern auf, wählen ein schönes Outfit aus einem geschmackvoll zusammengestellten Kleiderschrank voller noch schönerer Kleidung und nehmen in unseren schönen, maßgefertigten Küchen an einer importierten Marmorplatte ein fotogenes (und gesundes!) Frühstück zu uns. Jede Person, die in irgendeiner Form digitale Medien konsumiert, kennt die Unmengen an Lifestyle-Inhalten, die sich dem unergründlich ästhetischen Leben einer bestimmten Kategorie von Frau widmen und alles dokumentieren – von der Art, wie sie ihren Kaffee trinkt, bis zu ihrer Hochzeitsreise und Style-Philosophie. Ähnlich wie bei den Erwartungen an das äußere Erscheinungsbild wird ein solcher Lebensstil, der früher nur von den Reichen und Berühmten erwartet wurde, heute als Beispiel für jedefrau angeführt. Die Wohnung einer Milliardärserbin im Stadtteil Belgravia scheint ein realistisches Ziel für eine Generation zwanzigjähriger Freiberuflerinnen zu sein, die in lächerlich prekären Mietverhältnissen leben.

Es mutet seltsam anachronistisch an, dass Frauen immer noch so häufig nach ihrer Fähigkeit beurteilt werden, ihr Zuhause schön zu gestalten. Es ist noch gar nicht so lange her, da waren die häuslichen Anforderungen das Joch, das Frauen aus dem öffentlichen Leben und vom Arbeitsplatz fernhielt, bevor die Swinging Sixties und die freiheitsliebenden 1970er das emanzipatorische Potenzial des Feminismus der zweiten Welle mit sich brachten. Betty Friedan wollte 1963 mit ihrem epochalen Manifest *The Feminine Mystique* (dt.: *Der Weiblichkeitswahn*) eine Generation von Frauen, gefangen in der Rolle der Hausfrau, davon überzeugen, sich von den wohlgepflegten Fesseln ihrer Unterwerfung zu befreien. Eine Zeit lang schien es tatsächlich, als wäre das Ideal der »glücklichen Hausfrau«, die Frausein mit Häuslichkeit und Mutterschaft gleichsetzt, besiegt. Doch nur ein halbes Jahrhundert später scheint das Pendel wieder in die andere Richtung auszuschlagen. Als wären wir an einem kulturellen Wendepunkt angelangt oder, schlimmer noch, hätten diesen unwissentlich überschritten und wären wieder in Richtung Verehrung der weiblichen Häuslichkeit abgestürzt. Heute gibt es eine Vielzahl von Frauen, die sich in der Öffentlichkeit profilieren – und oft viel Geld verdienen –, indem sie stolz die Art rückwärtsgewandter Tätigkeiten zelebrieren, die lange Zeit mit dem Hausfrauendasein verknüpft wurden: Instagram-Influencerinnen, die akribisch ihre Einrichtungsprojekte dokumentieren, und Prominente, die ihre farblich abgestimmten Tischdekorationen vorzeigen. Die häuslichen Pflichten, gegen die unsere Vorfahrinnen so hart gekämpft haben – die Fähigkeit, ein schönes Haus zu führen oder eine gute Gastgeberin zu sein –, sind wieder zu einem verblüffend wichtigen Maßstab für den Erfolg von Frauen geworden, die die Früchte ihrer Arbeit stolz auf Instagram präsentieren. Häuslichkeit ist wieder en vogue, und zwar in der *Vogue.*

Es gibt sogar Versuche, das Putzen als etwas Erstrebenswertes zu vermarkten, wie die Instagram-Influencerin Sophie Hinchliffe aus Essex zeigt, die von ihren Followern auch Mrs Hinch genannt wird (nicht Miss oder Ms, sondern das ehefrauliche Mrs Hinch!). Als Teilzeitfriseurin und Vollzeit-«Cleanfluencerin« hat Hinchliffes Liebe zum Putzen ihr fast vier Millionen Instagram-Follower beschert. Ihr erstes Buch *Hinch Yourself Happy: All the Best Cleaning Tips to Shine Your Sink and Soothe Your Soul* (dt.: *Putz dich glücklich*) wurde von den Verlagen heiß umkämpft und bei seiner Veröffentlichung im Jahr 2019 sofort zum Bestseller. Ihr Feed ist eine sorgfältige Hommage an die Hausarbeit, leuchtend gelbe Ringelblumenhandschuhe und Flaschen mit Fairy-Spülmittel, fotografiert vor dem Hintergrund ihres makellosen, wenn auch etwas faden Zuhauses. Die Tatsache, dass es einer Frau gelungen ist, aus etwas so Langweiligem wie dem Putzen ihres eigenen Zuhauses eine lukrative Karriere zu machen und aus der häuslichen Plackerei, die seit Generationen ein Hindernis für die Emanzipation der Frauen darstellt, erfolgreich Kapital zu schlagen, könnte als eine Form des Empowerments gefeiert werden, wäre da nicht die Tatsache, dass sich für die große Mehrheit der Frauen Hausarbeit nie zu Geld machen lässt. (Ganz im Gegenteil – die durchschnittliche Frau verrichtet etwa vierzehn Stunden unbezahlte Hausarbeit *pro Woche.*[21])

Einige wenige Frauen feiern Tätigkeiten, die für die große Mehrheit den Fortschritt verhindern. Das ist mit feministischen Konzepten grundsätzlich unvereinbar.

Wohin fließt also das ganze Geld – die 70 000 Pfund Schulden, die jeder von uns im Laufe des Lebens abzahlen wird? Wer profitiert von unseren Verlusten?

Am offensichtlichsten profitieren die Marken, Konzerne und Medien. Sie verdienen, wie Naomi Wolf schreibt, ihr Geld damit, Frauen das Gefühl endloser Hässlichkeit zu verkaufen, von der Mode bis zur Pharmazie. Es ist kein Geheimnis, dass das Big Business davon abhängt, den Menschen zu vermitteln, dass sie – was sie haben, wie sie aussehen, wer sie sind – nicht genügen. Die moderne Konsumkultur lebt von der Mischung aus Sehnsucht, Unzufriedenheit mit dem Status quo und dem Glauben, ein Produkt oder eine Marke könnten unser Leben verändern, uns glücklicher, sexier und reicher machen und unsere Selbstverwirklichung vorantreiben. Wenn es um Frauen geht, besteht die gebotene Strategie darin, Unsicherheiten entweder auszunutzen oder zu erzeugen und das Minimum für ein akzeptiertes Äußeres so weit zu verschieben, dass ein Eingreifen von außen erforderlich ist. Die Kulturjournalistin Anne Helen Petersen beschreibt dies als den »unlösbaren Mangel«, den der Kapitalismus schafft. »Wenn ein Mangel nicht ohne weiteres sichtbar ist, dann mach ihn sichtbar – und biete die Mittel, um ihn zu beheben.«[22]

Es gibt die üblichen Verdächtigen, Marken wie Victoria's Secret mit ihrer alljährlichen Vorführung kaum bekleideter »Engel«, die nichts anderes sind als ein Tribut an *sex sells.* In den vierundzwanzig Jahren ihres Bestehens hat sich die Victoria's-Secret-Modenschau immer der buchstäblich engsten Definition weiblicher Schönheit verschrieben. Im Jahr 2018 verteidigte der inzwischen entlassene Marketingchef Ed Razek seine Entscheidung, keine Models mit großen Größen und keine trans Personen in die Show aufzunehmen, damit, solche Frauen passten nicht in die *fantasy* seiner Vision.[23] Früher war die Victoria's-Secret-Show ein Spektakel, das von den Kommentatoren kaum infrage gestellt wurde, doch die letzten Jahre brachten sinkende Zuschauerzahlen und immer lauter werdende Kritik an der abgehobenen Positionierung der Marke.[24] 2019 wurde die Victoria's-Secret-Show offiziell eingestellt, ein Relikt einer vergangenen Ära, das vor der öffentlichen Stimmung kapitulieren musste.

Gleichzeitig sind die Marken, die Medien und die Unternehmen, denen sie gehören, schlauer geworden. Sie haben erkannt, dass sie mit der Zeit gehen und Frauen nicht mehr so offensichtlich mit Andeutungen über ihre vermeintliche körperliche Unterlegenheit angreifen sollten.

Wellness ist ein trojanisches Pferd, das es den Marken ermöglicht, die unrealistischen Schönheitsnormen, die ihre Existenz begründen, mit einem Hauch von Wissenschaft zu ummänteln und zu suggerieren, es gehe ihnen um die Gesundheit. Ihre Produkte seien die Lösung für die erdrückende Schinderei des modernen Lebens, die selbst die vitalsten Frauen dazu bringt, sich um ihre Gesundheit zu sorgen. Die Wellness-Branche, die alles von Fitness und Ernährung bis hin zu Spiritualität und geistiger Gesundheit umfasst, ist heute über 4,2 Billionen Dollar wert. Diese Summe wird laut dem Global Wellness Institute bis 2022 auf 5,6 Billionen Dollar ansteigen.[25]

Alternativ könntest du auch das Etikett »Body Positivity« benutzen. Die radikale Bewegung wurde von Frauen ins Leben gerufen, die sich selbst als »fett« bezeichnen und deren Körper nicht den gängigen Schönheitsnormen entspricht. Allmählich haben dieselben Organisationen, die fette/mehrgewichtige Körper früher ausschlossen und immer noch ausschließen, die Bewegung vereinnahmt, sie im Dienst des Profits von ihrem politischen Ursprung befreit und diesen verwässert. Diese Art der Verschleierung machte es möglich, dass die Damenrasierermarke Billie im Jahr 2019 für eine Werbekampagne gefeiert wurde, die von den Normen ihrer Kategorie abweicht, indem sie tatsächlich Körperhaare zeigt. Die Kampagne traf alle wichtigen Punkte, um als feministisches Statement gefeiert zu werden. Für das Shooting der Werbung hatte Billie eine »feministische Fotografin« beauftragt. Untermalt wurde der Film mit den Beats von Princess Nokias Song »Tomboy«, was ihm eine punkige Riot-Grrrl-Note und Billie eine subversive Haltung verlieh. Die unterstützenden Pressemitteilungen und Interview-Ausschnitte klingen wie eine Checkliste moderner feministischer Motive.[26] »Weiblicher Blick«, »Normalisierung von Körperbehaarung«. Tatsächlich war das Video so gut gemacht, dass kein Mensch die Heuchelei zu bemerken schien: Der Film wurde von einem Unternehmen produziert, dessen Geschäftsmodell darauf beruht, dass Frauen sich für ihre Körperbehaarung schämen. Stattdessen bekam die Kampagne sowohl in den sozialen als auch in anderen Medien großen Beifall. (Letzteres ist vielleicht nicht verwunderlich, wenn man bedenkt, dass die meisten dieser Medien ständig Mode- und Schönheitsprodukte anpreisen und auf Werbeeinnahmen existenziell angewiesen sind.) Die Rasierermarke Billie nimmt für sich in Anspruch, »Körperbehaarung-positiv« zu sein – die Rasur sei eine rein persönliche Entscheidung. Man bedient sich dabei rhetorisch bei den Befürworterinnen von *my body, my choice* und legitimiert sich auf subtile Weise, während die Frage, warum eine Frau sich überhaupt ihrer Körperbehaarung entledigen möchte, tunlichst vermieden wird. Dass Marken wie

Billie (oder Dove mit seinem unerbittlichen Engagement für »echte Schönheit«) ihren Anteil am Kuchen fordern und verschlingen – indem sie ein Lippenbekenntnis zur Body Positivity ablegen und gleichzeitig von eben den unterdrückerischen Normen profitieren, die Body Positivity überhaupt erst notwendig machen –, ist eine Entwicklung, die Amanda Hess zu der Formulierung »Verweigerung von Schönheitsvorschriften« veranlasst hat. Sie meint damit, dass die Schönheitsansprüche an Weiblichkeit zwar nie zuvor so hoch waren, Frauen aber gleichzeitig aufgefordert werden, diesen Ansprüchen gelassen zu begegnen und sich selbst zu akzeptieren, und zwar oft von genau den Unternehmen, die daran verdienen, dass Frauen unzufrieden mit sich selbst sind.

Es gibt auch Personen, die davon profitieren – Männer natürlich, denn selbst wenn sie diese Schönheitsnormen nicht individuell durchsetzen oder befürworten, profitieren sie doch zwangsläufig von ihnen, weil ihnen die zugrunde liegenden patriarchalen Strukturen zugutekommen. Tressie McMillan Cottom sagt in *Thick*, dass die Schönheitsindustrie ohne Männer nicht so mächtig wäre. Vielleicht gibt es auch Frauen, die von diesem Status quo profitieren und ein persönliches Interesse daran haben. In ihrem Manifest von 2017, *Why I Am Not a Feminist* (dt.: *Warum ich keine Feministin bin*), prangert Jessa Crispin den heutigen Feminismus an, der sich von seiner ehemaligen Radikalität abgewendet habe. Und sie behauptet, Frauen stützten das Patriarchat, weil sie von ihm profitierten. Nachdem die Schauspielerin und Body-Positivity-Aktivistin Jameela Jamil im Jahr 2018 Kim Kardashian eine Doppelagentin des Patriarchats genannt hatte, sprangen viele Menschen in den sozialen Medien Kim bei und behaupteten, sie schlage in gewisser Weise das Patriarchat mit seinen eigenen Waffen, da ihr eigentliches Publikum in Wirklichkeit nicht Frauen seien.[27]

Aber es sind Frauen, nicht Männer, die buchstäblich und im übertragenen Sinne den Preis dafür zahlen, dass Kim sich die Taschen vollstopft, indem sie ihnen appetitzügelnde Lutscher verkauft[28] und sie glauben lässt, es seien diese Lutscher – und nicht etwa das Heer von Diätassistenten und persönlichen Köchen, Personal Trainer oder (mutmaßliche) Schönheitsoperationen – für ihre wahnsinnige Figur verantwortlich.

Ich komme noch einmal auf Heather Widdows' Gedanken zurück, dass in einer Welt, die das Äußere so hoch schätzt, das Streben nach Schönheit im Grunde eine rationale Entscheidung von Frauen ist.[29] Und es ist vielleicht sogar eine notwendige Entscheidung, wenn man sich klarmacht, was für uns auf dem Spiel steht: soziale Stellung, wirtschaftlicher Aufstieg, Karriere. Aber das Streben nach Schönheit ist ein zweischneidiges Schwert und lässt uns materiell, körperlich und geistig verarmen, selbst wenn wir das Gegenteil möchten. Auch wenn sie sich physisch sichtbar manifestiert, ist die Arbeit an einer von der Gesellschaft anerkannten Schönheit doch eine weitere unsichtbare Arbeit, für die wir ungezählte und letztlich unbezahlte Stunden aufwenden.

Kapitel 7

Unsichtbare Arbeit

Heute wirst du umsonst arbeiten. Und wenn du es heute nicht tust, wirst du es morgen tun. Und wenn du es morgen nicht tust, wirst du es nächste Woche tun, oder du hast es letzte Woche getan, oder du wirst es nächsten Monat tun.

Ganze Wirtschaftssysteme beruhen leider darauf, dass Frauen die Verantwortung für die permanente Organisation auf niedriger Ebene und die emotionale Sorgearbeit übernehmen, die der Kitt des Lebens sind. Wir sind die unsichtbaren Arbeitsbienen, die Familien und Freundesgruppen, globale Konzerne und ganze Gesellschaften zusammenhalten, und doch bleibt diese wichtige Arbeit nicht nur unbezahlt, sondern wird oft auch nicht anerkannt.

Ich bezeichne sie als unsichtbare Arbeit. Dieser Begriff wurde von Soziologen, Wirtschaftswissenschaftlern und Feministinnen über die Zeiten unterschiedlich definiert. Ich verstehe Folgendes darunter:

Hausarbeit – Arbeit im Haushalt und all die verschiedenen Verwaltungsaufgaben, die mit dem Wohnen verbunden sind. Steuern zahlen, den Kühlschrank auffüllen, wegen des kaputten Boilers eine E-Mail an die Hausvermietung schreiben.

Betreuungsarbeit – das Sichkümmern um kleine Kinder, ältere Verwandte und andere Angehörige.

Bürohausarbeit – die einfachen Dinge, die für das Büroleben unerlässlich sind, für die sich aber niemand im Team zuständig fühlt. Das Mittagessen für eine Teambesprechung bestellen (und das Aufräumen danach), die Weihnachtsfeier im Büro planen, Geburtstagsfeiern organisieren und Glückwunschkarten verfassen.

Mentale Arbeit – die »Sorgenarbeit«. Daran zu denken, Dankesbriefe zu verschicken, oder beim wöchentlichen Einkauf im Supermarkt die Ernährungsgewohnheiten aller zu berücksichtigen; Bedürfnisse vorauszusehen und dafür zu sorgen, dass sie erfüllt werden; abzuwägen und zu erinnern; die To-do-Liste zu erstellen und im Auge zu behalten – auch wenn du eigentlich nicht alles selbst erledigen musst.

Emotionale Arbeit – ein Begriff, der zunehmend als Sammelbegriff für unsichtbare Arbeit im Allgemeinen verwendet wird, der sich aber eigentlich auf die spezifische Anforderung in bestimmten Jobs bezieht, die eigenen Emotionen unter Kontrolle zu halten (mehr dazu weiter unten).

All diese Aufgaben fallen überwiegend Frauen zu – was die Betreuung angeht, werden mehr als drei Viertel der unbezahlten Pflegearbeit weltweit von Frauen geleistet, die mehr als dreimal so viel wie Männer arbeiten.[1]

Die Hausarbeit wurde Frauen nicht nur aufgezwungen, sondern zu einem natürlichen Merkmal weiblicher Physis und Persönlichkeit erklärt, zu einem inneren Bedürfnis, einem Streben, das angeblich aus der Tiefe des weiblichen Charakters kommt. Das schrieb die Aktivistin und Schriftstellerin Silvia Federici 1975 in ihrem radikalen Manifest *Wages Against Housework*. Vor allem wegen dieser Forderung nach Löhnen für Hausarbeit wurde Federici bekannt, obwohl es, wie die Schriftstellerin Jennifer Schaffer anmerkt, eher eine radikale Provokation als ein konkreter politischer Vorschlag[2] war und deutlich machen sollte, wie sehr unser globales Wirtschaftssystem auf der unbezahlten Arbeit von Frauen beruht. *Wages Against Housework* nennt auch den Grund dafür, *warum* sich die Arbeitsteilung so entwickelt hat: Es ist der Glaube an eine natürliche Ordnung, die Frauen dazu prädisponiert. »Sie sagen, es ist Liebe«, schreibt Federici. »Wir sagen, es ist unbezahlte Arbeit.«

Die vielleicht am meisten dem Zeitgeist entsprechende – und missverstandene – Komponente der unsichtbaren Arbeitslast, die Frauen zu tragen haben, ist die emotionale Arbeit, ein Begriff, der erstmals von der Soziologin Arlie Russell Hochschild in ihrem 1983 erschienenen Buch *The Managed Heart* (dt.: *Das gekaufte Herz*) geprägt wurde. Emotionale Arbeit, so wie Hochschild sie verstand, meint die Anforderung in bestimmten Berufen, dass Arbeitnehmerinnen ihre eigenen Gefühle managen müssen, damit andere sich wohlfühlen. Je nach Bedarf erzwingen oder verstecken sie bestimmte Emotionen. Hochschild veranschaulichte das am Beispiel von Flugbegleiterinnen (die meiner Meinung nach außergewöhnlich viele Demütigungen durch Arbeitgeber ertragen müssen, die verzweifelt versuchen, den Glanz des Fliegens zu bewahren, während sie Dienstleistungen anbieten, die alles andere als glanzvoll sind). Flugbegleiterinnen sind verpflichtet, die Passagiere an Bord mit einem Lächeln zu begrüßen und mit betrunkenen, ungeduldigen, wählerischen und ängstlichen Passagieren freundlich umzugehen, während sie ihre eigene Müdigkeit oder Gereiztheit unterdrücken müssen. Das ist ein Paradebeispiel für emotionale Arbeit, die oft zu den Aufgaben im Dienstleistungsbereich gehört. Wer schon einmal gekellnert oder im Einzelhandel gearbeitet und mit zusammengebissenen Zähnen gelächelt hat, obwohl die Kundschaft unfreundlich war, weiß, wie emotionale Arbeit aussieht und sich anfühlt. Die Forschung hat gezeigt, dass es auf Dauer einen hohen psychologischen Tribut fordert, wenn du deine eigenen Emotionen unterdrücken oder gar nicht vorhandene darstellen musst, wie Begeisterung, Fröhlichkeit, Wärme. Das zeigt sich, wenn du von der Arbeit nach Hause kommst und deine Mitbewohner oder deine Kinder anschnauzt, weil du nichts »Nettes« mehr in dir hast. Auf lange Sicht kann ein Übermaß an emotionaler Arbeit zu mehr Angst, Stress und einem größeren Risiko für Burn-out führen.

Und auch wenn es oft als ausschließlich weibliche Aufgabe interpretiert wird – auch Männer müssen emotionale Arbeit leisten. Ich denke zum Beispiel an einen (wahrscheinlich männlichen) Uber-Fahrer, der jeder Laune von dir nachkommt, denn sein Lebensunterhalt hängt davon ab, dass dir die Fahrt angenehm genug ist für eine Bestbewertung. Die Machtdynamik in der On-demand-Wirtschaft (Uber, Deliveroo, TaskRabbit und so weiter) macht sie zu dem idealen Umfeld für emotionale Arbeit. Für die Kundschaft ist es sehr einfach, ein Feedback zu geben, und dieses Feedback hat direkte Auswirkungen auf die zukünftigen Chancen der beschäftigten Person in der Gig Economy. Doch gibt es in den meisten Jobs bis zu einem gewissen Grad emotionale Arbeit. Nur wenige von uns können negative Gefühle bei der Arbeit ganz offen zeigen. Je tiefer du auf der Leiter stehst, was Gehalt, Macht oder Dienstalter angeht, desto mehr emotionale Arbeit wirst du leisten müssen. Deshalb ist die Wahrscheinlichkeit, dass Frauen mit emotionaler Arbeit konfrontiert werden, größer, weil Frauen eher in Berufen arbeiten, die mit Kundschaft direkt zu tun haben, im schlecht bezahlten Dienstleistungsbereich, wo emotionale Arbeit eine Schlüsselfunktion ist.

Wir haben auch mit der gesellschaftlichen Konditionierung und den Stereotypen über traditionelle Geschlechtereigenschaften zu kämpfen. In den Medien, in der Kultur, in der

Geschichte und sogar in einigen Bereichen der Wissenschaft ist es fast unmöglich, der Ansicht zu entkommen, emotionale Arbeit sei für Frauen »natürlich«, wir seien von Natur aus besser darin, und sie mache uns Spaß – sodass man es doch eigentlich gar nicht als Arbeit bezeichnen könne. Die archaischen Theorien des Geschlechteressenzialismus, gegen die Silvia Federici wetterte, als sie untersuchte, warum die Hausarbeit so häufig von Frauen erledigt wird, lassen sich genauso gut auf die Arbeit des Emotionsmanagements anwenden: Jede Frau hat schon einmal die Last der Erwartung gespürt, wie die Autorin Deborah Levy in *The Cost of Living* (dt.: *Was das Leben kostet*) sagt, die Architektin des Wohlbefindens aller anderen sein zu sollen.

Und dann ist da noch der Faktor des Sympathischseins. Die Fähigkeit, effektiv emotionale Arbeit zu leisten, ist ein soziales Schmiermittel, auf das sich Frauen in der Regel stärker verlassen müssen als Männer. Denn die Gesellschaft erwartet von uns, dass wir angenehm und nett sind, und wenn wir anders wahrgenommen werden, werden wir sozial bestraft. Emotionale Arbeit zu beherrschen ist für jede Frau, die einigermaßen gut in der Welt zurechtkommen will, unverzichtbar.

Da das Bewusstsein dafür in den letzten Jahren gewachsen ist, werden inzwischen auch andere von Frauen geleistete, unsichtbare Arbeiten unter dem Oberbegriff »emotionale Arbeit« subsummiert. Er beschreibt nun so ziemlich jede Art von unbezahlter und / oder weiblicher Arbeit, besonders, wenn diese Arbeit unangenehm ist, und unabhängig davon, ob dafür eine Bezahlung erwartet werden kann. Besonders im Internet (wo die Zwischentöne verloren gehen) hat sich das Verständnis dafür, ob etwas emotionale Arbeit ist oder nicht, verwirrt. Heute fällt alles unter diesen Begriff. Ob du deinen Mitbewohner daran erinnerst, den Müll runterzubringen, oder ob du bei einem Abendessen Small Talk machst. Auch wird nicht darauf geachtet, ob es sich tatsächlich um die Überschneidung von Arbeitswelt und Emotionsmanagement handelt, die den Kern von Arlie Russell Hochschilds These ausmacht. Selbst wenn ich einer anderen Person das Prinzip der emotionalen Arbeit erkläre, wie ich es in diesem Moment tue, wird das zur emotionalen Arbeit erklärt.

2017 veröffentlichte die US-amerikanische Zeitschrift *Harper's Bazaar* einen Online-Artikel mit dem Titel »Women Aren't Nags – We're Just Fed Up« (Frauen sind keine Nervensägen – wir haben's einfach satt). Darin schildert die Journalistin Gemma Hartley, wie sie ihren bereitwilligen, aber vergesslichen Ehemann dazu bringen will, seinen Beitrag im Haushalt zu leisten. Sie analysiert auch allgemein die Menge nicht anerkannter Arbeit, die Frauen täglich leisten.[3] Wenig überraschend, dass der Artikel einen Nerv traf und schnell viral ging. Es entstand schließlich sogar ein Buch daraus, *Fed Up* (dt.: *Es reicht.*), in dem Hartley eine umfassende Definition emotionaler Arbeit vorschlägt. Sie zählt nicht nur die unbezahlte Arbeit dazu, die für das Wohlbefinden der näheren menschlichen Umgebung geleistet wird, sondern auch den Umgang mit Emotionen, mit psychischer und mentaler Belastung und allgemein jede unsichtbare Arbeit im Haushalt und am Arbeitsplatz.

Eine andere Interneterklärung, 2018 im Wirtschaftsmagazin *Quartz* veröffentlicht und etwas gewagt überschrieben mit: »Eine glasklare Definition von emotionaler Arbeit für alle, die es immer noch nicht kapiert haben«, liefert Beispiele für emotionale Arbeit, die im Idealfall bezahlt werden müsste: »SMS schreiben, um Geschwistern während einer Trennung zu helfen; herausfinden, ob die jüngste Sexbegegnung einer Freundin ganz einvernehmlich war«.[4] Das ist natürlich ein erschreckend düsterer Blick auf die Pflege persönlicher Bindungen, aber er steht exemplarisch für jüngere Beschreibungen emotionaler Arbeit. Sich über die Definition des Begriffs zu streiten, mag pedantisch erscheinen. Sprache entwickelt sich ständig weiter, und keine Definition ist unveränderlich. Trotzdem lohnt es sich, darüber nachzudenken, welche eher profitorientierten und hyperkapitalistischen Implikationen es hätte, wenn das Verhalten, das zur Pflege des Gemeinschaftsgefühls und der zwischenmenschlichen Beziehungen erforderlich ist, als Tätigkeit kategorisiert wird – Arbeit –, für die man per Definition bezahlt werden sollte. Doch es muss ein Weg gefunden werden, um die unbezahlte und unsichtbare Arbeit von Frauen anzuerkennen. Darauf deutet das Bedürfnis nach Erweiterung des Begriffs »emotionale Arbeit« hin – eine verständliche Reaktion auf die jahrhundertelange Missachtung dieser Bemühungen.

Als ich anfing zu arbeiten, war ich schockiert darüber, wie selbstverständlich die unsichtbare Arbeit in den meisten Büros nach Geschlechtern aufgeteilt ist. Mit einundzwanzig Jahren hatte ich eine ziemlich naive Vorstellung von Sexismus am Arbeitsplatz und erwartete, dass er in groben Zügen und leicht erkennbaren Klischees stattfand – ein Po-Kneifer-Chef oder Kollegen, die ihre Kunden in einen Stripklub ausführen. In Wirklichkeit läuft es, wie die meisten Frauen wissen, viel subtiler. Mir fiel sofort auf, dass die unsichtbare Arbeit ungleich verteilt war. Es gab (und gibt) die unausgesprochene Erwartung an die Frauen, dass sie als Gastgeberinnen und Vermittlerinnen, Problemlöserinnen und Hausmeisterinnen fungieren. Es war sowohl befremdlich als auch offensichtlich, und nachdem mir diese Dynamik einmal bewusst geworden war, begegnete sie mir überall. Die Art und Weise, wie Frauen im Büro auf dem schmalen Grat zwischen Durchsetzungsvermögen und Bescheidenheit wandeln mussten, wie sie ihre Anfragen zwischen höflichen Floskeln wie »Könnten Sie bitte« und »Entschuldigung« einbetteten, wohl wissend, dass man sie, wenn sie nicht das richtige Maß an Freundlichkeit an den Tag legten, als »herrschsüchtig« oder Schlimmeres abstempeln würde. Diese geschlechtsspezifischen Normen gefielen mir nicht, gelinde gesagt – in meinem ersten Job machte es mir besonderen Spaß, mich hartnäckig zu weigern und mich ihnen nicht anzupassen, was mir einmal den Kommentar meines Chefs einbrachte, ich sei »sehr direkt«.

Ich hatte seine Worte als Kompliment aufgefasst, als Beweis dafür, dass ich es geschafft hatte, mich dem Patriarchat zu widersetzen, aber in Wahrheit war mir dieser Job nicht wirklich wichtig, sodass es mir leichtfiel, gegen den Strom zu schwimmen. Als ich bei AMV anfing, mit einem Job, für den ich gekämpft und in dem ich Karriere zu machen gehofft hatte, änderte sich das alles.

Es half auch nicht, dass Werbeagenturen in der Regel von einem ziemlich starren Hierarchieverständnis leben. Ob du an der Spitze oder am Ende der Nahrungskette stehst, in einer Werbeagentur kennt jeder den eigenen Platz und handelt entsprechend. Wie ich bald feststellte, wird eine solche Hierarchie den Interessen der weiblichen Angestellten selten gerecht. Hinzu kam mein Job dort: das Account-Management. Eine Kollegin verglich ihn einmal sarkastisch mit dem Äquivalent einer Klärgrube in einer Agentur, da wir »Scheiße von allen Seiten einstecken« mussten. Als Account-Manager in einer Werbeagentur bist du das Verbindungselement zu den Kunden und kümmerst dich darum, dass alle an der Entwicklung eines Projekts Beteiligten zufrieden sind. Das bedeutet, verschiedene widersprüchliche Interessen unter einen Hut bringen zu müssen. Die Kundschaft möchte Blockbuster-

Kampagnen (und Ergebnisse) zu einem geringen Budget haben; die Kreativteams sind durch jahrelange Rabattaktionen in Mittelengland (»kauf eins, nimm zwei«) abgestumpft; die Produktionsfirmen wollen verhindern, dass das Budget überschritten wird; und buchstäblich alle sind sauer, weil sie in drei Wochen eine Kampagne stemmen sollen, für die sie eigentlich drei Monate bräuchten. Account-Manager sitzen also auf einem heiklen Posten und tragen die Hauptlast, wenn tatsächlich etwas schiefgeht von den tausend Dingen, die schiefgehen können. Ich stellte fest, dass wir von anderen Abteilungen mit einer Mischung aus Mitleid und Verachtung betrachtet wurden und selten die Anerkennung bekamen, die wir eigentlich verdienten. Das Account-Management gehört meiner Meinung nach zu den anspruchsvollsten Jobs in der Werbung.

Auch wenn die Stellenbeschreibung viel Organisation und Planung beinhaltet, damit der Ablauf reibungslos funktioniert, hatte ich den Eindruck, dass dabei vor allem junge Frauen als »Mädchen für alles« benutzt werden. Etwa zwei Drittel der in den Werbeagenturen umgangssprachlich oft »Account-Männer« genannten Account-Manager sind Frauen[5], und das Account-Management ist tendenziell ein weiblicher Bereich, besonders auf Juniorebene. (Dies steht in krassem Gegensatz zu den überwiegend männlich besetzten Kreativ- und Strategieabteilungen, die auch die prestigeträchtigeren, besser bezahlten und hochrangigen Abteilungen innerhalb einer Werbeagentur sind.) Von uns allen wurde erwartet, dass wir die meist männlichen Kreativen und Strategen unterstützen, indem wir ihre oft erstaunlich zerbrechlichen Egos beschwichtigen, anfeuern und verwöhnen.

Ich fand diese geschlechterspezifische Rollenverteilung unendlich frustrierend, zumal mein Kommunikationsstil eher direkt ist – unangemessen für eine Frau Anfang zwanzig, in deren Job ehrerbietiges Verhalten als besonders wichtig gilt.

Nach etwa einem Jahr bei AMV musste ich einem Art-Director ein schwieriges Kundenfeedback vermitteln. Wir befanden uns am Ende eines unerwartet langwierigen kreativen Entwicklungsprozesses, und nun – gerade als wir dachten, es wäre geschafft – hatte ich eine E-Mail mit weiteren Änderungswünschen bekommen. Ich fluchte leise vor mich hin, bevor ich aufstand, um die Nachricht zu überbringen, denn ich wusste, sie würde wirken wie ein Sack mit nassem Sand. Ich nahm eine neue Praktikantin mit, um ihr zu zeigen, wie solche kniffligen Situationen professionell gemeistert werden können.

Das Treffen dauerte drei Minuten und endete damit, dass der Art-Director ein Buch quer durch den Raum schmiss und mich anbrüllte, bevor er aus seinem Büro stürmte, über den Flur lief und sich lauthals darüber beschwerte, was von ihm erwartet wurde. Neugierige steckten ihre Köpfe aus den anderen Büros, um zu sehen, was der Grund für den Aufruhr war. Ich war beschämt und befürchtete, seine Reaktion würde als negatives Urteil über meine Fähigkeit, die Situation richtig zu »managen«, aufgefasst werden. Als klar war, dass er nicht zurückkommen würde, verließ ich sein Büro mit der Praktikantin im Schlepptau.

»Ist so was … normal?«, fragte sie, als wir erschrocken und schweigend mit dem Aufzug in unser Stockwerk runterfuhren. Wir zitterten beide.

Ich sah sie an und überlegte. Was sollte ich sagen? Ehrlich antworten: »Ja, das kommt viel öfter vor, als ich zugeben mag«, und sie damit womöglich aus der Branche vergraulen? Oder lügen, nein sagen und riskieren, dass sie nicht weiß, worauf sie sich einlässt?

»Äh …« Ich lachte nervös und versuchte sie zu beruhigen.

»So schlimm ist es normalerweise nicht.« Ich fühlte mich schuldig, weil ich sie in eine so unangenehme Situation gebracht hatte, gleichzeitig war ich unendlich dankbar, dass ich nicht allein in diesem Büro gewesen war. Ich schaffte es in die Waschräume, bevor ich in Tränen ausbrach. Dann ging ich zurück an meinen Schreibtisch.

Die emotionale Arbeit, die nötig war, um mich tagein, tagaus in die Rolle einer fügsamen Kundenbetreuerin zu zwängen, war enorm anstrengend. Mit der Zeit wurde ich immer unglücklicher. Im Nachhinein vermute ich, dass ich nicht die Einzige war, die damit haderte, beschwichtigend lächeln zu müssen, während sie Männer mittleren Alters mit frustrierten kreativen Ambitionen davon zu überzeugen versuchte, die Arbeit zu tun, für die sie immerhin ein Vielfaches von einem selbst bekamen. Ich weiß, dass meine Erfahrungen nicht einzigartig waren. Werbeagenturen in der gesamten Branche sind nach dem gleichen Schema aufgebaut und geprägt von einer starken geschlechtsspezifischen Machtdynamik.

Eine andere Art unsichtbare Arbeit ist die Bürohausarbeit – all die kleinen Aufgaben, die zum reibungslosen Ablauf beitragen, wie einen Termin finden, der allen passt, oder in einer Besprechung Protokoll führen. Kurz bevor ich mich entschloss, AMV zu verlassen, arbeitete ich unter zwei Account-Directors, Fergus und Jim. Sie schienen mein relativ junges Alter als Freibrief zu verstehen, mich wie ihre persönliche Sekretärin zu behandeln. Zu diesem Zeitpunkt war ich bereits Senior-Account-Managerin, aber unter Fergus und Jim verbrachte ich immer mehr Zeit mit einfachen Verwaltungsaufgaben, viel mehr als noch zu Beginn meiner Karriere. An manchen Tagen bestand meine Arbeit darin, Besprechungsräume zu buchen und Ausdrucke zu Fergus' Schreibtisch zu bringen. Fergus tat nichts lieber, als Dateien zum Drucker zu schicken und mich per E-Mail zu bitten, ihm die Ausdrucke zu bringen. In meiner verzweifelten Sorge, dass ich ohne substanzielle Arbeit nie die nötige Erfahrung für eine Beförderung sammeln würde, wollte ich meine Bedenken bei der Abteilungsleiterin vorbringen. Sie war dieselbe Person, die mir wenige Monate zuvor gesagt hatte, sie fände meinen Ehrgeiz »schwer zu bändigen«. Kein Wunder, dass sich nichts änderte.

Eines Abends schickte Jim mir spät eine E-Mail. Für den nächsten Morgen war ein Meeting mit Kunden angesetzt, und er bat mich, früh ins Büro zu kommen, um die 100-seitige PowerPoint-Präsentation, die er gerade fertiggestellt hatte, auszudrucken und alle Seiten an die Wände des Besprechungsraums zu heften. Ich erinnerte ihn in meiner E-Mail daran, dass ich am nächsten Morgen eine schon lang geplante Schulung hatte, die ich auf keinen Fall verpassen wollte. Ich schlug andere, weniger zeitaufwendige Möglichkeiten vor. Vielleicht könnten sich die Kunden die Präsentation auf einem Bildschirm ansehen, oder ich könnte – wenn wirklich physische Kopien benötigt wurden – den Drucker so einstellen, dass er druckte, während ich an meiner Schulung teilnahm, sodass die Kopien zu Beginn der Besprechung fertig wären.

»Mein Fehler – ich bin dummerweise davon ausgegangen, dass du morgen früh da bist (!). Nicht ideal, dass nicht«, antwortete Jim. Seine E-Mail triefte vor Aggression zwischen den Zeilen. »Wie auch immer – wir brauchen die Präsentation auf jeden Fall an den Wänden.«

Warum, dachte ich mir, brauchst du im Zeitalter von Laptops, Internet und verdammten Handys noch 100 Blatt bescheuertes Papier ausgedruckt und an eine verdammte Wand gepinnt?

»Klar, kein Problem!« Ich war zu müde, um zu widersprechen. Ich hatte das Büro erst vor etwa einer Stunde verlassen.

Mein Telefon surrte wieder. Verdammt noch mal.

»Wie sieht's eigentlich mit Frühstück aus?«, schrieb Jim.

»Hey. Ich habe mit dem Catering vereinbart, dass es Tee und Kaffee gibt. Ich hoffe, das ist in Ordnung.«

»Hmm … Besser wäre ein komplettes Frühstück. Kannst du auf dem Weg hierher ein paar Joghurts und Smoothies für alle besorgen?«

»Klar.«

Am nächsten Morgen, als ich gerade mit dem Aufbau fertig war, kam der Vertriebschef (einige Stufen über Jim stehend) vorbei.

»Was machst du da?«, fragte er verwirrt.

»Jim hat mich gebeten, die Karten auszudrucken und sie an die Wände zu hängen. Für das Treffen«, antwortete ich und kam mir sofort blöd vor.

»Nein, lass das. Wir wollen doch nicht, dass du wie eine Bürobotin aussiehst. Geh nach unten und begrüß die Leute.«

Ich war überrascht und auch ein bisschen dankbar. Inzwischen ist mir klar, dass ich der Kundschaft zu einem Preis in Rechnung gestellt wurde, der auf eine gewisse Erfahrung schließen ließ. Es hätte nicht gut ausgesehen, wenn sie mich gesehen hätten, wie ich auf Händen und Knien Bastelarbeiten machte. Natürlich warf niemand – nicht einmal Jim – während des Treffens auch nur einen Blick auf die Zettel an der Wand. Wie erwartet, war es eine vollkommen sinnlose Beschäftigung gewesen und hatte absolut nichts mit praktischen Notwendigkeiten zu tun, sondern nur mit Jim, der mir um zehn Uhr abends eine E-Mail schicken (ich hätte nie antworten sollen) und mich am nächsten Morgen um sieben im Büro haben wollte. Ich bin mir sicher, dass einige Leser mich als eine weitere jammernde Millennial abtun werden, die sich zu wertvoll findet, um die Ärmel hochzukrempeln und sich in die weniger glamourösen Seiten eines Ganztagsjobs zu stürzen. Trotzdem –

niedere Arbeiten im Büro sind einfach ein fester Bestandteil der Arbeit einer Juniormitarbeiterin, und ich habe diese Verpflichtung bereitwillig akzeptiert. Das Problem war allerdings, dass sich auch im Lauf meines beruflichen Fortkommens an diesen Anforderungen nichts zu ändern schien. Ich sah Frauen, die viel länger dabei waren als ich und immer noch dieselben Aufgaben erfüllten, und wusste, da war etwas faul.

Man muss kein Genie sein, um zu ermessen, welche Bedeutung die als Bürogehilfin verbrachten Stunden für das Vorankommen von Frauen am Arbeitsplatz haben. Bei dieser Arbeit handelt es sich in der Regel um »nicht förderungswürdige Aufgaben«, wie es die *Harvard Business Review* ausdrückt. Es sind Arbeiten, »die zwar dem Unternehmen zugutekommen, aber eher nicht zur Leistungsbewertung und zum beruflichen Aufstieg einer Person beitragen«.[6] Wenn du Arbeitszeit damit verbringst, einen Büroumzug zu koordinieren, anstatt beispielsweise neue umsatzstarke Kundschaft zu gewinnen, wirst du vielleicht in einer firmeninternen Rundmail lobend erwähnt, aber eine Gehaltserhöhung bringt es dir wahrscheinlich nicht ein. Schon die Tatsache, dass du bei der Bürohausarbeit gesehen wirst, wirkt sich unbewusst auf die Wahrnehmung deiner Kollegen aus, und diese wirkt sich wiederum auf deine Beförderungsaussichten, dein Gehalt und dein berufliches Fortkommen aus. Die Optik zählt. So wie die Vertriebsleitung darauf bedacht war, dass unsere Klienten mich nicht beim Einrichten des Besprechungsraums sehen, weil das meine Glaubwürdigkeit untergraben würde, ist es auch mit den Menschen, mit denen du tagtäglich zusammenarbeitest. Deren Beobachtungen wirken sich wahrscheinlich auf dein berufliches Fortkommen aus. Und dann ist da natürlich wie immer die Frage der Race – wie Studien zeigen, berichten Frauen of Colour häufiger als weiße Frauen und ganz sicher häufiger als weiße Männer, dass ihnen Bürohausarbeit aufgetragen wird.[7]

Merkwürdigerweise wird Frauen nicht nur mehr davon zugewiesen als Männern – sie melden sich sogar freiwillig dafür. Eine Studie, die 2017 in der *American Economic Review* veröffentlicht wurde, kam zu dem Schluss, dass diese Bereitschaft zur freiwilligen Mitarbeit »nicht aus geschlechtsspezifischen Unterschieden in den Vorlieben resultiert, sondern eher aus der allgemeinen Auffassung, dass Frauen generell mehr freiwillige Arbeit leisten als Männer«.[8] Mit anderen Worten: Frauen übernehmen die Hausarbeit im Büro nicht aufgrund einer angeborenen weiblichen Eigenschaft oder weil sie »einfach besser darin sind« (wie oft behauptet wird), sondern weil sie wissen, dass es von ihnen erwartet wird und dass sie bestraft werden, wenn sie sich weigern.

Eine andere Studie, die im *Journal of Applied Psychology* veröffentlicht wurde, fand heraus, dass Frauen, die sich weigern, Hausarbeiten im Büro zu übernehmen – in diesem Beispiel die Vorbereitung eines Meetings –, negativer wahrgenommen werden als Männer, die die gleiche Zurückhaltung an den Tag legen.[9] Umgekehrt genießen Männer, die im Büro mit anpacken, in den Augen ihrer Kollegen einen erheblichen Imagegewinn. Frauen, die das Gleiche tun, gehen dagegen leer aus. Es wird einfach erwartet, dass sie es sowieso tun.

In einer Werbeagentur, in der ich als Freiberuflerin arbeitete, kurz bevor ich das Agenturleben für immer aufgab, wurde es förmlich festgeschrieben, dass Frauen die Rolle der Bürogehilfin oder »Hausmutter« übernehmen. Account-Directors und Account-Managerinnen wurden als »Mütter« beziehungsweise »Kindermädchen« bezeichnet, eine vermeintlich schrullige Tradition, deren seltsame geschlechtsspezifische Konnotationen nur ich zu sehen schien. Es verstärkte nicht nur die ohnehin schon geschlechtsspezifische Dynamik, dass (meist, aber nicht immer) Kundenbetreuerinnen die Mutterrolle für (fast immer) männliche Kreative spielten, es klang in meinen Ohren auch sehr herablassend. Ich wollte, dass meine Arbeit als solche anerkannt wurde – als qualifizierte professionelle Arbeit, nicht als urwüchsiger Trieb oder unterwürfiger Instinkt. Und doch passen die häuslichen Qualitäten, die diese Bezeichnungen implizieren, erstaunlich gut zu der Tatsache, dass das Zuhause für viele Frauen die größte Quelle unsichtbarer Arbeit ist.

Auch wenn die Unterschiede je nach Alter, Einkommen und sozioökonomischer Schicht variieren, leisten Frauen in heterosexuellen Beziehungen in fast allen Ländern der Welt deutlich mehr Hausarbeit als ihre Partner. Im Durchschnitt leisten Frauen im Großbritannien etwa 60 Prozent mehr unbezahlte Hausarbeit als Männer[10] oder zehn zusätzliche Stunden pro Woche – eine Arbeit, die ihnen, wenn Silvia Federicis Forderung, Hausarbeit zu entlohnen, tatsächliche Politik wäre, etwa 13 500 Pfund pro Jahr einbringen würde.[11] Diese Kluft zwischen den Geschlechtern bei der Hausarbeit beginnt deprimierend früh: Zahlreiche Studien haben ergeben, dass Mädchen schon im Kindesalter mehr Hausarbeit leisten als ihre männlichen Geschwister.[12] Bei Müttern vergrößert sich die Kluft noch erheblich, da sie häufiger die Rolle der Hauptbetreuungsperson übernehmen. Aber selbst wenn beide Elternteile Vollzeit arbeiten, leisten Frauen immer noch mehr Hausarbeit als ihre Partner und übernehmen das, was Arlie Russell Hochschild 1989 in ihrem Buch *The Second Shift* (dt.: *Der 48-Stunden-Tag*) als »zweite Schicht« bezeichnet hat. Frauen gehen zur Arbeit und absolvieren die erste »Schicht« im Büro, bevor sie nach Hause kommen – zur zweiten Schicht: Haushaltsarbeit und Kinderbetreuung. Und während die Zunahme häuslicher Pflichten, die Frauen nach der Heirat und der Geburt von Kindern erleben, mit einem dauerhaften Verdienstrückgang einhergeht, ist es bei den Männern genau umgekehrt. Wenn ein Mann heiratet und Kinder bekommt, steigt sein Einkommen in der Regel. Was die Hausfrau und Aktivistin Judy Brady 1972 zu der Frage veranlasste: »Wer will da nicht eine Frau haben?«[13] Dass dies nur für heterosexuelle Paare gilt, zeigt auch, wie tief die Arbeitsteilung in Geschlechterstereotypen verwurzelt ist – zahlreiche Studien haben gezeigt, dass gleichgeschlechtliche Paare die Hausarbeit viel gleichmäßiger aufteilen, vielleicht weil sie, wie Jennifer Petriglieri in *The Atlantic* schreibt, schon »daran gewöhnt sind, geschlechtsspezifische soziale Normen infrage zu stellen«[14].

Es wäre einfach, sich nur auf die wirtschaftlichen Auswirkungen der unbezahlten Arbeit von Frauen zu konzentrieren, aber es gibt auch enorme emotionale Kosten. Das ständige Entscheiden und Vertreten, das mit der Rolle der Haushaltsmanagerin verbunden ist, kann unglaublich anstrengend sein und viele Frauen überfordern. Forscher, die die psychologischen und emotionalen Auswirkungen geschlechtsspezifischer Unterschiede bei der Hausarbeit untersucht haben, stellten fest, dass Frauen eher unter Depressionen, Einsamkeit, Wut und psychischen Problemen leiden, wenn sie die Aufteilung der Aufgaben im Haushalt als ungerecht empfinden.[15] Dass diese Gefühle bei ihren Partnern oft auf Unverständnis stoßen (sie halten die Aufteilung häuslicher Arbeit oft für gerecht), kann die Beziehung erheblich belasten.

In Anbetracht der verlorenen Stunden und stillschweigend geopferten Möglichkeiten, der aufgewendeten Energie und negativen Auswirkungen auf die eigene Ertragskraft kommt es mir wie ein riesiger Betrug des Patriarchats vor, den Frauen die Ehe als erstrebenswert verkauft zu haben. Seltsam eigentlich, dass Bräute traditionell weiß tragen und nicht schwarz.

Kapitel 8

Der Tod des Girlboss

> **girl·boss** / gɜːl bɑs /
> Substantiv
> Ehrgeizige, erfolgreiche Frau mit beneidenswerter Karriere. Oft (nicht immer) Unternehmerin oder in irgendeiner Form selbstständig. Sehr ehrgeizig und unglaublich gut gepflegt. Wahrscheinlich jünger als du.

Irgendwann Mitte der 2010er Jahre, als wir kollektiv unsere Existenzen nach der Rezession zusammenkratzten und anfingen, der giftigen Umarmung von Social Media zu erliegen, bekam das Unternehmerdasein ein neues Gesicht. Innerhalb weniger Jahre tauchte plötzlich ein Karriereweg in meinem Bewusstsein auf, über den ich nie zuvor nachgedacht hatte. Das Wort »Unternehmer« verknüpfte sich nicht mehr automatisch nur mit Geschäftsleuten im grauen Anzug wie Bill Gates und Warren Buffett, Menschen mit einem persönlichen Vermögen, das dem Bruttoinlandsprodukt eines kleinen Landes entsprach, und die genauso gut auf dem Mond hätten leben können, so unbedeutend waren sie für mein Leben.

Plötzlich schienen Unternehmer überall zu sein, und sie waren sogar irgendwie … cool. Ein Start-up zu leiten war cool. Eine Finanzierungsrunde abzuschließen war cool. Dein

Unternehmen an ein anderes, größeres Unternehmen verkaufen und mit dem Verkaufserlös ein neues Unternehmen gründen? Sehr cool. Start-up-Gründer erlangten regelmäßig eine Berühmtheit, die zuvor Angehörigen der Glamour-Berufe vorbehalten war, und ihr Lebensstil übte eine ähnliche kulturelle Faszination aus wie der von Filmstars und Models. Für einen Großteil meiner Generation war es das Ziel der Stunde (und ist es in gewissem Maße immer noch), der nächste CEO mit Babygesicht auf dem Cover des *Forbes*-Magazins zu sein oder zumindest für uns selbst zu arbeiten. Und wer könnte es uns verübeln? Die Medien lieben die jugendliche Naivität und sind gesättigt mit Geschichten über Wunderkinder, deren Brillanz sie auf die »Unter 30«-Listen katapultiert und ihnen ein großes Vermögen eingebracht hat – Geschichten, die sich zunächst auf die esoterischen Nischen des Silicon Valley konzentrierten, mittlerweile aber in jeder größeren Stadt der Welt zu finden sind. Die Sprache des Unternehmertums hat die breitere Arbeitsplatzkultur erobert. Begriffe wie »Producticing« und »Growth Hacking« werden von Managern in Büros verwendet, die meilenweit entfernt sind von den Tech-Startups, die sie hervorgebracht haben, und verbreiten sich per E-Mail so schnell wie Krebs oder Unkraut. In London wurde die Gegend um den chaotischen, verkehrsreichen Kreisverkehr in der Old Street von denen, die etwas von dem Gütesiegel – und den Risikokapitaldollars – des kalifornischen Originals abbekommen wollen, großspurig »Silicon Roundabout« getauft.

Es ist nicht schwer, die Anziehungskraft des Unternehmertums zu verstehen. Der Karriereweg ermöglicht dir, dein eigenes Schiff zu steuern und in einem Beruf zu arbeiten, in dem Unerfahrenheit als eine Art Währung ausgegeben werden kann. Du erntest die volle finanzielle Belohnung für deine

Arbeit, anstatt deine Zeit und deine Ideen gegen Löhne einzutauschen, die in der aktuellen Wirtschaftslage immer weniger wert sind.

Meine Generation ist bekanntlich die erste, die ärmer sein wird als die vorherige. Eine Generation auf dem Weg ins Erwachsenenalter vor dem Hintergrund eines Finanzcrashs, unbezahlbaren Wohnraums und steigender Bildungskosten; und immer mehr von uns verdienen ihren Lebensunterhalt auf dem wackeligen Fundament der sogenannten Gig Economy. Die herkömmlichen Belohnungen für beruflichen Erfolg gelten nicht mehr, und so ist es kein Wunder, dass wir uns auf das Unternehmerdasein stürzen, in der Hoffnung, das große Los zu ziehen. Wir versuchen das System auszutricksen, in der Hoffnung, einen Hauch von finanzieller und emotionaler Belohnung aus Umständen herauszuholen, die uns immer weniger Möglichkeiten zu bieten scheinen – selbst die alte Garde hat das begriffen. Heutzutage befürchten Anwaltskanzleien und Unternehmensberatungen, jüngere Mitarbeiter an die Sirenen des Start-up-Lebens zu verlieren. Deshalb ermutigen sie ihre Neulinge routinemäßig dazu, ihren unternehmerischen Ehrgeiz anzustacheln und »Intrapreneure« zu werden, also Unternehmer innerhalb des Unternehmens. Sie versprechen, die starren Strukturen im Unternehmen könnten den gleichen Nervenkitzel bieten wie Start-ups, wo Sätze wie *Move fast and break things* in Neonlettern an den Wänden leuchten.

Die Kehrseite von all dem – der Preis für den grenzenlosen Optimismus und die scheinbar grenzenlosen Möglichkeiten, die die Start-up-Kultur versprach – war jene, große persönliche Opfer als Voraussetzung für beruflichen Erfolg sowie aggressiven Workaholismus zu akzeptieren. Es war das Zeitalter der sogenannten Hustle-Kultur, die Kultur der permanenten Überarbeitung, des unerbittlichen Ehrgeizes und der »Schlafen kannst du, wenn du tot bist«-Arbeitszeiten; der selbst ernannten Businessgurus, die tweetlange Aphorismen über die Tugenden des Scheiterns verbreiten; der besessenen Selbstoptimierung und Tricks zur Steigerung der Produktivität, die suggerieren, die natürlichen Grenzen des menschlichen Körpers müssten überlistet werden und seien keinesfalls Warnzeichen, auf die du hören solltest.

In diesem kulturellen Moment entstand *Girlboss.* Es ist das Ergebnis einer Start-up-Kultur, gebrochen durch das Prisma des Feminismus der vierten Welle, der zu dieser Zeit ebenfalls auf dem Vormarsch war. Der Begriff selbst wurde erstmals von der US-amerikanischen Unternehmerin Sophia Amoruso ins öffentliche Bewusstsein gerückt. Die Gründerin und damalige Geschäftsführerin der Fast-Fashion-Marke Nasty Gal veröffentlichte 2014 ein Memoir beziehungsweise Geschäftshandbuch mit dem Titel *#Girlboss.* Es ist ein selbstmythologisierender Bericht über Amorusos Weg von der Tellerwäscherin zur Millionärin und erzählt die Geschichte einer Schulabbrecherin, die mit einem Blick für Vintagekleidung und mit unternehmerischem Denken ein Fast-Fashion-Unternehmen gründete, das auf seinem Höhepunkt einen Wert von 330 Millionen Dollar hatte. Das Buch war eine Meisterleistung in Sachen Selbststilisierung und festigte Amorusos Image als spleenige Außenseiterin in der sonst so spießigen Geschäftswelt. Sie war nicht nur sympathisch, sondern auch cool, trug stumpfe Fransen und Lederjacken und gab ungeschminkte Interviews darüber, wie man »seinen Kram erledigt«.[1] Ihre Entstehungsgeschichte war eine erfrischende Alternative aus der Gegenkultur zu den unternehmerischen Erzählungen anderer Businessikonen mit ihren geschmackvollen Etuikleidern und steifen Fönfrisuren, und ihre Botschaft – »wenn eine Studienabbrecherin ohne festen Wohnsitz das schafft, dann schaffst du das auch« – kam an. Bis heute wurde der Hashtag *#girlboss* allein auf Instagram mehr als 22-millionenmal verwendet, und das Buch verkaufte sich über eine halbe Million Mal.[2]

In der Folge entstanden zahlreiche an Frauen gerichtete Websites, Klubs, Medienplattformen und Konferenzen, wobei sich die meisten von ihnen auf jüngere, selbstständige Frauen und Kreative konzentrieren. Zwei Jahre später gründete ich meine eigene Plattform (dazu später mehr). Die Veröffentlichung von *#Girlboss* war ein kulturelles Phänomen und markierte den Beginn eines Wandels, bei dem Unternehmertum und Selbstständigkeit zunehmend als Lebensstil betrachtet wurden. Und trotz alldem, wofür die Girlboss-Kultur später stehen sollte, herrschte in dieser kurzen Ära ein echter Optimismus, die Zuversicht, dass, wenn Frauen sich zusammentun, sich vernetzen und ihre Geschichten erzählen, Gutes entstehen kann. Und das passierte oft.

Die Grundpfeiler der Girlbossery waren natürlich einmal das Millennialpink: dieses sanft gedämpfte, pfirsichfarbene Altrosa, das mit der Veröffentlichung von Amorusos Buch eine Renaissance erlebte und inzwischen allgegenwärtig ist. Zumindest anfangs war die Popularität des Pink eine Art ironische Rückgewinnung einer Farbe, die Frauen lange Zeit suspekt war, dank der Marken, die versucht hatten, uns überteuerte Rasierapparate zu verkaufen, indem sie sie in Babyrosa herstellten und 25 Prozent aufschlugen, ganz zu schweigen von der einstudierten Dummheit von Paris Hiltons rosa Juicy Couture und ihrem Chihuahua-tragenden Alter Ego der Nullerjahre. Auch mein erstes Buch, das 2017 erschien, hatte ein pinkes Cover.

Und dann gab es die Besessenheit von erfolgreichen Frauen und ihren morgendlichen Routinen, eine Lifestyle-Magazinfreundliche Untergruppe des Selbstoptimierungstriebs, der sich durch unsere gesamte Kultur zieht (Beispiel: »Im Morgengrauen aufstehen, meditieren, Tagebuch schreiben, Yoga, um 6 Uhr am Schreibtisch«). Der Hosenanzug wurde mit Hillary Clintons unglücklicher Kandidatur zur Präsidentin 2016 populär. Das Kleidungsstück symbolisierte für bestimmte Kreise von jungen, urbanen, relativ wohlhabenden und sich selbst als *nasty women* bezeichnenden Frauen eine weitere Form der Subversion, da es traditionell mit männlicher Macht assoziiert wird. Frauen, die ihr eigenes Unternehmen führten, bekamen herablassende Bezeichnungen wie »She-E-O« und »Mompreneur« verpasst, in Konkurrenz zum »Girlboss«. Auch hier galt die »Schlafen kannst du, wenn du tot bist«-Schule der Work-Life-Balance, unterstützt von Beyoncés Songtexten, die uns aufforderten, »grind 'til we owned it« (»schuften, bis es uns gehört«). Jede hatte einen Side-Hustle (Nebenjob), und alle posteten darüber auf Instagram.

In gewisser Weise ist es durchaus nachvollziehbar, dass Frauen, vor allem Millennials, willig auf diese Schiene sprangen, angesichts der geschlechtsspezifischen Barrieren, die unsere Erfahrungen am Arbeitsplatz so oft prägen. Außerdem gab es zu dieser Zeit die #MeToo-Bewegung noch nicht. Kombiniert man die generationsbedingte Misere der Millennials mit den geschlechtsspezifischen Problemen, denen die meisten Frauen am Arbeitsplatz begegnen, sieht die Notlösung für alle Frauen, die sich in der Schnittmenge wiederfinden, aus wie ein pinkfarbener Tagebuchkalender, auf dem in Goldfolie das Wort HUSTLE steht. Tatsächlich wurde der Boom der Selbstständigkeit in Großbritannien in den zehn Jahren bis 2018 vor allem durch Frauen angeheizt.[3] Viele von ihnen kehrten der Unternehmenswelt enttäuscht den Rücken und sahen einen Ausweg in der Girlbossery. Nachdem ich nach dem Studium meinen eigenen Albtraum durchlebt hatte, ließ auch ich mich begeistert darauf ein.

Und selbst als die Erfinderin des Wortes aus der Mode kam (im wahrsten Sinne des Wortes – ihr Unternehmen Nasty Gal musste Ende 2016 Konkurs anmelden), tauchten neue weibliche Businessikonen auf, um die Führung zu übernehmen. Während Amoruso die Rolle der Moderebellin erfüllt hatte, fügten sich ihre Nachfolgerinnen nahtlos in andere Kategorien und entsprechende Archetypen ein: Da waren die *Vogue*-Mitarbeiterin und heutige Beauty-Mogulin Emily Weiss, Gründerin der milliardenschweren Marke Glossier; das nette Mädchen Whitney Wolfe Herd, Gründerin der »frauenfreundlichen« Dating-App Bumble, wo »Frauen den ersten Schritt machen«; Ty Haney, die in Texas lebende athletische Gründerin des Sportbekleidungsunternehmens Outdoor Voices, und die politische Expertin Audrey Gelman, ehemalige Wahlkampfhelferin von Hillary Clinton und Mitbegründerin des Co-Working-Spaces für Frauen, The Wing. Amoruso selbst feierte eine Art Comeback, indem sie die Marke Girlboss in ein gleichnamiges Medienunternehmen umwandelte. Sie positionierte sich nun weicher und weniger prahlerisch als in ihrer ersten Version, vielleicht weil sie das Potenzial für plötzliche Katastrophen in einem schnell wachsenden Start-up besser einschätzen konnte. Eine illustre Schar relativ wohlhabender zwanzig- bis dreißigjähriger Frauen verkörperte für viele Millennialfrauen – mich eingeschlossen – die Spitze beruflichen Erfolgs. Sie waren auf eine Weise aufstrebend, wie es Frauen in der Öffentlichkeit zu sein gelernt haben, das heißt, sie hielten gekonnt und sorgfältig die Balance zwischen ihrem offensichtlichen Erfolg und ihrem beträchtlichen Reichtum. Wenn sie auf Instagram posteten, dass sie gerade eine neue Wohnung gekauft hatten, sah man sie im nächsten Posting die

Kacke ihres Hundes aufheben. Natürlich waren sie alle sehr attraktiv. In einem anderen Leben wären sie vielleicht Models gewesen – wie zum Beispiel Emily Weiss von Glossier.

Außerdem waren sie alle weiß. Nur wenige der Gründerinnen, die unter den Millennials bekannt geworden sind, sind Frauen of Colour. Wie sollte es auch anders sein? Die meisten Risikokapitalfinanzierungen, die den Treibstoff für den Erfolg der meisten dieser Start-ups darstellen, gehen an weiße Frauen (wenn sie überhaupt an Frauen gehen). Gründerinnen erhalten insgesamt etwa 2,7 Prozent des Risikokapitalkuchens, und davon geht so gut wie nichts an Frauen of Colour: 0,2 Prozent.[4] Schwarze und Brown Frauen, die Risikokapital erhalten haben, sind, um es mit den Worten des Silicon Valley auszudrücken, echte *Unicorns* (Einhörner).

Aber das hatten wir doch schon mal. Diese Frauen sind alle Thronerbinnen von Sheryl Sandberg. Was die Facebook-Managerin 2013 in ihrem Karrierehandbuch und feministischen Manifest *Lean In* als Muster weiblichen Ehrgeizes propagierte, haben ihre Nachfolgerinnen nur leicht abgewandelt. Eine Zeit lang prägte die Arbeitsplatzphilosophie von Sandberg die Vorstellung davon, wie weiblicher Erfolg aussehen und genutzt werden sollte und welches die »richtigen« Ziele ehrgeiziger Frauen sind. Doch trotz der Millionen verkaufter Exemplare, trotz des Hypes um die perfekte Inszenierung der Veröffentlichung und trotz der überschwänglichen Lobpreisungen durch prominente Persönlichkeiten (Gloria Steinem, Arianna Huffington, Oprah) wurde *Lean In* von der Zielgruppe – den feministischen Frauen – sofort und nachhaltig kritisiert und brachte sogar buchlange Gegenschriften hervor, wie etwa das Buch *Lean Out* der politischen Journalistin Dawn Foster.

Was war das Problem? Sandberg schien wenig daran interessiert zu sein, den Status quo infrage zu stellen, sondern wollte Frauen ermutigen, sich ihm anzupassen. Der Feminismus, für den *Lean In* wirbt, konzentriert sich außerdem geradezu zwanghaft auf die Vorstellung, mehr weibliche Führungskräfte wären zwangsläufig für alle Frauen von Vorteil. »Wenn es uns gelingt, mehr Frauen auf höchster Ebene unterzubringen«, schreibt Sandberg, »dann können wir unsere Möglichkeiten erweitern und alle fairer behandeln.« Das entspricht dem, was Jessa Crispin in ihrem Buch *Warum ich keine Feministin bin* beschreibt: Der zeitgenössische Feminismus geht davon aus, Frauen an der Macht sei etwas an und für sich Gutes – unabhängig davon, wie die Frauen ihren Einfluss dann tatsächlich ausüben.

Andere Kritiker von *Lean In* bemängelten den zugrunde liegenden Klassismus. Viele von Sandbergs Ratschlägen treffen nur auf Berufstätige aus einem bestimmten Milieu zu und setzen einen Handlungsspielraum voraus, den berufstätige Frauen oft gar nicht haben. Es ist fraglich, ob eine Angestellte im Dienstleistungsbereich mit Mindestlohn und einem Null-Stunden-Vertrag erfolgreich ein höheres Gehalt aushandeln kann, indem sie sich »reinhängt« und auf mehr Lohn drängt. Wahrscheinlicher ist, dass sie gefeuert wird. Hinzu kommt, dass berufstätige Mütter nur dann im Sandberg'schen Sinn Erfolg haben können, wenn sie die Dienste anderer weiblicher Arbeitskräfte in schlecht bezahlten, prekären und oft rassifizierten Dienstleistungsberufen beanspruchen – Kindermädchen, Putzfrauen, Haushälterinnen und so weiter. *Lean In* beschäftigt sich nicht mit der Frage, wie es für die Hausangestellten logistisch möglich sein soll, eine Karriere anzustreben wie die von Sandberg oder von denen, für die Sandberg sich am meisten einzusetzen scheint. Wie die Arbeitsmarktexpertin Alison Wolf argumentiert (vor allem in ihrem 2013 erschienenen Buch *The XX Factor*), »gibt es eine große Anzahl von

Frauen, die sehr, sehr schlecht bezahlte Jobs machen, die das Leben von besser bezahlten Frauen ermöglichen«.[5] Obwohl *Lean In* Frauen ermutigt, die gläserne Decke zu durchstoßen, hat es den Frauen im Erdgeschoss, die über die hinterlassenen Glasscherben laufen müssen, wenig zu bieten.

Am heftigsten umstritten und kritisiert in der feministischen Theorie von *Lean In* ist der titelgebende Gedanke. Dass nämlich mehr Frauen in die oberen Ränge der Unternehmen aufsteigen könnten, wenn sie sich mehr »reinhängen« würden, wenn sie durchsetzungsfähiger wären und sich ehrgeizigere Ziele setzten. An einer Stelle spricht Sandberg davon, dass es zwischen Männern und Frauen eine Kluft geben könnte, was den Anspruch auf Führung angeht. »Da mehr Männer Führungspositionen anstreben, bekommen sie diese natürlich auch.« Diese Logik lässt wenig Raum für die knallharte Realität. Frauen, selbst wenn sie sich reinhängen, erleiden oft einen herben Rückschlag (schließlich werden uns Gehaltserhöhungen häufiger verweigert als Männern, und wir werden benachteiligt, wenn wir es überhaupt wagen, danach zu fragen). Die Vorstellung, dass Frauen die geschlechtsspezifische Diskriminierung überwinden könnten, indem sie ihr eigenes Verhalten ändern, lässt die strukturellen Ursachen für diese Ungleichheiten außer Acht. Wie Michelle Obama später in einem unbeobachteten Moment während eines Live-Interviews sagte: »Es reicht nicht immer, sich reinzuhängen, denn der Mist funktioniert auch nicht immer.«[6]

Sandberg und ihre Nachfolgerinnen wurden zu Aushängeschildern für eine bestimmte Art des modernen Feminismus, dem es laut Kritikern an Substanz und Reichweite mangelt und der sich nur auf die Bedürfnisse einer kleinen Gruppe bereits privilegierter Frauen konzentriert; ein zahnloser und unpolitischer Feminismus, der die Ungerechtigkeit bestehender Machtstrukturen nicht infrage stellt, sondern einzig darauf abzielt, Frauen an die Spitze eben dieser Strukturen zu bringen. Dieser als neoliberal bezeichnete Feminismus übersieht jene Aspekte feministischen Denkens, die sich mit kollektiver sozialer Gerechtigkeit befassen und damit zwangsläufig in direktem Gegensatz zum Kapitalismus stehen. Die Philosophin Nancy Holmstrom beschreibt dieses Spannungsverhältnis folgendermaßen:

> »Feministinnen sollten sich dafür einsetzen, dass die Unterdrückung von Frauen beendet wird, und zwar unabhängig davon, ob die Ursachen der Unterdrückung sexistische, rassistische, wirtschaftliche oder andere, schwer zu entwirrende Gründe hat. *Ein Feminismus, der nur die Beendigung der Unterdrückung der Frau aufgrund ihres Geschlechts anstrebt, wäre eine sehr eingeschränkte Version und weit entfernt von der emanzipatorischen Vision, die seinen Kern ausmacht.*« (Hervorhebung von mir, O. U.)[7]

Da Feminismus notwendigerweise darauf abzielt, *jegliche* Ungleichheit zu beseitigen, die aus identitätsbasierter Diskriminierung entsteht, ist er grundsätzlich unvereinbar mit dem Kapitalismus. Denn dieses Wirtschaftssystem schafft nicht nur Ungleichheit, sondern braucht sie, um überhaupt zu funktionieren. Ungleichheit ist nicht bloß ein bedauerlicher Nebeneffekt des Kapitalismus, sondern vielmehr seine unabdingbare Grundlage. Der Kapitalismus braucht die Ungleichheit, um zu funktionieren, so wie ein Fahrrad Räder braucht.

Und doch haben sich Feminismus und Kapitalismus in den letzten Jahren gemütlich zusammen ins Bett gelegt. Verbunden sind sie durch die einfache Tatsache, dass der Feminismus heutzutage ein Großunternehmen ist. Nach einer Zeit des Stillstands um die Jahrhundertwende, als der Mythos des »Postfeminismus« die Behauptung aufkommen ließ, Gleichberechtigung sei bereits erreicht und die Arbeit des Feminismus getan, begann Anfang der 2010er Jahre ein neuer feministischer Diskurs. Diese Bewegung fand und findet in erster Linie digital statt und zeichnet sich durch Diskussionen über sexualisierte Gewalt gegen Frauen und die Allgegenwärtigkeit von Alltagssexismus aus, durch Body Positivity und das Infragestellen traditioneller Schönheitsideale, durch Selbstermächtigungsgeschichten wie die von Sheryl Sandberg und Sophia Amoruso und durch eine stärkere Intersektionalität (also weibliche Erfahrungen zu berücksichtigen, die über die der relativ privilegierten weißen Frauen hinausgehen, die traditionell im Mittelpunkt des feministischen Mainstreamdiskurses standen). Feminismus gehörte wieder zur kulturellen Agenda, und dank der Unterstützung verschiedener prominenter Persönlichkeiten (Beyoncé, Emma Watson, Chimamanda Ngozi Adichie, um nur einige zu nennen) war er auch tatsächlich cool.

Natürlich ist der Kapitalismus dort, wo es kulturelle Relevanz zu gewinnen gibt, mit der Spitzhacke zur Stelle. Heutzutage baut jede Marke, die sich an eine weibliche Zielgruppe wendet, auf irgendeine Weise feministische Rhetorik oder Bilder in ihr Marketing ein. Sei es die »Echte Schönheit«-Kampagne von Dove – eine Vorreiterin in diesem Format – oder der »Dream Crazier«-Werbespot von Nike aus dem Jahr 2019, ein 90-Sekunden-Clip mit Serena Williams als Erzählerin, in dem Frauen ermutigt werden, das angebliche »Crazy«-Sein als Kraft zu nutzen. Es gibt selbst ernannte feministische Marken wie das Unternehmen Thinx, das Menstruationsunterwäsche herstellt, und Frauenzeitschriften schalten redaktionell gestaltete Inserate, wo in inspirierenden feministischen Erzählungen

Werbung gemacht wird für das Produkt, das die Kosten der Publikation in diesem Monat bezahlt. Das Gewinnpotenzial ist so groß, dass »Feministinnen« plötzlich überall auftauchen. Persönlichkeiten des öffentlichen Lebens wie Kim Kardashian und Ivanka Trump beteuern, Feministinnen zu sein. Was ihre jeweiligen Lebensläufe beinhalten, nämlich den Verkauf von appetitzügelnden Lutschern an Teenagermädchen und die Rolle der Handlangerin in einem Regime, das Frauen den Zugang zur Abtreibung beschneiden will, zeugt von einer Ironie, die das Duo offenbar übersehen hat.

Die Schriftstellerin Andi Zeisler bezeichnet dies als »Femvertising«[8] – eine stark entschärfte, kommerzfreundliche Form des Feminismus als Verkaufstaktik. Der Mainstreamfeminismus hat sich von einer radikalen antikapitalistischen Ideologie in ein Produkt verwandelt, das gekauft und verkauft wird und dazu dient, persönliche Marken anzupreisen, und wie so oft passt sich die Botschaft dem Medium an. Die sozialen Medien haben zwar dazu beigetragen, dass diese Welle des Feminismus ein breiteres Publikum erreicht hat, aber sie reduzieren die Aussagen auf die Länge einer Bildunterschrift und vermitteln keine sinnvolle politische Absicht mehr. *Die Zukunft ist weiblich. Unterstützt eure lokale Mädchengang.*

Das vielleicht auffälligste Beispiel dafür, wie effektiv dieser kulturelle Moment kommerzialisiert wurde, ist The Wing. Der 2016 eröffnete exklusive Klub und Co-Working-Space für Frauen hat sich »die berufliche, bürgerliche, soziale und wirtschaftliche Förderung von Frauen durch Gemeinschaft« zur Aufgabe gemacht. Von dem Moment an, als erste Fotos der Räumlichkeiten auftauchten, einem Penthouse im zwölften Stock in Manhattans Flatiron District, war The Wing schlagartig ein Phänomen. Es gab begeisterte Presseberichte, und

Tausende standen innerhalb kurzer Zeit auf der Warteliste für die Mitgliedschaft. Die Zielgruppe des Klubs war eine bestimmte Klasse von urbanen, in den sozialen Medien bewanderten, politisch liberalen Karrierefrauen, die ihren Feminismus stolz auf der Zunge trugen und – noch wichtiger – sich den monatlichen Mitgliedsbeitrag von 185 bis 250 Dollar leisten konnten. Nicht unähnlich den beiden Gründerinnen von The Wing, Audrey Gelman und Lauren Kassan. Sie passen perfekt in das vorherrschende Modell weiblichen Erfolgs: zwei noch junge, sehr telegene Geschäftsfrauen, die über ihr Unternehmen sprachen wie über eine Mission. Vor allem Gelman war bereits vor der Gründung des Klubs eine Art New Yorker It-Girl, fest verankert im gesellschaftlichen Leben der Stadt und regelmäßig auf den Seiten von *Vogue* und *Vanity Fair* zu sehen. Ihre Rolle als CEO des Unternehmens trug einen guten Teil zur anfänglichen Aufregung bei. Das Gleiche galt für die Liste der Gründungsmitglieder des Klubs, die sich wie ein Who's who der aufstrebenden Karrierefrauen New Yorks las, eine sorgfältig ausgewählte Mischung von Unternehmerinnen und Kreativen. Sie verkörperten die angestrebten Werte von The Wing, und ihre Namen wurden in den PR-Bemühungen des Klubs mit Bedacht erwähnt. Die CEO von Glossier, Emily Weiss, und die damalige Präsidentin von J Crew, Jenna Lyons, die Schriftstellerin Lena Dunham (eine enge Freundin von Gelman) und die ehemalige Redakteurin der *Vanity Fair*, Tina Brown, waren dabei. Ein paar etwas weniger offensichtliche Entscheidungen machten deutlich, dass The Wing aus einem anspruchsvolleren Holz geschnitzt war als die meisten anderen: die in der Bronx geborene Rapperin Remy Ma und die Schauspielerin Natasha Lyonne. Einige Redakteurinnen verschiedener New Yorker Prestigemedien rundeten die Auswahl ab und sorgten für ein gewisses Maß an Blaustrumpfchic (ganz zu schweigen von wohlwollender Presse).

Von Anfang an war klar, dass die Wing-Frauen das Rezept von Sheryl Sandberg übernommen und verbessert hatten. Sie hatten die Kritik an Sandbergs kurzsichtiger Feminismusversion zur Kenntnis genommen und wollten etwas Ähnliches vermeiden. Zunächst einmal gab es nun einen klaren politischen Aspekt bei The Wing, den Sandbergs *Lean-In*-Projekt hatte vermissen lassen. Die Mitglieder von The Wing wurden mit Bussen zum Women's March 2017 nach Washington, D.C., gebracht, um gegen Donald Trumps Amtseinführung zu protestieren, und auf dem Veranstaltungskalender des Klubs standen unentwegt prominente politische Namen, vom Liebling der Jugend, der progressiven Alexandria Ocasio-Cortez, bis zur älteren Staatsfrau Hillary Clinton. Angeblich war sogar Michelle Obama bei einer Veranstaltung in der Außenstelle des Unternehmens in D.C. heimlich rein- und rausgeschlüpft.[9]

Auch die Mitgliederbasis schien recht vielfältig zu sein. Auf Social-Media-Posts waren Frauen mit Bantu-Knots und Box-Braids neben trans Frauen und Sexarbeiterinnen zu sehen – Frauen, von deren Existenz Sheryl Sandberg offenbar nie Kenntnis genommen hatte; Frauen, die sich selbst nicht als *women*, sondern als *womxn* bezeichnen würden.

Und dann waren da noch die äußerst Instagram-tauglichen Innenräume voll verspielter Details, die die weibliche Zielgruppe ansprechen sollten – eine sofort erkennbare Farbpalette, die großzügig von Millennialpink Gebrauch machte (mittlerweile die Farbe des weiblichen Ehrgeizes); weiche Samtsofas und geschmackvolle Möbel aus der Mitte des vorigen Jahrhunderts; ein spezieller »Schönheitsraum« mit Kosmetikspiegeln und illustrierten Tapeten; eine Leihbücherei, in der die Bücher weder alphabetisch noch nach Genre (wie man erwarten könnte), sondern nach Farben geordnet waren. Jeder der elf Standorte von The Wing war sorgfältig so gestaltet, dass regelmäßig Fotos von den zur Verfügung gestellten Kulissen auf Instagram gepostet wurden – etwa ein Schild im Café mit der Aufschrift *I'll have what she's having* (Ich nehme das Gleiche wie sie) oder in Neonschrift an der Wand *No Man's Land.* Es sollte noch Jahre dauern, bis ich selbst einen Fuß in einen der Räume von The Wing setzte, aber als ich es zum ersten Mal tat, hatte ich das fast körperlich verwirrende Gefühl, ins Innere meines Telefons gestiegen zu sein. Mein Gehirn hatte sich so sehr daran gewöhnt, die Räume als flache zweidimensionale Ansammlung von Pixeln zu erleben, dass sich das Ganze in 3-D leicht unwirklich, ja sogar halluzinatorisch anfühlte.

Dafür, dass sie im Kern ein Co-Working-Space war, ist die Marke The Wing, die für die feministische Coolness der Manhattanerinnen steht, beeindruckend stark geworden, sodass das Unternehmen mittlerweile regen Handel mit feministischer Ware betreibt. Schlüsselanhänger mit der Aufschrift *Girls Doing Whatever The Fuck They Want* (Mädchen tun, was immer sie wollen) wurden auf der Website für 17,50 Dollar angeboten; für 32 Dollar konnten aufstrebende Girlbosse ein T-Shirt erwerben, auf dessen Brusttasche *Casual Business Woman* (Lässige Geschäftsfrau) stand. Diese Produkte waren für alle, sowohl Mitglieder und Nichtmitglieder, erhältlich. So konnten auch Frauen, die nicht an einem der The-Wing-Standorte lebten oder die sich die Mitgliedsbeiträge einfach nicht leisten konnten, angezapft werden. Bei den offensichtlichen Gewinnmöglichkeiten ist es kein Wunder, dass das Konzept mehrere Nachahmerinnen fand und von London (The AllBright) bis Seattle (The Riveter) überall trendige Frauenklubs aus dem Boden schossen. Keinem gelang jedoch die spezifische Alchemie von sozialem Gütesiegel und geschicktem Markenaufbau, die The Wing auf Instagram über eine halbe Million Follower und dem Unternehmen 117,5 Millionen Dollar[10] an Risikokapitalfinanzierung bescherte.

Vor diesem Hintergrund enthusiastischer Kommerzialisierung formierte sich eine Welle der Kritik und verwandelte The Wing in ein ideologisches Schlachtfeld, stellvertretend für die andauernden Auseinandersetzungen darüber, wie der Mainstreamfeminismus Fragen von Klasse, Race und Privilegien behandelt und wo die Überschneidungen zum Kapitalismus liegen. Denn obwohl The Wing von sich behauptete, das Unternehmen wolle »bewusst einen inklusiven Raum schaffen, in dem jeder dazugehört – unabhängig von Race, Ethnie, Religion, Alter, sexueller Orientierung, Fähigkeiten, Geschlechtsidentität oder sozioökonomischem Hintergrund«, wäre ein Klub, der bis zu 3000 Dollar pro Jahr an Mitgliedsbeiträgen verlangt, für Frauen aus der Arbeiterklasse oder Frauen mit niedrigem Einkommen (statistisch gesehen zudem häufig rassifizierte Frauen) nie wirklich zugänglich. Die unbestreitbaren Vorteile von The Wing – die Gemeinschaft, die Möglichkeit, wertvolle Kontakte zu knüpfen, die zahlreichen Annehmlichkeiten – waren auf die wohlhabenden Frauen der Mittel- und Oberschicht beschränkt, die es sich leisten konnten und über das nötige soziale und finanzielle Kapital verfügten, um als Mitglied akzeptiert zu werden. Infolgedessen wurde es zu einem Symbol für die schlimmsten Sünden des neoliberalen Feminismus. Während Sheryl Sandberg bestimmte Frauen etwas verblümter ausschloss, legte The Wing klarer fest, wen es einschloss. Entweder du bist Mitglied, mit allen damit verbundenen Vorteilen, oder du bist kein Mitglied, dann musst du dich mit einem Markenschlüsselanhänger begnügen. Das war weibliches Empowerment gegen Bezahlung: Bereits privilegierte Frauen konnten sich die Ressourcen und Verbindungen kaufen, die ihnen weitere Privilegien ermöglichten. In diesem Sinn eiferte The Wing der patriarchalischen Dynamik wahrscheinlich eher nach, als sie – wie anfangs behauptet – zu sprengen. Nicht zu vergessen, immerhin war WeWork eine Weile der größte Investor bei The Wing, zeitweise mit einem Unternehmensanteil von 23 Prozent.[11] WeWork war der Gipfel der studentenverbindungshaften »Bier und Tischtennis«-Co-Working-Kultur, gegen die sich die Frauen von The Wing bei der Gründung positioniert hatten.

Dazu kam die Verwendung feministischer Rhetorik und Bildsprache als Marketinginstrument. Sie reichte von Erwartbarem – alte Schwarz-Weiß-Fotografien feministischer Ikonen im Instagram-Feed – bis zu Ausgefallenem. Einige Tage nach der Aussage von Christine Blasey Ford 2018 gegen den zukünftigen Richter am Obersten Gerichtshof Brett Kavanaugh, in der sie die unangenehme Erinnerung daran schilderte, wie sie als Teenager Opfer von sexualisierter Gewalt durch Kavanaugh und Freunden geworden war, öffnete ich meinen Instagram-Feed und stellte fest, dass The Wing im neu eröffneten Standort in San Francisco einen Konferenzraum ihr zu Ehren benannt hatte[12]. Beim Anblick der goldfarbenen Schrift an den Glastüren des Raums, die Fords Namen vor einem Hintergrund aus fröhlich gemusterter rosa und roter Tapete zeigen, durchschauerte es mich. Es kam mir geschmacklos und opportunistisch vor. Als nutzte The Wing das Trauma einer Privatperson öffentlich aus, um die Aufmerksamkeit auf die Marke zu lenken, insbesondere auf die 8000-Quadratmeter-Immobilie in San Francisco, die das Unternehmen gerade gemietet hatte. Die Größe dieses Moments in ein kitschiges Abziehbild zu übersetzen, entsprach einer seltsamen Verflachung von Fords Schmerz, einer hemmungslosen Ästhetisierung des feministischen Diskurses und dem Versuch, etwas so Großes,

Hartes und Abscheuliches wie Fords Erfahrung in die engen Grenzen des pastellrosa Ökosystems von The Wing zu pressen. Es passte da einfach nicht rein.

Das Problem für die Gründerinnen von The Wing war, dass sie ihr Haus auf einer ideologischen Konfliktlinie gebaut hatten. Wie Linda Kinstler im *Guardian* schrieb, war das Unternehmen »auf einem Paradoxon gegründet: Die Marke ist durchdrungen von der feministischen Sprache der Emanzipation, des Empowerments und der Gleichberechtigung, während das Geschäft auf einer der elitärsten Institutionen der Gesellschaft basiert: dem Privatklub für Mitglieder.«[13] Es ist verlockend, die intensive Kritik, der The Wing ausgesetzt war, mit reinem Sexismus zu erklären (wie es die Gründerinnen, Mitglieder und Unterstützerinnen des Unternehmens gelegentlich taten), und es stimmt sicherlich, dass The Wing häufiger und mit einer Heftigkeit kritisiert wurde, die andere ähnlich exklusive Klubs weniger trifft. Ob auf der feministischen Website *Jezebel* mit ihrem typischen Antiestablishmentauftreten oder in den gemäßigteren Seiten des Kulturteils der *New York Times*, es gab und gibt einen unbestreitbaren Ton der Schadenfreude in den vielen, vielen Abwertungen von The Wing, die im Lauf der Jahre veröffentlicht wurden. Die Gründerinnen von The Wing, insbesondere Gelman, sorgten für Schlagzeilen über Verfehlungen, die vermutlich unter Führungskräften gang und gäbe sind, über die aber kaum berichtet wird, wenn die Verursacher männlich sind. Manchmal wurden sie auch für Verfehlungen kritisiert, die eigentlich gar keine waren – einmal ging es um Gelmans Weigerung, in einer Räumlichkeit des Klubs Geschirr zu spülen,[14] was mir für eine Geschäftsführerin eines Unternehmens keine unangebrachte Einstellung zu sein scheint.

Andererseits hat keiner der Konkurrenten von The Wing

– die Soho House Group zum Beispiel oder der zu einem Konkurrenten gewordene Investor WeWork – für sich in Anspruch genommen, irgendeine Art soziales Gut zu erschaffen. Und keiner von ihnen hat wie The Wing von der kulturellen Gerechtigkeit profitiert, indem sie sich lautstark einer politischen Ideologie verschrieben, die auf Gleichstellung beruht. Ein feministisches Projekt, das aufgrund von Einkommen, Klasse oder sozialem Kapital diskriminierend wirkt, kann sich selbst nicht als feministisch bezeichnen. Diese Heuchelei wurde wahrgenommen und ließ The Wing ins Visier geraten. Das Problem war nicht, was The Wing tatsächlich war, sondern was das Unternehmen vorgab zu sein und dass es etwas zu sein vorgab, was es nachweislich nicht war. Wir mögen es nicht, wenn Einzelpersonen oder Unternehmen etwas zu sein behaupten, was sie nicht sind, und mit dieser Täuschung Geld verdienen – das ist die Definition von Betrug. In Jia Tolentinos Aufsatzsammlung *Trick Mirror* werden der Girlboss-Feminismus und Unternehmen wie The Wing als definitive Betrugsfälle der Millennialgeneration angeführt, was erklärt, warum das Unternehmens so heftig umstritten war. Der kommerzialisierte Feminismus ist beleidigend, denn er bevormundet das Publikum. Er hält uns für zu blöd, um zu erkennen, dass unsere Überzeugungen dazu benutzt werden, uns Waren zu verkaufen; Feminismus als Produkt und Produktkonsum als irgendwie revolutionäre Handlung wiegen uns in einem falschen Gefühl von Errungenschaft und lenken die Aufmerksamkeit von solchen Handlungen fort, die tatsächlich einen sozialen Wandel bewirken könnten. Er ist zynisch, unaufrichtig und letztlich eigennützig.

Und jetzt kommt's: Ich war selbst Mitglied von The Wing.

Einige Monate vor der Eröffnung der Londoner Niederlassung im Jahr 2019 wurde mir eine kostenlose Mitgliedschaft angeboten, und ich wurde eingeladen, Gründungsmitglied zu werden – ein Vorteil meiner Karriere als Schriftstellerin, die mir ein gewisses öffentliches Profil verliehen hat. (Natürlich ging es weder um kostenlose Mittagessen noch um eine kostenlose Co-Working-Space-Nutzung. Mir waren die unausgesprochenen Bedingungen des Deals immer klar: The Wing holt mich ins Boot und verstärkt damit seinen Markenwert. Ich leihe der Marke etwas von dem wenigen sozialen Kapital, das ich in den letzten Jahren erworben habe, und darf im Gegenzug dafür die Räume kostenlos nutzen.) Ich habe eine Weile über das Angebot nachgedacht und einige Freundinnen per WhatsApp gefragt, ob eine Zusage mich zu einer »schlechten Feministin« machen würde. *Sei nicht so eine verdammte Märtyrerin*, lautete eine Antwort. *Was ist The Wing?*, lautete eine andere. Schließlich sagte ich zu. Als Gegenleistung für die kostenlose Mitgliedschaft, für den Zugang zum Netzwerk karriereorientierter Frauen und zum Veranstaltungsprogramm und für die (nicht kostenlose) Nutzung eines Co-Working-Spaces mitten in London musste ich nur … Na ja, ich musste gar nichts tun. Es gab zwar ein Fotoshooting für eine *Vogue*-Beilage, doch das war keine harte Arbeit. Kaum war der Artikel aber in der *Vogue* veröffentlicht, der mich im Wesentlichen als inoffizielle Markenbotschafterin auswies, wurde ich von Freundinnen und Bekannten, in der Regel nomadische Freelancerinnen wie ich, um Rat gefragt: Sollten sie mitmachen oder nicht? Für alle schien diese Frage viel ernster zu sein als jede andere Überlegung, einem Klub beizutreten. Ich hatte das Gefühl, viele von ihnen wollten sich eine Art Segen einholen und waren besorgt, dass der Beitritt zu The Wing etwas über ihren eigenen Feminismus aussagen könnte – ähnlich wie ich selbst mich mit Freundinnen beraten hatte, bevor ich die angebotene Mitgliedschaft annahm. »Ich meine, im Grunde genommen ist es wirklich nur ein Co-Working-Space«, begann ich zu antworten. »Wenn du einen Ort brauchst, wo du Meetings abhalten kannst und dir die Atmosphäre gefällt, dann mach einfach mit. Denk nicht zu viel darüber nach.«

Und ich meinte es auch so. Die Diskussionen über den feministischen Anspruch von The Wing führten dazu, dass die Mitgliedschaft selbst, wenn nicht als unmoralisch, so doch als irgendwie antifeministisch angesehen wurde, und es bekam ein moralisches Gewicht, das ich nicht für gerechtfertigt hielt. Ich wollte nicht einsehen, dass es etwas Skrupelloses hatte, wenn die Frauen, die es sich leisten konnten und wollten, The Wing beitraten (obwohl natürlich eine breitere, nicht geschlechtsspezifische Diskussion über den elitären Charakter von Mitgliederklubs sinnvoll wäre). Das würde bedeuten, dass du als »gute« Feministin nichts wollen oder den Zugang zu etwas haben darfst, wenn es anderen Frauen nicht zugänglich ist, was mir wie eine unerreichbar hohe Messlatte vorkommt. Der Beitritt zu The Wing war vielleicht kein feministischer, aber aus meiner Sicht kein aktiv antifeministischer Akt.

Ich fand es auch befremdlich anzunehmen, die Mitglieder von The Wing würden zwangsläufig das feministische Marketing des Unternehmens gutheißen, davon auszugehen, dass sie nicht bloß an einem Co-Working-Space für Frauen interessiert waren, mit Annehmlichkeiten, die nur wenige andere Wettbewerber zur Verfügung stellten, etwa eine Kinderbetreuung oder Abpumpräume für Stillende. Ähnlich hohe Erwartungen werden selten an andere Marken-Konsumenten-Beziehungen gestellt. Viele von uns schätzen Marken, deren Marketing wir zwar weder gutheißen noch mögen, deren Produkte uns aber gefallen oder die wir nützlich finden. (Ich persönlich kann den herablassenden Ton der »Echten Schönheit«-Werbung von Dove nicht ausstehen, staple aber mit gutem Gewissen die Seife in meinem Badezimmerschrank; sie riecht einfach ungewöhnlich gut.) Die Tatsache, dass bei The Wing ausschließlich Frauen Mitglied sind, war für mich kein Zufall in Bezug auf die erhöhte Erwartung an völlige ideologische Übereinstimmung.

Schließlich beendete ich meine Wing-Mitgliedschaft nach nur fünf Monaten. Meine Entscheidung beruhte auf vielen kleinen Dingen – dass das Unternehmen einen hohlen und betont sachlichen (transaktionalen) Umgang pflegte (wie sollte es auch anders sein); dass die Atmosphäre dort nichts mit dem erwarteten lebhaften feministischen Kibbuz zu tun hatte; dass mein Vorschlag, mit Hilfe eines Komitees zu steuern, dass die Mitgliedschaft im Unternehmen vielfältiger würde, auf höfliches Desinteresse stieß – und mit einem großen Ding. Im März 2020 veröffentlichte die *New York Times* (die The Wing zuvor in den höchsten Tönen gelobt hatte[15]) einen 5000 Wörter langen Artikel, der einen noch negativeren Ton anschlug. Er beschrieb eine Kultur schlechter Behandlung von Beschäftigten, in der gelegentlichen rassistischen Äußerungen von Mitgliedern auch von der Unternehmensleitung nichts entgegengesetzt wurde.[16] In einem Fall bezeichnete ein Wing-Mitglied die Schwarzen Beschäftigten des Unternehmens als »*farbige* Mädchen«. Eine andere Frau hatte daran Anstoß genommen, dass eine Gruppe Jugendlicher, die zu einer Veranstaltung im The Wing eingeladen worden war, in ihrer Gegenwart Spanisch sprach.

Obwohl mir einige Aspekte in dem Artikel aufgrund meiner eigenen Erfahrungen mit toxischen Arbeitsplätzen etwas dünn erschienen, war mir klar, dass wahrscheinlich nur von der Spitze des Eisbergs berichtet wurde, und es war nicht schwer, die Auslassungen gedanklich zu ergänzen. Einer der Kritikpunkte traf einen Nerv und entsprach genau meinen Erfahrungen als Mitglied des Unternehmens: Frauen of Colour, die für The Wing gearbeitet hatten, warfen dem Unternehmen vor, dass es ihre ethnische Identität als Marketingtaktik benutzt und freimütig Bilder von ihnen in den sozialen Medien gepostet hatte, um den Eindruck von Vielfalt zu erwecken, ohne eine solche Politik auch im Tagesgeschäft tatsächlich umzusetzen. Die Gemeinschaft von The Wing war – trotz der vielen gegenteiligen Behauptungen – nicht besonders vielfältig. Nachdem ich meine Mitgliedschaft bestätigt hatte, loggte ich mich in das Online-Mitgliederverzeichnis ein und blätterte Seite für Seite durch die winzigen Avatare, wobei mir eines sehr schnell klar wurde.

»Wow«, schrieb ich jenen meiner Freundinnen, die ebenfalls eine Mitgliedschaft in Erwägung zogen. »Das ist hier alles wirklich sehr, sehr weiß.«

Diese Diskrepanz zwischen der Darstellung der Mitgliederbasis in den sozialen Medien und der Realität störte mich. Das lautstarke Bekenntnis des Unternehmens zur Intersektionalität schien mehr der Optik zu dienen als sonst etwas. Es war der Versuch, Vorwürfen entgegenzuwirken, dass elitäre Projekte wie The Wing in erster Linie wohlhabenden weißen Frauen zugutekommen. Um solche Vorwürfe abzufangen, wurden die Gesichter Schwarzer, Latina-, Queer- und trans Frauen wie Schutzschilde eingesetzt.

Dann waren da die vernichtenden Aussagen und Bewertungen ehemaliger Angestellter auf *Glassdoor.* Viele berichteten von einer rassistischen Hierarchie unter den Mitarbeiterinnen von The Wing. »Die meisten ›Hilfs- und Arbeitskräfte‹ sind Personen of Colour, während die Mehrheit der Führungskräfte (und Mitglieder) wohlhabende weiße Frauen sind. Es ist wie in einem Country Club«, schrieb jemand. Eine andere

Person schlug vor, das Unternehmen solle sich »der Tatsache bewusst werden, dass Frauen of Colour die Räumlichkeiten warten und dass es sich um ein weißes Unternehmen handelt, auch wenn es in den sozialen Medien anders dargestellt wird«. Jemand anderes meinte: »Es ist ziemlich offensichtlich, dass ein Großteil der Angestellten Frauen of Colour sind, die Mitglieder hingegen weiße Frauen aus der Oberschicht. Das fand ich sehr unangenehm.«

Am Ende war es nicht der stark kommerzialisierte Feminismus von The Wing, der mich zum Austritt bewog. Der hat mich zwar etwas gestört, aber ehrlich gesagt nicht davon abgehalten, dem Klub beizutreten. Ich war nicht so naiv zu glauben, mein Beitritt zu The Wing wäre eine Art feministisches Statement oder meine Mitgliedschaft würde irgendjemandem außer mir selbst zugutekommen – und damit war ich ganz einverstanden. Ich war aber ganz und gar nicht damit einverstanden, dass die Fortsetzung meiner Mitgliedschaft als einigermaßen prominente Schwarze Frau The Wing helfen könnte, seinen Ruf aufzupolieren. Und auch nicht damit, dass die Annehmlichkeiten, die mir meine kostenlose Mitgliedschaft bot, auf der Ausbeutung anderer Frauen, vor allem anderer Frauen of Colour, beruhten.

Dass The Wing in Ungnade fiel, war symptomatisch für einen breiteren kulturellen Wandel. Die Skepsis gegenüber der Girlboss-Kultur war zunächst nur ein Raunen unter feministischen Medienkommentatoren (zu denen zähle ich mich auch selbst), deren eigentliche Aufgabe es ja ist, kritisch zu sein. Allmählich erfasste die Skepsis aber auch Frauen, die zuvor glühende Fans gewesen waren. Wenn die Jahre 2014 bis 2016 die glorreichen Tage der Girlboss-Kultur waren, gerieten die Dinge 2017 ins Wanken. Die erste Schwächung kam durch den brutalen Schock, den die Wahl von Donald Trump im

November 2016 auslöste. Sie zeigte, wie machtlos die Hosenanzüge und Perlen des Hillary-nahen Girlboss-Feminismus gegenüber dem blanken, puren Übel waren. Es war eine deutliche Erinnerung daran, dass es weitaus größere Gefahren gibt als einen Kollegen, der Mansplaining betreibt oder eine enttäuschende Leistungsbeurteilung (was eine Zeit lang als die größten Bedrohungen für eine Frau dargestellt wurde). Selbst für diejenigen unter uns, die nicht in den USA lebten, war die Wahl Trumps ein Weckruf. Es war klar, dass wir einen tieferen, substanzielleren und politischeren Feminismus brauchten, um gegen die wirklichen Krisen zu kämpfen, die wahrscheinlich folgen würden. Sich auf den Girlboss-Feminismus mit seinen »Nasty Woman«-T-Shirts und »Power-Posen« zu verlassen, fühlte sich plötzlich an, als würde man mit einem rosafarbenen Plastikschwert in die Schlacht bei Waterloo stürmen.

Dieses kollektive Erwachen schlug sich als ein neuer Ton in den Mainstreammedien für Frauen und Mädchen nieder. Sie verstanden zumindest, dass sie sich der veränderten Stimmung anpassen mussten, wenn sie relevant bleiben wollten. *Teen Vogue*, ein Magazin, das sich bis dahin mit den Abenteuern von New Yorker Teenagern und dem Umdekorieren ihrer Schlafzimmer beschäftigt hatte, wandte sich erfolgreich der Politik und dem Aktivismus zu. Die Besucherzahlen auf der Website schnellten entsprechend in die Höhe, und als im Dezember 2016 ein Anti-Trump-Beitrag der Journalistin Lauren Duca mit dem Titel »Donald Trump Is Gaslighting America« veröffentlicht wurde, verkaufte das Magazin in dem Monat[17] mehr Printabonnements als im gesamten Jahr 2016. Trumps Aufstieg führte auch dazu, dass sich viele Linke für eine radikalere Politik entschieden, auch unter den jungen liberalen Frauen, die sonst die Hauptadressatinnen der Girlboss-Rhetorik waren. Die Popularität politischer Figuren wie

Jeremy Corbyn in Großbritannien und Bernie Sanders und Alexandria Ocasio-Cortez in den USA brachte vielen den demokratischen Sozialismus näher. Junge Frauen begannen sich für einen Feminismus zu interessieren, der sich mehr für die Rechte der Massen einsetzt, als die Erfolge einiger weniger Privilegierter zu feiern – einen Feminismus, der die Arbeitnehmerinnen und nicht die Chefinnen im Blick hat –, vielleicht durch das Erkennen der Tatsache, dass die meisten von uns angestellt sind.

Hinzu kam, dass die Unzulänglichkeiten vieler Unternehmen und Einzelpersonen an der Spitze der Girlboss-Bewegung langsam ans Licht kamen und die Unstimmigkeiten zwischen Marketing und Tagesgeschäft aufdeckten. Noch bevor Sophia Amorusos Unternehmen Nasty Gal 2016 Konkurs anmeldete, ging eine Reihe von Berichten über schlechte Behandlung von Angestellten durch die Presse. Es wurde behauptet, das Unternehmen habe systematisch und unrechtmäßig schwangere Angestellte entlassen[18], durch mehrere Entlassungsrunden sei eine Kultur der Angst entstanden, und Amoruso selbst habe ein toxisches Arbeitsumfeld voller Mobbing geschaffen.[19]

Thinx, das Unterwäsche für die Menstruation herstellt und dessen provokante Werbung mit Früchten als Genitalien dem Unternehmen eine große Fangemeinde und viel positive Presse bescherte, hatte mit ähnlichen Problemen zu kämpfen. Im Jahr 2017 sah sich die selbst ernannte »feministische *SHE-E-O*« Miki Agrawal mit mehreren Vorwürfen von Mobbing und sexualisierter Gewalt konfrontiert, wobei weibliche Angestellte auch behaupteten, sie würden systematisch unterbezahlt und erhielten keinen ausreichenden Gesundheitsschutz.[20] Kurz darauf trat Agrawal als CEO des Unternehmens zurück. 2019 wurde Steph Korey, Gründerin und CEO der Gepäckmarke AWAY, die zusammen mit ihrer Mitbegründerin Jen

Rubio stark von dem Girlboss-Narrativ und positiver Presse profitiert hatte, vorgeworfen, mehrere Mitarbeiter gemobbt und überbelastet zu haben.[21] Slack-Nachrichten, die Journalisten zugespielt wurden, enthüllten einen rücksichtslosen und manchmal geradezu grausamen Führungsstil, der in krassem Widerspruch zu dem integrativen, gemeinschaftsorientierten Markenimage des Unternehmens stand. Als mehr und mehr dieser albtraumhaften Gründerinnengeschichten auftauchten, wackelte das Fundament der Girlboss-Theorie, nämlich die Vorstellung, dass Frauen von Natur aus gute und moralisch agierende Führungskräfte seien. Eine weibliche Führungskraft zu sein schließt nicht aus, Angestellte schlecht zu behandeln. Der »Feminismus«, der dem Girlboss-Erfolgsmodell zugrunde lag, bekam immer mehr Risse.

Im Sommer 2020 brach The Wing schließlich zusammen. Am 11. Juni kündigte die Mitbegründerin und CEO Audrey Gelman ihren Rücktritt an und betonte die Notwendigkeit, »The Wing in eine längst überfällige Ära des Wandels zu führen«.[22] Stunden später verkündeten viele ihrer ehemaligen Mitarbeiterinnen in koordinierten Social-Media-Statements einen »digitalen Ausstand« und beriefen sich dabei auf schlechtes Management, rassistische Vorfälle, die Ausbeutung Schwarzer und Brown Mitarbeiterinnen und die toxische Arbeitskultur, von der die *New York Times* einige Monate zuvor berichtet hatte. Gelmans Rücktritt erfolgte im Rahmen einer weltweiten Auseinandersetzung mit institutionellem Rassismus und Diskriminierung am Arbeitsplatz, ausgelöst durch den Mord an George Floyd im Mai 2020. Als neue Black-Lives-Matter-Proteste aufkamen, wurden mehrere Marken, die für ihre fortschrittliche, feministische Haltung bekannt waren, öffentlich dafür gerügt, dass sie sich privat nicht an diese Werte hielten und weiterhin Schwarze und andere Angehörige von Minderheiten schlecht behandelten. Am selben Tag, an dem Gelman öffentlich von The Wing zurücktrat, trat auch Leandra Medine Cohen, die Gründerin der Mode-Website Man Repeller, als CEO ihres Unternehmens zurück. Auch sie war wegen der mangelnden Vielfalt auf der Website kritisiert worden – und dafür, mitten in einer Pandemie, von der Schwarze US-Amerikaner stärker betroffen waren als jede andere Bevölkerungsgruppe, mehrere Schwarze Mitarbeiter entlassen zu haben. Am nächsten Tag ein weiteres Mea culpa: Yael Aflalo, Gründerin und Geschäftsführerin der Kultbekleidungsmarke Reformation, trat als Geschäftsführerin ihres Unternehmens zurück, nachdem frühere Angestellte ihr eine rassistische Unternehmenskultur und regelmäßige Diskriminierung Schwarzer Mitarbeiter vorgeworfen hatten. Das Gleiche gilt für Christene Barberich, Mitbegründerin und Chefredakteurin von *Refinery29,* die zurücktrat, nachdem bekannt wurde, dass mehrere ehemalige Mitarbeiter während ihrer Tätigkeit für das Unternehmen eine ganze Reihe rassistischer Übergriffe ertragen mussten, auch durch Barberich selbst.

Das schöne Gewebe zerfiel. Einem gesellschaftlichen Aufschwung, der die Verteilung von Macht und Privilegien nach Kriterien von Race und Klasse infrage stellte, konnte es nicht standhalten, und die Fäden, die schon immer lose gewesen waren, lösten sich schließlich vollständig. Als immer mehr solcher Zusammenbrüche in der Presse und den sozialen Medien aufgegriffen wurden, wurde mir klar, dass der Hunger danach, Gründerinnen vom Sockel zu stoßen, viel größer war als bei männlichen Beispielen. Die Nachricht vom Abgang dieser Frauen wurde in den sozialen Medien von einer spöttischen Freude begleitet, einem gewissen »Ich hab's ja gesagt«-Tonfall. Er unterschied sich von den Reaktionen auf den Abgang zweier ähnlich hochkarätiger männlicher CEOs in den letzten Jahren: Travis Kalanick von Uber im Jahr 2017 und Adam Neumann von WeWork im Jahr 2019. So zu tun, als seien die einzigen Gründe für die heftigen Reaktionen auf diese Geschichten der Wunsch, die Gründerinnen zur Rechenschaft zu ziehen, oder die Bestürzung über ihre moralischen Fehltritte, wäre absichtlich kurzsichtig. Trotz ihrer tatsächlichen Fehltritte galten zweifellos höhere Maßstäbe für diese Frauen als für ihre männlichen Kollegen. Diese müssen sehr viel seltener die Verantwortung übernehmen, und schon gar nicht für den Grad an Dysfunktion in den Unternehmen, denen die meisten dieser Frauen vorgestanden haben. Es bedurfte erst eines katastrophal verpfuschten Börsengangs, um Adam Neumann zum Rücktritt von WeWork zu zwingen. Zuvor hatte er zahlreiche Berichte über eine von sexualisiertem Fehlverhalten geprägte Burschenschaftskultur überlebt. Auch Travis Kalanick überstand als CEO von Uber eine Reihe von Kontroversen[23], darunter öffentlichkeitswirksame Klagen wegen sexualisierter Gewalt, häufige Beschwerden von Aufsichtsbehörden und Verbrauchern und die Tatsache, dass er vor laufender Kamera einen Uber-Fahrer beschimpfte, der gewagt hatte, Bedenken über die sinkenden Fahrpreise des Unternehmens zu äußern. Es gibt ein deutliches Ungleichgewicht bei der Behandlung und den Konsequenzen für Gründerinnen, die Fehler machen – was nicht heißen soll, dass sie entschuldigt werden sollten, nur weil sie Frauen sind, sondern vielmehr, dass männliche Gründer die gleichen Standards einhalten sollten.

Es lohnt sich auch darüber nachzudenken, warum das Narrativ der »gefallenen Chefin« eine solche Ausdauer hat. Während ich problemlos eine Liste »toxischer Gründerinnen« aufzählen kann, fallen mir neben den bereits erwähnten Neumann und Kalanick kaum Gründer ein – was natürlich merkwürdig ist angesichts der Tatsache, dass es weltweit weitaus mehr Unternehmensgründungen von Männern als von Frauen gibt. Vielleicht gibt es solche Geschichten weniger, weil Männer einfach freundlicher, empathischer und moralisch aufrechter sind? Das bezweifle ich.

Im August 1990 veröffentlichte die feministische Aktivistin und Schriftstellerin Gloria Steinem im Magazin *Ms.* einen Artikel mit dem Titel »Sex, Lies & Advertising« (»Sex, Lügen und Werbung«), in dem sie über die Kämpfe berichtete, die sie als Gründungsredakteurin der Zeitschrift im Jahr 1972 zu bestehen hatte.[24] Eines der Gründungsprinzipien von *Ms.* war, sich auf die Art von substanziellem, intelligentem Journalismus zu verpflichten, der in an Frauen gerichteten Medien weitgehend fehlte. Es gab damals hauptsächlich Publikationen, die wenig mehr als redaktionelle Anzeigen beinhalteten. So bewundernswert der Ansatz von *Ms.* auch war, keine flauschigen Lifestyle-Artikel zu bringen, wie man sie in den 1970er Jahren von Frauenmedien erwartete, bedeutete er für die Herausgeberinnen von *Ms.*, ständig um genügend Werbeeinnahmen zu kämpfen, damit das Magazin überhaupt erhalten blieb. Steinem schreibt, dass die Zeitschrift regelmäßig auf die Negativliste gesetzt wurde, weil die Anzeigenkundschaft *Ms.*' Wertekanon für gefährlich progressiv hielt. Sie dokumentiert auch die zahlreichen Gelegenheiten, bei denen sie und ihr Team sich tapfer gegen Konzerne wehrten, die ihre Werbeausgaben in redaktionelle Kontrolle umzuwandeln gewöhnt waren. Steinem schließt den Artikel mit einer selbstkritischen Reflexion: »Ich begreife erst jetzt, wie die Kanten geglättet wurden – trotz all unseres Widerstands.« Sie erinnert sich daran, wie sie in einem Artikel von Andrea Dworkin über Nazisymbole in deutschen Pornos das Wort *Porsche* zu *Auto* änderte. Sie war sicher, dass »Andrea dafür Verständnis hatte, weil Volkswagen, dem Porsche gehörte und der einer unserer wenigen Anzeigenkunden war, auf keinen Fall mit der Nazithematik in Verbindung gebracht werden wollte«.

Ein halbes Jahrhundert nach den Anfängen von *Ms.* ist es immer noch schwierig, den Feminismus – an dessen logischem Endpunkt Antikapitalismus stehen muss – mit prosaischeren wirtschaftlichen Belangen in Einklang zu bringen. Vielleicht ist es dank der zunehmend unerbittlichen Bedingungen des modernen globalisierten Kapitalismus sogar noch komplizierter geworden. Für mich, und ich vermute, dass es vielen Frauen so geht, ist diese Herausforderung umso größer, als ich in dem vorherrschenden Wirtschaftssystem erfolgreich sein will (auch wenn ich seine vielen Fehler erkenne) und dafür ein gewisses Kapital brauche. Obwohl der Girlboss-Feminismus zu Recht dafür kritisiert wird, dass er den Erwerb von Reichtum als feministische Praxis darzustellen versucht, kann ich als Schwarze, weibliche Migrantin der ersten Generation, die am eigenen Leib erfahren hat, wie die äußeren Zeichen des Reichtums (vor allem eine gute Ausbildung) eine ansonsten marginalisierte soziale Position stärken können, diese Kritik nicht ganz leicht schlucken.

In *Warum ich keine Feministin bin* kritisiert Jessa Crispin die Vorstellung, dass die Fähigkeit, sich vom Gegenwind des Patriarchats persönlich freizukaufen, einen wirklichen Fortschritt für die Frauen als Klasse darstellt. Sie schreibt, es gebe ein Mittel, den schlimmsten Auswirkungen patriarchaler Kontrolle zu entgehen: Geld. Mit ausreichend Geld könne man sich aus Unterdrückung befreien.

Natürlich wollte Crispin mit dieser Analyse die Mängel und moralischen Schwächen des unternehmerischen Feminismus aufzeigen. Aber wenn man die Sache nur ein bisschen dreht und aus einem leicht veränderten Winkel betrachtet, dann klingt es – ich kann mir nicht helfen – wie eine Erlösung.

Kapitel 9

Zeit des »Rumspringa«

Nachdem ich *Vice* verlassen hatte, war ich zum ersten Mal in meinem Leben überzeugt, wirklich versagt zu haben. Da saß ich nun, zurück in meinem Jugendzimmer, ohne Job, ohne Einkommen und ohne eine Idee, wie es weitergehen sollte. Meine ersten Schritte in die Arbeitswelt waren eine bittere Enttäuschung gewesen, und ich fürchtete, meine Karriere würde sich nie von der klaffenden Lücke in meinem Lebenslauf erholen. Diese Angst wurde durch die Worte des Kollegen noch geschürt, der mir in meinen letzten Wochen in der Firma gesagt hatte, »du machst einen Fehler«, wenn ich ginge. Noch Monate danach ging mir der Satz durch den Kopf und verdrängte alle anderen Gedanken.

Du hast einen Fehler gemacht.

Und wegen ihm hatte ich *tatsächlich* das Gefühl, einen riesigen Fehler gemacht zu haben – nicht nur mit *Vice,* sondern schon vorher, mit jedem Schritt, der mich zu *Vice* gebracht hatte. Ich war wütend auf mich selbst, weil ich keine anderen Entscheidungen getroffen hatte, weil ich nach meinem Hochschulabschluss den Journalismus nicht ernsthafter verfolgt und mich dem Karussell unbezahlter Praktika nicht unterworfen hatte. Inzwischen hätte es längst Früchte getragen, dachte ich. Ich hatte Angst, jahrelang arbeitslos zu sein, und geriet in

Panik bei der Vorstellung, »zurückzufallen«, wo ich – Überfliegerin, die ich war – doch nichts anderes kannte, als ganz vorne zu sein, zur richtigen Zeit die richtigen Kästchen anzukreuzen und zu wissen, was die Zukunft bringt. Es quälte mich, dass ich bei *Vice* nicht durchgehalten hatte, nicht dickhäutiger und pragmatischer gewesen war, um dort zu überleben.

Du hast die letzten fünf Jahre deines Lebens verschwendet, und jetzt musst du von vorne anfangen. Super gemacht.

Ich verbrachte ganze Tage im Bett und ganze Wochen im Haus, weinend, ungeduscht und (wie mir später klar wurde) in einer tiefen Depression.

Und natürlich machte ich mir, wie immer, Sorgen ums Geld.

Ich wollte unbedingt wieder Geld verdienen und fand, kurz nachdem ich *Vice* verlassen hatte, einen Job als Nachhilfelehrerin bei einer Firma, die sich darauf spezialisiert hatte, redegewandte Oxbridge-Absolventen an reiche Familien zu vermitteln, die sich die exorbitanten Preise leisten konnten. Der Lohn war gut und die Arbeit einfach – 60 Pfund in der Stunde dafür, dass ich bei Schreibaufgaben die Rechtschreibung prüfte, Quizfragen korrigierte und gelegentlich Brettspiele mit einem der etwas ängstlichen zehnjährigen Kinder spielte. Ich hasste es. Ich gehörte zu einer Gruppe teurer Nannys und Nachhilfelehrern, die beiden Kindern zugeteilt waren, und war konfrontiert mit dem offensichtlichen Reichtum der Familie. Die Vorstellung, einer Person, die schon so viele Vorteile hatte, den Weg noch weiter zu ebnen, fand ich abstoßend. Auch das Verhältnis der Eltern zu mir war unangenehm. Sie vermittelten mir manchmal das Gefühl, eine Ware zu sein, die sie aus dem Regal genommen und gekauft hatten und jederzeit wegwerfen konnten. Nach nur wenigen Malen sagte ich ab mit der fadenscheinigen Begründung, ich sei krank und könne auch zukünftig nicht mehr kommen, und kroch zurück ins Bett, um meine Wunden zu lecken. Anstatt freundlich zu mir selbst zu sein und mich nach der traumatischen Erfahrung bei *Vice* in Ruhe neu zu sortieren, hatte ich mich zu früh wieder zur Arbeit gezwungen, nur um festzustellen, dass ich zu erschöpft und ausgelaugt war, um zurechtzukommen. Wenn ich jetzt zurückblicke, war es eine unnötige, selbstkasteiende Entscheidung, zumal ich das Glück hatte, mietfrei zu wohnen und einiges auf der hohen Kante zu haben – aber es war, als existierte dieses Geld nicht. Ich hatte es nur anhäufen können, weil ich eine strikte mentale Sperre errichtet und mich stur geweigert hatte, mein Erspartes für irgendeinen Genuss anzurühren. Und dieser starre Ansatz galt auch in dieser neuen, einkommenslosen Phase meines Lebens.

In einem früheren Kapitel sprach ich über die »Wachsamkeit«, eine der vier möglichen Grundeinstellungen gegenüber Geld, wobei Wachsamkeit mir die nächste ist. Es kommt aber noch etwas hinzu. Diejenigen von uns, die auf ihr Geld achten, sparsam und genügsam leben, werden durch übermäßige finanzielle Vorsicht oft daran gehindert, die Vorteile und das Gefühl der Sicherheit zu genießen, die Geld bieten kann. So manifestiert sich dysfunktionales Verhalten.[1] Eine vernünftige Wachsamkeit kann in zwanghaftes Horten umschlagen: das auf Angst basierende Bedürfnis, Geld (oder Gegenstände) anzuhäufen – mit den möglicherweise negativen psychischen Folgen. Wenn es dich, so wie mich, mental beruhigt, Geld zu sparen, dann kann es eine Quelle echter Angst sein, es ausgeben zu müssen. Erst im Nachhinein und mit viel Selbstreflexion ist mir klar geworden, dass ich meine frühen Zwanziger damit verbracht habe, einen Spartopf anzulegen, aber nie vorhatte, das Geld tatsächlich *auszugeben.* Ich habe nicht gespart, sondern gehortet. Die Aussicht, diesen Puffer nicht mehr zu haben, machte mir Angst. Ich lag nachts wach und sorgte mich um meine nun schwindenden Ersparnisse, geplagt von einer ständigen, bis ins Knochenmark reichenden Vorahnung. Alles, was ich ausgab, jede Banktransaktion und jede Telefonrechnung, jedes Ticket für Bus oder Bahn und jeder Restaurantbesuch kam mir vor wie das langsame Auseinanderfallen des Sicherheitsnetzes, das ich so dringend brauchte. Auch wenn der rationalere Teil meines Gehirns erkannte, dass man eigentlich genau für dieses Szenario, für schlechte Zeiten, sparen sollte.

Jahre später wurde mir klar, dass ich das entwickelt hatte, was die Online-Journalistin Mona Chalabi im *Guardian* als »Gelddysmorphie« bezeichnete. In dem Artikel beschreibt sie ihre Angst davor, eines Tages in eine finanzielle Krise zu geraten, was dazu geführt hatte, dass sie sich selbst Dinge versagte, die sie sich bequem hätte leisten können. »Ich lebe permanent in einem Worst-Case-Szenario, um mich vor den Gefahren finanzieller Naivität zu schützen«, schrieb Chalabi. Sie knauserte bei der Gesundheitsversorgung (Chalabi lebt in den USA, wo krank zu sein kräftig kosten kann), suchte sich einen billigen, nicht qualifizierten Therapeuten und ging zu einem Hautarzt, der ihr einen Ausschlag bescherte. »Ich fürchte, wenn ich mich damit abfinde, dass ich jetzt Geld habe, wird es ein noch größerer Schock, wenn doch die Armut kommt. Ich fühle mich, als hätte ich kein Geld.«[2]

Als ich das zum ersten Mal las, kam es mir vor, als hätte jemand in mein Gehirn gesehen und das Geheimnis meines Verhältnisses zu Geld entschlüsselt. In meinen Zwanzigern hatte ich mir Dinge versagt, die ich mir wünschte, die ich mir hätte leisten können, für die sich eine Ausgabe sogar gelohnt hätte, weil ich Angst hatte, diese Dinge würden mich eines Tages heimsuchen. Ich würde ein teures Paar Schuhe, gekauft in Zeiten des Überflusses, ansehen oder die Kosten vergangener Urlaube zusammenzählen und mich wie eine Idiotin fühlen.

Ich vermute, Mona Chalabi ist wie ich eine Geldwachsame und zieht das Anhäufen von Geld dem Vergnügen es auszugeben vor. Und in ihrem wie in meinem Fall rührt diese Dysmorphie von frühen Erfahrungen mit Knappheit her: Auch sie wuchs in einem Haus mit »abblätternden Tapeten und uralten kastanienbraunen Teppichen« auf und lebte später in einer winzigen, »von Kakerlaken befallenen Einzimmerwohnung«.

Natürlich ist das *Gefühl*, kein Geld zu haben, weit weniger schlimm, als *tatsächlich* nicht genug Geld zu haben. Aber finanzielle Ängste spiegeln nicht unbedingt deine wirtschaftliche Realität, sondern sind das Produkt von Erfahrungen, die du angesammelt hast. Es kann sich anfühlen, als hättest du nicht genug Geld – und du verhältst dich dementsprechend –, selbst wenn du genug hast. Gefühlte Geldknappheit kann unsere Fähigkeit, rational zu denken und zu handeln, wesentlich einschränken. In der Studie einer Verhaltensökonomin aus Harvard kam heraus, dass allein das Denken an Knappheit die kognitiven Fähigkeiten eines Menschen erheblich beeinträchtigt.[3] Selbst im Rahmen eines künstlich herbeigeführten Szenarios, wo die Befragten wussten, dass sie an einem Forschungsprojekt ohne Einfluss auf ihre realen Finanzen teilnahmen, führte die bloße Vorstellung von Knappheit dazu, dass ihre IQ-Werte um durchschnittlich vierzehn Punkte sanken. Das war mehr, als wenn sie vierundzwanzig Stunden am Stück hätten wachbleiben müssen. Diese Ergebnisse gelten unabhängig vom sozioökonomischen Status. Was für die eine Person Knappheit ist, kann für die andere durchaus Überfluss bedeuten. Trotzdem ist dieses Phänomen – wenig überraschend – stärker bei denen ausgeprägt, die in finanziell prekären Haushalten aufgewachsen sind. Selbst nachdem die Zeiten der Knappheit vorbei sind, lässt sich diese Denkweise nur schwer abschütteln.

Die Definition von Wahnsinn ist, das Gleiche wieder und wieder zu tun und andere Ergebnisse zu erwarten, so oder ähnlich hat Einstein es gesagt.

Etwa einen Monat nachdem ich zum letzten Mal bei *Vice* war, landete das Schreiben eines Rentenversicherungsunternehmens bei meinen Eltern. Fröhlich wurde mir mitgeteilt, dass ich noch vierzig Jahre bis zur Rente vor mir hatte. Beim Lesen formte sich langsam ein Gedanke in meinem Kopf, vielleicht mehr eine Vorahnung. Es war undenkbar, die kommenden vierzig Jahre dasselbe zu tun wie die vergangenen fünf Jahre: versuchen, mich in ein System zu fügen, in dem eine Person wie ich nicht gedeihen konnte. Ich würde darin weder Glück noch Erfüllung finden. Ich konnte auch nicht in das Desaster eines Agenturlebens zurückkehren, ohne das bisschen Verstand zu opfern, das mir noch geblieben war – zurück zu endlosen Schleifen von Kundenfeedback über Dinge, die letztlich niemanden wirklich interessierten; zu CEOs, aus deren Mund es klang, als sei die Agentur die nächste Anwärterin auf den Friedensnobelpreis oder einen Oscar, als versuchte nicht einfach ein Haufen unterbezahlter und schlecht behandelter Angestellter, den Leuten Dinge zu verkaufen, die sie nicht brauchten; zurück zu Creative Directors, die insgeheim davon träumten, alles hinzuschmeißen und ein Drehbuch zu schreiben, sich aber von den ihr Selbstbild bestätigenden sechsstelligen Gehältern und Soho-House-Mitgliedschaften nicht trennen konnten, weshalb sie verbittert Drehbücher für Babynahrungswerbung schrieben und Wutanfälle bekamen, wenn die Kundschaft darauf bestand, »den besten Witz« zu streichen. Ich musste eine Arbeit finden, die mich nicht völlig zerstörte, die mich eher wachsen als schrumpfen ließ, die mich erfüllte und nicht auslaugte. Und da lag das Problem – ich hatte keine Ahnung, was für eine Arbeit das sein könnte.

In der amischen Gemeinschaft ist es Teenagern an der Schwelle zum Erwachsenenalter oft erlaubt, eine Zeit des *Rumspringa* (kann als Herumspringen übersetzt werden) zu erleben. Es ist eine Phase des Experimentierens, in der die jungen Leute Aspekte des modernen Lebens ausprobieren, die ihnen der amische Glaube traditionell verbietet, also Alkohol zu trinken, nichttraditionelle Kleidung zu tragen, Auto zu fahren und Handys zu benutzen. Hinter der Tradition des Rumspringa steht das Ziel, oder besser die Hoffnung, dass sich die Teenager, nachdem sie die Außenwelt kennengelernt haben, aktiv und mit Freude für die amische Lebensweise entscheiden, statt sich ein Leben lang zu fragen, was sie möglicherweise verpassen, und später vielleicht abtrünnig zu werden.

Ich beschloss, mir auch ein Rumspringa zu erlauben, eine Zeit des unverbindlichen Experimentierens und »Herumlaufens«. Anstatt mich sofort auf die Suche nach einem neuen Job zu machen, wollte ich ein berufliches Zwischenjahr einlegen und meine Möglichkeiten erkunden. Ich hatte eine relative finanzielle Freiheit, weil ich zu Hause bei meinen Eltern wohnte. Wenn ich am Ende dieses Jahres noch nicht wusste, wie meine nächsten Schritte aussehen sollten, würde ich in die Werbung zurückkehren. Oder versuchen, einen Marketingjob bei einer Wohltätigkeitsorganisation zu finden oder bei einer Marke mit sozialer Mission, hinter der ich stehen könnte. Irgendeine progressive Stelle, wo mein experimentelles Jahr vielleicht sogar von Vorteil war. In der Zwischenzeit wollte ich irgendeine freiberufliche Arbeit annehmen, um meinen Lebensunterhalt zu verdienen. Und ich wollte dem selbst auferlegten Druck, unablässig die Karriereleiter hinaufzuklettern, nicht nachgeben. Das Jahr 2016, so entschied ich, konnte ich in Hinsicht auf die Karriere knicken. Ein schwarzes Loch in meinem Lebenslauf, das ich kreativ umschiffen würde, wenn es an der Zeit war, in ein reguläres Arbeitsverhältnis zurückzukehren. Alles Positive, was das vor mir liegende Jahr brächte, sollte ein Bonus sein, aber nicht das Ziel.

Ich beschloss auch, eine Idee weiterzuverfolgen, die in meinem Hinterkopf gebrütet hatte, seit ich bei *Vice* begriffen hatte, dass ich in einem Jungsklub gelandet war. Ich wollte eine Art Blog oder Online-Netzwerk für Frauen mit kreativen Interessen aufbauen. Es sollte mir ein Gefühl von Gemeinschaft geben und der starken Isolation entgegenwirken, die ich empfand. Gleichzeitig könnte es als ein Ventil dienen für die wachsende Verwirrung und Angst, denn ich konnte einfach nicht herausfinden, warum keiner der Jobs für mich funktionierte. Natürlich hatte das Konzept mit der damals aufstrebenden Girlboss-Kultur zu tun und war davon beeinflusst. Aber ich sah es auch als potenzielles Korrektiv für die Aspekte darin, von denen ich mich übergangen oder ausgeschlossen fühlte. Nach anfänglichem Optimismus hinsichtlich ihrer Absichten wurde ich immer skeptischer gegenüber der plötzlichen Verbreitung von Frauenkollektiven und »Mädchengangs«, die angeblich junge kreative Frauen stärken wollten. Feminismus schien nur insofern wichtig zu sein, als sie sich mit Feminismus als Marke die Taschen mit Geld vollstopften; dazugehören konnte nur, wer als ausreichend »cool« oder gut vernetzt galt. In einer ersten Version meiner großspurig so genannten »Leitlinien« für die spätere Plattform *Women Who* betonte ich, sie solle Anti-»Hashtag-Feminismus« sein, praktische (wenn auch langweilige) Gespräche über den Umgang mit kreativen Karrieren fördern und allen offenstehen. In den ersten Monaten meiner Zeit bei *Vice* hatte ich mich an den Wochenenden mit dieser Idee beschäftigt, hatte Logos skizziert, mir mögliche Namen ausgedacht, an einem Prototyp der Website gebastelt und Freunde um ihre Meinung gebeten. Aber *Vice* war so intensiv, dass mir bald die Energie fehlte, außerhalb der Arbeit noch etwas zu tun, und gegen Ende meiner Zeit dort war ich zu erschöpft, um die Wochenenden am Laptop zu verbringen, und so waren die Pläne verstaubt. Jetzt hatte ich alle Zeit der Welt zur Verfügung und beschloss, den Staub wegzupusten und zu sehen, was ich daraus machen könnte – für mich selbst und für andere.

Am wichtigsten aber war, dass ich mich ernsthaft einer langersehnten Sache zuwenden wollte, von der ich mich aber immer wieder abgewendet hatte: dem Schreiben. Mir wurde endlich klar, dass dieser Wunsch nicht einfach verschwinden würde, wenn ich ihn ignorierte und mich in die Werbung stürzte wie in den vergangenen Jahren, dass ich weiter unglücklich und unerfüllt sein und andere Schriftstellerinnen wehmütig beneiden würde und dass ich es für meinen eigenen Seelenfrieden zumindest versuchen musste.

Ich glaube, schon in diesen ersten Monaten hatte ich mich in gewisser Weise bereits für die Selbstständigkeit entschieden, und zwar auf lange Sicht. Ich ging sogar so weit, ein zweites Bankkonto für Geschäftsausgaben zu eröffnen, mir ein Buchhaltungsbüro zu suchen, der zuständigen Behörde die Änderung meines Beschäftigungsstatus mitzuteilen und eine spezielle Rechnungssoftware zu kaufen. Im Nachhinein betrachtet war das – selbst für eine zwanghafte Planerin wie mich – ein enormer Aufwand dafür, dass ich eigentlich nur ein Jahr mit gelegentlichen freiberuflichen Tätigkeiten vorgesehen hatte. Zum Frühjahr 2016 war ich offiziell selbstständig. Jetzt musste ich nur noch eine Arbeit finden – obwohl ich so sparsam wie möglich war, schwanden meine Ersparnisse in erschreckendem Tempo. London zieht dir das Geld aus den Taschen, schon wenn du dich bloß aus dem Haus wagst, geschweige denn versuchst, etwas zu unternehmen. Nach einer besonders deprimierenden Woche, in der ich immer wieder in die Stadt gefahren war wegen verschiedener vager Gespräche über potenzielle freiberufliche Arbeit, von der ich in meinem Innersten wusste, dass sie nie zustande kommen würde, und in der ich zweimal versetzt worden war, beschloss ich, meinen Stolz zu überwinden. Ich setzte mich an meinen Laptop und schickte eine personalisierte E-Mail an alle meine Kontakte, die irgendwie Arbeit für mich haben könnten. Gleichzeitig aktualisierte ich meinen Facebook-Status mit einem zwitschernden Zusatz »Jetzt Freelancerin!«. Es war mir peinlich – würden die Leute denken, ich bettelte um Arbeit? Kein Mensch stellt gern eine verzweifelte Person ein, dachte ich. Aber ich *war* nun mal verzweifelt.

Gerade als ich wirklich anfing, in Panik zu geraten, kam der Segen in Form eines Vorstellungsgesprächs für einen dreimonatigen Vertrag bei einer führenden Londoner Werbeagentur. Als ich anschließend deren Büro verließ, wusste ich, dass es gut gelaufen war. Tatsächlich schickten sie mir am nächsten Tag eine E-Mail und boten mir ihren Standardtagessatz an. Da ich spürte, dass sie a) die Stelle so schnell wie möglich besetzen mussten und b) mein Gegenüber Gefallen an mir gefunden hatte, schrieb ich zurück und bat um einen etwas höheren Tagessatz, der sich auf zusätzliche 500 Pfund pro Monat belaufen würde. Ich wusste, dass eine Werbeagentur ihn sich leisten konnte. Kaum hatte ich die E-Mail abgeschickt, bereute ich es. Ich war überzeugt, dass ich mich soeben aus einem durchaus großzügigen Angebot herauskatapultiert hatte, dass sie mich für gierig halten und sich der nächsten Bewerbung zuwenden würden. Aber innerhalb weniger Stunden hatten sie mir zugesagt, und ich konnte am nächsten Tag anfangen. Es war eine gewaltige Auffrischung meines Selbstvertrauens, weil mein erster Versuch, als Freiberuflerin zu verhandeln, gut verlaufen war. Ich spürte, wie ein bisschen was von meinem alten Selbstbewusstsein wieder in mich einzog. Das damals einundzwanzigjährige Ich, das den Chef nach nur vier Monaten im Job um eine Gehaltserhöhung gebeten hatte, kehrte nun, nach Jahren in der Wildnis, endlich zurück.

Jetzt nahmen meine Pläne für *Women Who* wirklich Fahrt auf. Etwas impulsiv beschloss ich, zum Auftakt ein kleines Handbuch mit Karriereratschlägen zu schreiben. Ich dachte an all die Dinge, die ich am Anfang gern gewusst hätte, all die Fehler, die ich hätte vermeiden können, wenn mich jemand aufgeklärt hätte. Ich fand es wahnsinnig aufregend, ein Projekt zu haben, für das ich wirklich brannte, und einen Platz für meine Ideen, über den ich die volle Kontrolle hatte – vollkommen anders als meine bisherigen beruflichen Erfahrungen. Niemals vorher war ich ein »Morgenmensch« gewesen, nun sprang ich plötzlich um 5 Uhr morgens aus dem Bett, um ein paar Stunden an dem Buch zu arbeiten, während die Sonne aufging und bevor ich zur Arbeit nach London hineinfuhr, und lehnte Einladungen zum Herumhängen mit Freunden am Wochenende fröhlich ab, um stattdessen zu schreiben. Endlich hatte ich das Gefühl, das Richtige zu tun: Ideen entwickeln, schreiben, Dinge *machen*, nicht sie nur vermarkten.

Und doch wurde dieser grenzenlose Enthusiasmus manchmal von Momenten krank machender, fast körperlich lähmender Selbstzweifel gedämpft. Sie schienen sich bloß zu verstärken, je näher der Starttermin von *Women Who* rückte. Zweimal hätte ich beinahe den Stecker gezogen, weil ich von der Angst überwältigt war, was die Leute sagen würden. Ich stellte mir vor, wie sich ehemalige Kollegen über meine Bemühungen lustig machten, und malte mir konstruierte Gespräche aus, in denen fiktive Beobachter kommentierten, wie überheblich es sei, im zarten Alter von fünfundzwanzig

»Arbeitsplatzweisheiten« von sich zu geben. Aber ich machte weiter, gestärkt von aufmunternden Worten mitfühlender Freunde und kurz vor der Aufgabe in letzter Sekunde gerettet von meiner Mutter, die an meiner Bettkante saß, während ich mein Gesicht ins Kissen grub, und mich geduldig an all die Gefallen erinnerte, die ich eingefordert hatte, um die Sache auf die Beine zu stellen. Das wirkte mehr als alles andere – die Vorstellung, so viel Zeit von anderen verschwendet zu haben und welchen Ruf ich dann hätte. Es war mir so peinlich, dass es mich schließlich aus dem Bett trieb.

Und dann wurde die Präsentation von *Women Who* zu meiner Überraschung ein voller Erfolg. Die kleine Boutique in Shoreditch, die ich dazu überredet hatte, die Veranstaltung auszurichten, war randvoll mit Menschen. Sie standen bis auf die Straße und verstießen vermutlich gegen ein Dutzend Gesundheits- und Sicherheitsvorschriften. Alle 250 Exemplare des Buches, das ich geschrieben hatte, mit seinen viel zu engen Rändern (ein Fehler beim Drucken) und seinem Umschlag, der schon zerkratzte, wenn man ihn nur anhauchte (ein weiterer Fehler), waren innerhalb von drei Tagen ausverkauft, und *Women Who* erhielt am Ende eine Handvoll positiver Presseberichte. Ich wurde zu Vorträgen über das Projekt eingeladen, wo ich andere Frauen traf, die sich, wie ich durch schmerzliche Erfahrungen am Arbeitsplatz desillusioniert, der Selbstständigkeit zuwandten, um wieder einen Hauch von Kontrolle über ihre Karrieren zu erlangen.

Am Ende des Sommers wusste ich, dass ich am Ende des Jahres nicht zu einer Vollzeitstelle zurückkehren wollte. Ich wollte sehen, was ich mit *Women Who* noch machen konnte. Ich wusste, wenn ich den ganzen Tag in einem Büro säße, hätte ich nicht die notwendige Flexibilität, um wirklich etwas aus dem zu machen, was bisher der befriedigendste Moment in meiner Karriere war. Also arbeitete ich weiter freiberuflich, und gegen Ende des »Rumspringa-Jahres« hatte ich einen Buchvertrag unterschrieben, nachdem die Redaktion eines großen Verlags von der Do-it-yourself-Version meines Buches erfahren hatte und mir das Angebot machte, es auf konventionellem Weg erneut zu veröffentlichen. All meine Wagnisse – den Job zu kündigen, ein Rumspringa einzulegen, *Women Who* zu veröffentlichen, *ein Buch zu schreiben* – hatten sich ausgezahlt.

Trotz dieses recht charmanten Einstiegs in das selbstständige Leben brauchte ich viel länger als nur ein Jahr, um herauszufinden, wie ich mir als Freelancerin meinen Lebensunterhalt verdienen konnte. Die ersten Jahre waren ein Prozess, ein ständiges Ausprobieren. Was war meine Zeit wert und was nicht, was brachte viel Geld für relativ wenig Aufwand ein (alles, was mit Unternehmen zu tun hatte) und umgekehrt (das Schreiben), welche Art von Arbeit machte mir wirklich Spaß, und welche Aufträge würde ich um alles in der Welt nicht wiederholen.

Mir dämmerte, dass ich sowohl meinen Lebensunterhalt als auch mein Selbstempfinden auf den schnell schwindenden Treibsand mehrerer sterbender Industrien gebaut hatte. Ich lernte, dass die meisten Menschen zwar kreative Arbeit – Musik, Kunst, Literatur, Fotografie – wertschätzen, erstaunlich wenige aber begriffen haben, dass die Künstler bezahlt werden müssen, damit es diese kreativen Tätigkeiten in einer kapitalistischen Wirtschaft überhaupt geben kann. Sie sträubten sich gegen die Einsicht, dass diese Dinge nicht umsonst zu haben waren und dass es kein Recht darauf gab, was für die Schaffenden katastrophale Folgen hätte. Ich lernte, dass das Internet sowohl Segen als auch Fluch ist, denn es hat, wie Hua

Hsu im *New Yorker* schrieb, eine Situation geschaffen, »in der es einfacher ist denn je, deine Kreativität der Welt mitzuteilen, und schwieriger denn je, damit deinen Lebensunterhalt zu verdienen«.[4] Während ich die Leichtigkeit des Zugangs zu meinen Schulfreundinnen genoss, den uns MSN Messenger und Hotmail boten, und auch die unendlichen Möglichkeiten der Selbstdarstellung, die uns MySpace eröffneten, hatten die anderen Begleiterscheinungen des Internets nach und nach große Teile der Medien demontiert. Als sich die Zeitschriften, die ich als Heranwachsende gelesen und für die ich so gern hatte schreiben wollen, (endlich!) mit mir in Verbindung setzten und mir Aufträge gaben, konnten sie es sich nicht leisten, mir viel zu zahlen, wenn überhaupt etwas. Viele dieser Zeitschriften mussten ohnehin bald ihr Geschäft aufgeben, und jedes Jahr würde es einen immer kleineren Pool von Redakteuren geben, denen ich meine Ideen vorstellen könnte. Ich lernte, dass ich vielleicht nie in der Lage sein würde, hauptberuflich vom Schreiben zu leben, und dass auch das Verlagswesen auf den Knien lag, ausgehöhlt durch Amazons räuberische Profitmacherei; dass die meisten Online-Publikationen, trotz der anfänglichen Hoffnung und des Potenzials, das in der Innovation digitaler Medien lag, am Ende abhängig waren von den algorithmischen Launen einiger weniger, zunehmend hegemonialer Technikimperien und dass diese Konzerne keine wohlwollenden Anführer waren, vielmehr Kreativität und Ideen weniger wertschätzten als Profit.

Ich lernte, dass viele Menschen meinen Fähigkeiten weniger Wert beimaßen als anderen Berufen, da ein Großteil meiner Arbeit im nicht greifbaren Bereich der ohnehin schon schwer greifbaren Wirtschaft des Wissens angesiedelt war (was vielleicht verständlich ist – ich würde wahrscheinlich auch lieber mit einem Installateur oder einer Ingenieurin auf einer einsamen Insel festsitzen als mit einer ehemaligen Marketingfrau, nun Schriftstellerin). Dennoch gefiel mir die unbekannte Person ganz und gar nicht, die mir eine E-Mail schickte, in der sie vorschlug, dass wir uns auf ein »freundschaftliches Gespräch« treffen sollten, nur um mir am Tag vor unserem Rendezvous eine Agenda mit Besprechungspunkten zu schicken. Mir wurde klar, dass sie eigentlich nur das Ziel hatte, dass ich das große Medienunternehmen, in dem sie arbeitete, kostenlos berate. Danach wurde ich wachsamer im Umgang mit meiner Zeit. Ich lernte die einfallsreichen Methoden, mit denen die Leute mich dazu bringen wollten, umsonst zu arbeiten, zu durchschauen und zwar, *bevor* ich Zeit mit E-Mails verschwendete oder quer durch die Stadt zu einem Treffen fuhr, das auch ein Telefonat hätte sein können. Diese Methoden reichten von dem uralten Argument der »Präsentation« bis zu philosophischeren und sogar recht beeindruckenden Versuchen, die eigentliche Arbeit als »keine Arbeit« zu tarnen: Ein Werbefachmann, der die vorgeschlagene Beratung, wegen der er mich kontaktiert hatte, als »Peer-to-Peer-Chat« beschrieb (wofür sicherlich keine Bezahlung erforderlich war?), oder die Redakteurin, die mich bat, einen Workshop für ihr Team vorzubereiten, und auf meine Frage nach dem Honorar antwortete, sie betrachte meine Beteiligung eher als »einen gemeinschaftlichen, hoffentlich für beide Seiten nützlichen Gedankenaustausch«. Ich dachte darüber nach, wie viel Arbeit das Wort »hoffentlich« in diesem Zusammenhang machte, bevor ich entschied, dass ich keinen Gedankenaustausch wollte.

Eine weitere Sache hatte ich nicht vorausgesehen in Bezug auf die Selbstständigkeit. Die wiederkehrende Notwendigkeit, mein Gehalt zu verhandeln – nämlich bei jedem neuen Auftrag –, machte mich seltsam leidenschaftslos, was die

Mechanismen der Bezahlung betraf, und ich sprach sehr viel lieber über Geld im Allgemeinen. Ich hatte immer weniger Hemmungen, in Gesellschaft möglicherweise als nicht höflich angesehen zu werden, und ertappte mich dabei, wie ich auf Partys Leute nach den Einzelheiten ausfragte, wie sie ihr Gehalt in dem neuen Job ausgehandelt hatten. Ich hatte die Hoffnung, dass zusätzliche Informationen mir helfen würden, meine eigenen Entscheidungen zu treffen.

Aber trotz der Fortschritte, die ich in meinem Berufsleben machte, blieb meine emotionale Beziehung zu Geld so kompliziert wie immer. Das Unvorhersehbare, das zur Freiberuflichkeit gehört, und die Tatsache, dass ich nie wusste, woher oder von wem mein nächster Gehaltsscheck kam oder wie hoch er ausfallen würde, bedeutete, dass ich mich nie wirklich entspannte. Ich war immer im Katastrophenmodus, wobei meine Geldwachsamkeit und Hortungstendenzen auf Hochtouren liefen. Um ein gewisses Maß an Kontrolle zu behalten, hatte ich mir ein strenges Budget von ein paar Hundert Pfund pro Monat zugewiesen – von denen die Hälfte von Fahrpreisen und anderen Alltäglichkeiten verschlungen wurde. Unweigerlich verbrachte ich die letzte Woche eines Monats damit, die letzten 30 Pfund meines »Taschengelds« zu strecken, und regelmäßig überzog ich mein Konto. Nach einer Phase, in der ich innerhalb weniger Wochen unwissentlich Strafgebühren wegen der Überziehung meines Kontos angehäuft hatte, wurde mir klar, wie irrational ich mich verhielt. Tatsächlich kostete mich mein übervorsichtiges Budget mehr, als dass es mir dabei half zu sparen. Es machte mich unglücklich, so hart zu arbeiten, wie ich es tat, und mir niemals ein Vergnügen zu erlauben. Ich beschloss, den Geldbeutel ein bisschen zu lockern und mir jeden Monat ein paar Hundert Pfund mehr zu gönnen. Sofort wurde mein Leben genussvoller und weniger anstrengend, weil ich nicht mehr ständig nachzählen musste, wie viel Geld auf meinem Bankkonto war, wenn ich das Haus verließ.

Gleichzeitig setzte ich mich mit meiner Arbeit beinahe ebenso unter Druck wie mit meinen Finanzen. Als ewige Perfektionistin entwickelte ich unerreichbar hohe Standards für *Women Who* und war geradezu besessen von allem, was nicht genau nach Plan lief, jedem winzigen Schluckauf und jeder nicht ganz so winzigen Enttäuschung (und davon gab es einige). Nach jeder Veranstaltung, die ich organisiert hatte, eilte ich nach Hause und schrieb alles, was schiefgegangen war, in ein fortlaufendes Dokument mit der Überschrift FEHLER, damit ich »für das nächste Mal lernen« konnte. Dabei konzentrierte ich mich selten auf das, was gut gewesen war, oder hielt mich mit positivem Feedback auf, obwohl ich anderen genau dazu riet. Gelegentlich fragte ich mich, ob es nicht einfacher und weniger angstauslösend wäre, in die relative Leichtigkeit eines schlichten Jobs von 9 bis 17 Uhr zurückzukehren, bevor ich mich daran erinnerte, wie sehr mich eben jene Jobs ruiniert hatten.

Und eine ganze Weile – wahrscheinlich den Großteil der vierjährigen Laufzeit von *Women Who* – glaubte ich, der wahre Erfolg wäre, das Projekt in ein fettes Unternehmen zu verwandeln, es aggressiver zu verwerten, Investitionen zu mobilisieren und zu »skalieren«, nachdem ich die vorherrschende kulturelle Besessenheit vom Unternehmerinnentum gründlich verinnerlicht hatte. Aber ich wurde mir auch der Dinge bewusst, die ich tun müsste, um es lukrativer zu machen – mehr für die von mir produzierten Ressourcen verlangen, mit Marken kooperieren und kitschige Veranstaltungen organisieren, bei denen ich die »ermächtigende« Natur dieses oder jenes Deodorants im Gegenzug für Sponsorengelder anpreisen müsste –, alles Dinge, die im Widerspruch standen zu meiner Vision für das Projekt, auch wenn andere sie als die beste Vorgehensweise anpriesen. Um *Women Who* beim Wachsen zu helfen, brauchte ich Geld, und um dieses Geld zu bekommen, musste ich Dinge tun, die ich nicht tun wollte. Manchmal fragte ich mich, ob ich nicht vielleicht zu überheblich war, zumal ich sah, wie vergleichbare Plattformen solche Strategien verfolgten und sich allmählich professionalisierten, während *Women Who* weiterhin eine unsystematisch geführte One-Woman-Organisation war. Veranstaltungen fanden statt, wann immer ich Zeit hatte und irgendwen davon überzeugen konnte, mir einen Veranstaltungsort kostenlos zur Verfügung zu stellen, und ich spielte die Rolle der Gastgeberin-Schrägstrich-Türsteherin-Schrägstrich-Social-Media-Managerin, indem ich die Namen der eintreffenden Gäste überprüfte, bevor ich mich beeilte, eine Diskussionsrunde zu moderieren, und während sich danach alle unterhielten, heimlich Fotos auf Instagram hochlud. Ich versuchte in Teilzeit und mit minimalem Budget Perfektion zu erreichen, während ich mich mit aalglatten, millionenschweren Unternehmen verglich, die mit Risikokapital und hundertköpfigen Teams vollgepumpt waren.

Als ich gegen Ende 2018 den Abschiedsbrief der *Rookie*-Redakteurin Tavi Gevinson las, in dem sie die Schließung des Magazins ankündigte und begründete, warum sie entschieden hatte, genau jene Dinge nicht zu tun, die das Magazin finanziell nachhaltig machen und die Schließung vermeiden könnten[5] (Investitionen zu akzeptieren oder Markenpartnerschaften einzugehen, die Gevinsons Werten widersprachen), hatte ich ein beklemmendes Gefühl des Wiedererkennens. Es gab Parallelen zwischen ihrem Dilemma mit *Rookie* und meinem mit *Women Who*. Wenn es Tavi – mit ihrer enormen Plattform, ihrem beträchtlichen Einfluss und ihren Verbindungen –

nicht gelungen war, einen Weg zu finden, *Rookie* am Laufen zu halten, ohne ihre Prinzipien zu verraten (und um es klar zu sagen: *Rookie* war eine weitaus einflussreichere, erfolgreichere und stabilere Plattform als *Women Who* es je sein konnte), wie realistisch war es dann, dass mir gelingen könnte, was ihr nicht gelungen war?

Dieses Dilemma war nur eine Facette der Zwickmühle, in der ich mich nun als Selbstständige befand: Kreative Arbeit wird oft nicht gut bezahlt, wenn sie nicht von einem Unternehmen gefördert wird. Irgendeine Form kommerzieller Arbeit im Hintergrund brauchen alle außer den allererfolgreichsten Kreativen, um zu überleben. Freiberufliche Kulturjournalisten, die auch für gigantische E-Commerce-Firmen schreiben, Filmemacher, die Schulungsvideos für Diversität in Unternehmen drehen. Schon früh wurde mir bewusst, dass ich meine Erfahrung in der Werbebranche nutzen musste. Ich brauchte eine gut bezahlte Arbeit, um die viele unbezahlte Zeit auszugleichen, die ich für *Women Who* und das Schreiben verwendete (was unbezahlter kreativer Arbeit schon sehr nahe kommt, vor allem am Anfang). Nachdem ich jahrelang meine Flucht aus dem Werbeland geplant hatte, war ich plötzlich zutiefst dankbar für meine Erfahrung darin. Mit der Beratungstätigkeit für Handelsmarken konnte ich mir buchstäblich die Zeit erkaufen, die ich für meine anderen Interessen brauchte, und wenn ich mich außerhalb der absurden Machenschaften im Agenturleben halten konnte, mochte ich diese Arbeit sogar. Damals wie heute ärgerte ich mich über das Stigma vom »Sell-out«, das in kreativen Kreisen besonders von denen aufrechterhalten wird, die selbst keinerlei Geldsorgen haben. Sie können sich eine gewisse moralische Reinheit bewahren und von den schmutzigen Machenschaften des Kommerzes frei sein. Trotzdem erkannte ich, dass es Grenzen gab, die ich selbst nicht überschreiten wollte, bestimmte kommerzielle Möglichkeiten, vor denen ich instinktiv und unbedingt zurückschreckte.

Schon bevor ich mich selbstständig machte, hatte ich mich immer in Bezug auf meine Karriere definiert. Das Selbstständigsein – meine eigene Chefin zu werden – förderte diese Überschneidung noch, sodass mittlerweile Arbeit und Identität praktisch verschmolzen sind. Damit bin ich nicht allein. Der Zerfall verschiedener sozialer Sicherheitsnetze, die zunehmende Vereinzelung in der Gesellschaft sowie die Auswirkungen des globalisierten Kapitalismus machen die Selbstvermarktung immer notwendiger, insbesondere um in der Kreativwirtschaft eine Beschäftigung zu finden. In einem Interview im *Guardian* anlässlich des zwanzigjährigen Jubiläums der Veröffentlichung von *No Logo* stellte die Schriftstellerin Naomi Klein fest, dass die größte Veränderung seit der Veröffentlichung im Jahr 1999 darin bestand, dass »Neoliberalismus so viel Prekarität geschaffen hat, dass die Ökonomisierung des Selbst nun als einziger Weg zu irgendeiner Art von wirtschaftlicher Sicherheit angesehen wird«.[6]

Es ist das Zeitalter des persönlichen Markenzeichens. Die Online-Identitäten der Menschen fungieren als Werbung für ihre Arbeit, wobei die Grenzen besonders in den sozialen Medien nahtlos verschwimmen. In einem bestimmten Teil des Arbeitsmarktes ist die Ökonomie des Selbst von entscheidender Bedeutung für den Fortbestand einer Beschäftigung (auch wenn niemand offen zugibt, die persönliche Marke aktiv zu kultivieren – es ist ein wenig aus der Mode geraten). Der ansprechende aufwärts strebende Instagram-Account, der Twitter-Feed, der zwischen witzigen Beobachtungen und den jüngsten beruflichen Erfolgen hin- und herpendelt – je attraktiver deine digitale Präsenz ist, desto mehr Möglichkeiten präsentieren sich dir. Einige haben diese Logik auf die Spitze getrieben und ihre digitale Präsenz zu ihrem Arbeitsplatz gemacht, als Influencer.

Es ist wenig überraschend, dass der wirtschaftliche Druck – oder Anreiz – zur Selbstvermarktung besonders stark auf Frauen wirkt. Man erkennt es an den medialen Narrativen über prominente Frauen, die jedes Detail ihres Lebens zu durchleuchten bereit sind – wie sie ihren Kaffee trinken und wie sie ihre Häuser einrichten –, in einer Weise, die bei Männern selten zu beobachten ist. Heutzutage eine erfolgreiche Frau in der Öffentlichkeit zu sein bedeutet, dieser den eigenen Lebensstil zu öffnen – zum Konsumieren, Sezieren und letztlich zur Nachahmung. Das wird zumindest erwartet. Frauen müssen häufiger ihre Persönlichkeit in die Formel für den Erfolg einsetzen.

Zum wachsenden Phänomen der Schriftstellerinnen als Influencerinnen deutet die freiberufliche Kulturjournalistin Allegra Hobbs darauf hin, dass »Schriftstellerin zu sein heute bedeutet, sich selbst zu einem Produkt für den öffentlichen Konsum im Internet zu machen und ein ansprechendes Image zu projizieren, in dem das eigentliche Schreiben kontextualisiert wird«.[7] Es ist vielleicht etwas übertrieben zu behaupten (wie Hobbs es tut), dass eine Online-Präsenz für eine Schriftstellerin mit einem gewissen Bekanntheitsgrad (erreicht oder erhofft) fast schon obligatorisch sei, zumal es doch zahlreiche Schriftstellerinnen gibt, die auch heute zu großem Erfolg kommen und dabei entschieden anti*social* bleiben. Sally Rooney wäre ein Beispiel, Phoebe Waller-Bridge ein weiteres. Aber Hobbs hat recht, es ist sicherlich hilfreich, wenn eine Schriftstellerin einen entsprechenden Lifestyle in den sozialen Medien präsentieren kann (kunstvoll ausgelegte Bücherstapel, Hinweise auf Schreib-Retreats, Reflexionen über den Schreibprozess). So eine Person erhält den Stempel der Legitimität vermutlich eher als eine, die das nicht tut oder nicht kann.

Der Druck, selbst die Werbung für ihre Arbeit sein zu müssen und diese Arbeit untrennbar mit ihrer Persönlichkeit verbunden zu wissen, ist ein spezifisches Problem junger Frauen. Das Alter wird eher diskriminiert, deshalb verkauft sich Jugend auf dem Marktplatz des Selbst am besten, was körperliche Erscheinung, kulturellen Geschmack, Lebensstil und Leistung angeht. Dass ältere Frauen diese Aspekte ihrer Persönlichkeit anbieten, wird entweder nicht erwartet oder ist nicht erwünscht.

Ich bin oft hin- und hergerissen zwischen dem Wunsch, mich der Art von Selbstvermarktung zu widersetzen, die heute für Schriftstellerinnen offenbar selbstverständlich dazugehört, und der Erkenntnis, dass ich bestimmte Eigenschaften habe, die sich leicht vermarkten lassen: Ich bin jung, stark an Mode interessiert, ich nutze die sozialen Medien intensiv und gehöre zu einer Generation, die sich fast automatisch selbst vermarktet, und sei es nur, um zu überleben; außerdem macht mir ein Großteil dieser Arbeit Spaß oder belastet mich zumindest nicht. Der Selbstvermarktung zu widerstehen erfordert von mir tatsächlich, Aspekte meiner selbst zu *verbergen*, um den Eindruck von Täuschung zu vermeiden, was irgendwie wenig einleuchtet.

Als ich kürzlich durch Instagram scrollte, stieß ich auf das Selfie einer jungen Filmemacherin. Sie hatte es mit einer unerwarteten, selbstreferenziellen Bildunterschrift versehen: »Der Handelspreis für kreative Autonomie ist die Herstellung des perfekten Selfies.« Ein Teil der Karriere einer jungen kreativen Frau besteht offenbar auch darin abzuwägen, ob und in welchem Umfang sie dazu bereit bist, diesen Handel einzugehen.

Kapitel 10

Ein Zimmer für sich allein

Ich bin bei meinen Eltern ausgezogen, sobald ich es mir leisten konnte, nicht lange nach meinem dreiundzwanzigsten Geburtstag. Für Ältere klingt das sicher relativ spät, aber in der wirtschaftlichen Realität des jungen Erwachsenenalters heutzutage hört man Geschichten von Leuten, die mit nur 100 Pfund in der Tasche in die große Stadt ziehen, nur noch selten. Geschichten, auf die die Generation der Babyboomer, die Generation X und auch ältere Millennials sehr stolz sind. Meine Generation ist viel vorsichtiger, und erst mit dreiundzwanzig, als ich bei AMV zu arbeiten begonnen hatte, fühlte ich mich sicher genug, um darüber nachzudenken, selbst etwas zu mieten.

Der Grund für meinen (verspäteten) Auszug war vor allem die Beziehung zu meinen Eltern. Sie war in den zwei Jahren seit meinem Studienabschluss und meiner Rückkehr nach Hause immer angespannter geworden (was vermutlich auf viele Angehörige der sogenannten »Generation Bumerang« zutrifft – die geschätzten 3,5 Millionen Millennials, die wegen steigender Wohnkosten und schlechter Berufsaussichten bis ins Erwachsenenalter bei ihren Eltern leben). Schließlich überwog der Streit die Vorteile des mietfreien Wohnens in London. Als eine enge Freundin, Poppy, vorschlug, wir könnten zusammenziehen, stimmte ich zu.

Der Ort, an den ich meinen ersten Ausflug ins erwachsene Leben machte, gehörte einer Freundin von Poppy, die beruflich vorübergehend ins Ausland musste und ein gerade gekauftes Haus mit zwei Schlafzimmern leer stehen hatte. Ich schob die brennende Angst vor der Geldverschwendung, wie es viele – nicht zuletzt meine Eltern – nennen würden, beiseite und konzentrierte mich auf das, was ich gewinnen würde: eine weniger stressige Lebenssituation und mehr Unabhängigkeit. Ganz zu schweigen davon, dass der Umzug meinen anderthalbstündigen Arbeitsweg halbierte und mir, so hoffte ich, ein lebendigeres, spontaneres Sozialleben ermöglichte, wenn ich nicht mehr darauf angewiesen war, den letzten Zug (und dann den Bus) zu erwischen, um zurück in die entlegene Vorstadt zu fahren. Innerhalb weniger Wochen schleppten Poppy und ich aufgeregt Kisten mit unseren Habseligkeiten die Treppe eines idyllischen Reihenhauses in einer grünen Straße in London Hackney hinauf und schusterten uns aus IKEA-Sachen und geliehenen Möbeln einen Anschein von Erwachsensein zusammen.

Mitte September zogen wir ein, gerade als die Sommerhitze verblasste und die Luft frisch wurde. Zu dieser Jahreszeit beschäftigt man sich ganz natürlich mit Neuanfängen, und das Haus schien lauter Möglichkeiten zu eröffnen, so verheißungsvoll wie die erste Seite eines neuen Notizbuchs. Doch die Freude der ersten Wochen über die neue Unabhängigkeit wurde durch das schlechte Gewissen getrübt, das mich immer überkam, wenn ich zu lange darüber nachdachte, wie viel Geld ich monatlich für die Miete »verschwendete« und auf welche Summe sich das in einem Jahr, in fünf Jahren oder in einem Jahrzehnt belaufen würde. Eines Abends, nachdem ich einen weiteren Artikel über die Londoner Wohnungskrise gelesen hatte (die es damals oft auf die Titelseiten schaffte), brach ich in Tränen der Verzweiflung aus. Ich fühlte mich schuldig bei dem Gedanken, dass ich, indem ich bei meinen Eltern ausgezogen war, die Aussicht auf Wohneigentum aktiv in unerreichbare Ferne gerückt und mich zu lebenslanger Leibeigenschaft verdammt hatte – aber ich brachte es nicht über mich, zurückzugehen.

Da das Haus Poppys Freundin Arabella gehörte, musste jede von uns nur etwa 550 Pfund im Monat zahlen – für eine WG in einem guten Wohnviertel von Hackney war das selbst 2013 ein absolutes Schnäppchen. Außerdem brauchten wir keine Gebühren an Makler zu bezahlen oder eine hohe Kaution zu hinterlegen und uns zu fragen, ob wir unser Geld jemals wiedersehen würden. Dafür nahm ich den launischen Heizkessel und das gelegentliche Gasleck gerne in Kauf, obwohl unser häusliches Glück nur von kurzer Dauer war.

Poppy und ich waren noch nicht lang Freundinnen, wir kannten uns erst seit vielleicht einem Jahr, wenn überhaupt. Wir wurden durch ein paar gemeinsame Bekannte zusammengebracht und schlossen schnell eine intensive Freundschaft, wie sie wohl die meisten von uns irgendwann erleben: Wir kannten uns kaum und wurden innerhalb kurzer Zeit zu Komplizinnen und Vertrauten. Poppy war gesellig und klug und stammte aus einer wohlhabenden und bestens vernetzten Familie. Auf mich wirkte ihr Leben unglaublich glamourös, voller exotischer Urlaube und Reisen zu Zweitwohnsitzen, Fotos von ihr in Designerkleidung auf den Seiten der Gesellschaftsmagazine, dazu eine dramatische On-off-Beziehung zu einem quasiaristokratischen Freund (ganz zu schweigen von einer langen Reihe von Verehrern). Sie war nur wenig älter als ich, wirkte aber unendlich viel weltgewandter, und anfangs war ich sehr geschmeichelt, dass sie mit mir befreundet sein wollte, eng befreundet. Ich konnte den Glanz und die Möglichkeiten, die sie in unsere Freundschaft einbrachte, nie erwidern: das soziale Kapital, wenn wir als Freundinnen auf Partys auftauchten; die Ferien in der Villa ihrer Familie in Südfrankreich; das Praktikum, das einer ihrer Verwandten kurz nach meinem Abschluss für mich arrangiert hatte. Die einzige Währung, die ich als Gegenleistung anzubieten hatte, war Gefolgschaft. Damals wusste ich es noch nicht, aber ich gehörte zu einer langen Reihe von Schoßhündchen, die sich Poppy im Lauf der Zeit angeschafft hatte, wobei die Freundschaft dazu verpflichtete, Poppy in ihrer Hauptrolle zu unterstützen.

Schon bevor wir zusammenzogen, zeigten sich erste Risse in der Beziehung, aber ich wollte so dringend von zu Hause weg, dass ich sie ignorierte. Gemeinsame Freundinnen, die Poppy länger kannten als ich, warnten mich davor, ihr zu nahezukommen, und erzählten Geschichten von anderen Freundinnen, die Poppy in der Vergangenheit vergrault hatte. Aber ich ignorierte auch diese Warnungen, denn ich dachte, sie besser zu kennen, und war entschlossen, unsere Freundschaft aus sich selbst heraus zu beurteilen und nicht nach uralten Geschichten. Poppys Verhältnis zur Wahrheit war zweifelsohne unkonventionell. Sie dehnte und verdrehte sie (oder verwarf sie ganz), wie es ihr und ihrer Geschichte grade passte. Manchmal hörte ich sie dieselbe Geschichte mit leicht abweichenden Schlüsseldetails erzählen. Noch mehr Abweichungen gab es, wenn gemeinsame Bekannte dieselbe Geschichte erzählten. Poppy war daran gewöhnt, ihren Willen durchzusetzen, und sie war ziemlich verwöhnt – einmal brachte sie ihre Eltern dazu, die Reinigungskraft quer durch London zu schicken, damit sie Poppys Teil der Hausarbeit in unserer Wohnung erledigte. Diese beiden Charaktereigenschaften spitzten sich ein paar Wochen, bevor wir zusammenzogen, zu.

Es ging um die Frage, wer welches Schlafzimmer bekommen sollte. Poppy schrieb mir eine SMS, sie bevorzuge das größere Schlafzimmer, als wäre die Angelegenheit damit erledigt – durch die bloße Tatsache, dass sie etwas wollte. Stattdessen schrieb ich zurück und schlug vor, dass wir beim nächsten Treffen eine Münze werfen sollten, da auch ich das größere Schlafzimmer haben wollte. Das taten wir. Als ich gewann, schmollte sie sichtlich verärgert und meinte, ich müsse dann auch mehr Miete zahlen. Ich war verwirrt – nur wenige Wochen zuvor hatten wir uns darauf geeinigt, beide gleich viel Miete zu zahlen, unabhängig davon, wer das größere Schlafzimmer bekommt. Als ich sie daran erinnerte, warf sie mir vor, ich sei misstrauisch und würde sie beschuldigen, eine Betrügerin zu sein, und wies mich darauf hin, dass es allgemein üblich sei, mehr für ein größeres Schlafzimmer in einer Wohngemeinschaft zu zahlen (was auch stimmt – es war nur nicht das, was wir vereinbart hatten). Natürlich gab ich nach, denn ich wollte keine große Sache daraus machen. Aber dieser Austausch beschäftigte mich wochenlang. Es kam mir so vor, dass Poppy die Miete nur unter der Voraussetzung, dass sie das größere Schlafzimmer bekam, gleichmäßig aufteilen wollte, und ihr plötzlicher Meinungsumschwung störte mich. Später las ich noch einmal nach, was wir geschrieben hatten, um zu sehen, ob ich vielleicht etwas falsch interpretiert hatte, aber die Texte und unsere Einigung waren glasklar und eindeutig. Letztendlich tat ich den Vorfall ab und sagte mir, dass sie sich wohl falsch an unsere Vereinbarung erinnert und nicht wirklich etwas vorgetäuscht hatte – auch, damit ich meine Meinung über sie nicht ändern musste. Erst später, als unsere Freundschaft in die Brüche ging, erkannte ich, dass es ein Warnzeichen gewesen war – eines von vielen Beispielen dafür, wie anmaßend und gelegentlich manipulativ sie sein konnte. Dass unsere Freundschaft irgendwann in die Brüche gehen würde, war wahrscheinlich unvermeidlich; das Zusammenleben hat diesen Prozess nur beschleunigt. Poppy war es nicht gewohnt, dass ihre Freundinnen ihr Verhalten infrage stellten, und ich war es nicht gewohnt, mir auf die Zunge zu beißen oder die Rolle des Betas gegenüber dem Alpha zu spielen, zumindest nicht über einen längeren Zeitraum. Die Machtdynamik, auf der unsere Freundschaft aufgebaut war – Poppy die Weltgewandte und ich die bewundernde Gefolgschaft –, begann sich zu verschieben, und der Zauber wurde schwächer, als sich die Alltäglichkeiten des gemeinsamen Wohnens in unser Leben einschlichen.

Ich wollte eine echte Freundschaft, die auf Ehrlichkeit, gegenseitigem Respekt und Gleichberechtigung beruhte, und Poppy wollte … Poppy wollte einen Fan.

Nach sechs Monaten führten ihre kleinen Halbwahrheiten und Manipulationen, meine unausgesprochene Frustration und langsam wachsende Enttäuschung zu einem heftigen Streit über alles und nichts (natürlich ausschließlich über Chat). Es war immer der Plan gewesen, dass Poppy zurück zu ihren Eltern ziehen würde, wenn Arabella wieder nach England kam, und dass ich als Arabellas Mieterin in dem Haus bleiben würde. Aber ein paar Tage nach dem Streit mit Poppy bekam ich morgens eine E-Mail von Arabella, in der sie mir kühl mitteilte, dass die Miete zum Freundschaftspreis, die wir erst wenige Wochen zuvor vereinbart hatten, nun null und nichtig sei, und meine Miete würde ab sofort um 215 Pfund pro Monat steigen. Ich war schockiert und leicht panisch, aber ich erklärte mich einverstanden. Daraufhin antwortete Arabella, sie wolle eigentlich, dass ich ausziehe, jetzt wo ich mich mit Poppy zerstritten hatte (die natürlich eine Freundin von ihr war). Ich begriff, dass die Mieterhöhung in Wirklichkeit ein Räumungsbescheid war, ausgelöst durch meinen Streit mit Poppy. Arabella hatte nicht damit gerechnet, dass ich die Erhöhung tragen konnte oder wollte. Ein paar Wochen später zog ich aus.

Die nächste WG fand ich über eine lose Unibekanntschaft, die auf meine immer verzweifelteren Facebook-Statusmeldungen geantwortet hatte. Bei ihr in der Wohnung werde ein Zimmer frei, ob ich es mir ansehen wolle. Ich spürte einen Anflug von Dankbarkeit – sie und ich hatten ein paar gemeinsame Freunde, was mir unendlich viel besser vorkam als das Risiko, über das Portal SpareRoom bei einer Gruppe von Fremden einzuziehen. Bei der Besichtigung später in der Woche übersah ich die offensichtliche Schäbigkeit der Wohnung und die vagen Äußerungen meiner potenziellen Mitbewohner über die Vermieterin Renata.

»Sie ist ein bisschen scheiße und manchmal schwer zu erreichen, aber … meistens ist es in Ordnung.« Meistens in Ordnung, das musste reichen. Das Wichtigste war, dass das Zimmer bezahlbar war – 600 Pfund im Monat – und sofort verfügbar.

Hier hatte ich das Vergnügen, eines Abends von der Arbeit nach Hause zu kommen und festzustellen, dass die Decke in meinem Schlafzimmer eingestürzt war. Wochenlange starke Regenfälle und ein Leck, das unsere Vermieterin nicht hatte beheben können oder wollen, hatten schließlich zu einem fußballgroßen Loch über meinem Bett geführt, und nun lagen nasse Putzbrocken in meinem Zimmer verstreut. Als ich am nächsten Morgen mit Renata telefonierte, war sie vollkommen entspannt und wusste noch nicht, wann sie es reparieren lassen würde. Auf die Frage, wo ich in der Zwischenzeit schlafen sollte, weil ich befürchtete, dass der Rest der Decke im Schlaf auf mich stürzen könnte, antwortete sie, die einzige logische Lösung wäre, dass ich vorübergehend bei ihr einziehe. So wich sie der viel naheliegenderen Lösung aus, jemanden zur Reparatur vorbeizuschicken. Als die Tauben einzogen, sprach ich das Thema wohlweislich nicht an. Ich erwähnte den Taubenbefall im Dach nicht und tolerierte die Vogelgesellschaft. Immerhin waren sie so aufmerksam, mich morgens um vier Uhr mit eindringlichem Gegurre zu wecken, und ich versuchte mir einzureden, das sei angenehm. Von Vogelgezwitscher geweckt zu werden – das ist doch romantisch, sagte ich mir, als wenige Meter über meinem Kopf eine unsichtbare Horde schäbiger grauer Tauben lautstark in der Dunkelheit vögelte.

Und doch wäre ich ewig dort geblieben, wenn meine beiden neuen Mitbewohner nicht völlig unerträglich gewesen wären. Die Sache fing schon schlecht an. Ein paar Tage nach meinem Einzug teilten sie mir mit, sie würden ihre Zimmer über Airbnb vermieten, weil sie beide in Kürze in Urlaub fahren wollten. Ich würde also die Wohnung in den nächsten Wochen mit wechselnden Fremden teilen.

»Äh, ich fühle mich eigentlich nicht so wohl dabei«, sagte ich zögernd. »Tut mir leid. Ich finde es nicht gut, die Wohnung mit einem Haufen Fremder zu teilen. Das hat etwas von Herberge.«

Peinliche Stille.

»Warum habt ihr das nicht erwähnt, bevor ich eingezogen bin?«, fügte ich hinzu. »Ich nehme an, ihr wisst das schon eine Weile?«

Die beiden rutschten unbehaglich hin und her. »Wir dachten, es macht dir nichts aus. Das machen doch alle.«

»Ach so. Na ja. Also, mir wär's lieber, ihr würdet es nicht tun, wenn das in Ordnung ist. Vor allem, weil ich hier alleine sein werde. Ich glaube, ich fühle mich dann irgendwie für die Leute verantwortlich.«

Ich korrigierte mich. »Ich *bin* dann für sie verantwortlich.«

Falls ich gehofft hatte, das sei das Ende der Geschichte, lag ich völlig falsch. Es folgte ein tagelanger Streit, bei dem wir unsere jeweiligen Standpunkte immer wieder erklärten. Irgendwann bekam ich eine E-Mail von der Resoluteren der beiden. Sie schrieb, es sei für sie wichtig, »den ungenutzten Raum zu Geld zu machen«, während sie weg sei. Meine Bedenken bezüglich meiner Sicherheit, die Zumutung und die Tatsache, dass ich ihr wiederholt gesagt hatte, dass ich mich unwohl mit dieser Vorstellung fühlte, wischte sie locker beiseite. Ich blieb hartnäckig, und schließlich stornierten sie die Buchungen, aber von da an war die Stimmung frostig. Als nach einem halben Jahr eine Kündigungsklausel im Mietvertrag in Kraft trat, verließ ich die Wohnung und zog mit zwei engen und langjährigen Freundinnen in eine winzige WG in Homerton. Das war endlich ein relativ ereignisloses Mietverhältnis, bis ich nach elf Monaten vor dem klassischen Problem stand, dass ein Zimmer neu zu belegen war – oder in meinem Fall zwei. Eine der beiden zog aus beruflichen Gründen in den Nahen Osten, und die andere beschloss, wieder nach Hause zu ziehen, weil die Miete zu viel von ihrem Gehalt beanspruchte. Also suchte ich nach zwei neuen Mitbewohnern, die ihren Platz einnehmen sollten – jedenfalls bis zu der Rattenkatastrophe, nach der ich meine Sachen packte und zurück zu meinen Eltern flüchtete (allerdings versuchte unsere Vermietung noch, uns als Abschiedsgeschenk zwei zusätzliche Monatsmieten abzuknöpfen).

Trotzdem weiß ich, dass ich relativ viel Glück hatte – es hätte noch viel schlimmer kommen können.

Ich habe Mietgeschichten von Freunden gehört, die einen ganzen Winter lang eiskalte Duschen ertragen mussten und ein feuchtes Schlafzimmer, wo aus den Wänden Pilze sprossen. Bei anderen bestanden die Vermieter darauf, die Wohnung als

Notunterkunft zu nutzen, wenn sie in London waren, und richteten sich tagelang im Wohnzimmer ein. Eine weitere Freundin entdeckte zufällig, dass ihr monatlicher Mietanteil, den sie immer an ihre Mitbewohnerin überwiesen hatte, nicht wie erwartet direkt an den Vermieter ging, sondern für Reisen nach New York und Eintrittskarten für Barbra-Streisand-Konzerte ausgegeben worden war, sodass sie beide Monate im Mietrückstand waren. Und dann die Vermieter, die sich für großmütig halten, weil sie dir die Hälfte deines Einkommens abnehmen, um ihre Hypotheken abzuzahlen, während sie ihren Teil der Abmachung völlig vernachlässigen. Vermieter, die unangekündigt bei dir auftauchen oder mit der Kaution verschwinden. Die Witze darüber reißen, dass deine Wohnung das »Erbe ihrer Kinder« ist, während sie dich über eine Mieterhöhung informieren, und die von dir erwarten, dass du mitlachst, was du auch tust, weil sie am längeren Hebel sitzen und du gelernt hast, Vermietern gegenüber fügsam zu sein.

Es ist schwierig, jemandem die Tücken der Mietverhältnisse in einer großen, teuren Stadt wie London zu vermitteln und wie entmutigend diese Erfahrung sein und wie sie dich Stück für Stück zermürben kann. Abgesehen von den exorbitanten finanziellen Kosten gibt es noch andere, weniger offensichtliche, weniger leicht zu beziffernde Kosten wie das ständige Grübeln und Abwägen und den emotionalen Tribut, den das mit der Zeit fordert. Es sind die zahllosen Stunden, die du damit verbringst, die Wohnungsanzeigen zu durchforsten und dich zu fragen, ob ein fensterloses Schlafzimmer vielleicht gar nicht *so* schlecht ist. Und es sind die Tage, an denen du immer wieder deine Sachen ein- und auspackst, deine Sachen ein- und auspackst, deine Sachen ein- und auspackst, bis du schließlich alles wegwirfst, was du nicht einfach die Treppe hinauftragen oder hinten in ein Auto packen kannst. Es ist die Demütigung, wenn du mit fünfzig anderen jungen, hoffnungsvollen Bewerbern zu einer Wohnungsbesichtigung gehst und eingeladen wirst, bei einer verdeckten Auktion für die Wohnung zu bieten, obwohl du weißt, dass du keine Chance hast, sie zu bekommen, und trotzdem mitbietest (wir haben sie nicht bekommen). Es ist, wenn du immer wieder auf Immobilienanzeigen reinfällst, die dich mit Fotos einer hübschen Wohnung ködern, die sogar irgendwie in deine Preisklasse fällt, und wenn du dich dann durch die Fotos klickst, verstehst du, warum sie so relativ günstig ist, nämlich weil sie – ach so, natürlich – kein Wohnzimmer hat. Es sind die vielen Male, die du dich entschuldigend vor der Arbeit drückst, um mit irritierend fröhlichen Vermietungsagenturen oder aufreizend entspannten Vermietern zu telefonieren und sie anzuflehen, doch einmal vernünftig zu sein und sich wie anständige Menschen zu benehmen (was sie nicht tun). Es ist die Frustration über die sinnlosen vertraglichen Verbote, darüber, dass du eine Erlaubnis einholen musst, um ein Bild aufzuhängen, und darüber, dass du in einem ewigen Schwebezustand mit nichtdekorierten Wänden und schwächlichen IKEA-Möbeln leben musst. Es ist die Ungewissheit, verdammt noch mal, die Ungewissheit. Der besondere Geschmack der Panik, die durch eine unerwartete Mieterhöhung oder, noch schlimmer, einen Räumungsbescheid ausgelöst wird. Du weißt nie, ob du in drei Monaten noch in derselben Wohnung lebst. Du fühlst dich nie wirklich sesshaft.

Nach und nach zermürbt es dich, bis du für die kleinste Gnade dankbar bist – wenn dir erlaubt wird, eine Wand neu zu streichen, oder es nur Wochen und keine Monate braucht, bis das heiße Wasser repariert wird. Und das alles, obwohl du am Ende nichts als ein leeres Bankkonto vorweisen kannst. Kein Eigenkapital, keine Ersparnisse. Nichts. Kein Wunder, dass Mieter häufiger unter Einsamkeit und psychischen Erkrankungen leiden als ältere Menschen, die ein eigenes Haus besitzen.[1] Bei mir war es vor allem die fehlende Sicherheit in diesen Jahren, das dumpfe Gefühl, dass jeden Moment alles den Bach runtergehen könnte, was meine Neigung zum Geldhorten auslöste. Die Vorstellung, ich könnte im Notfall – oder bei einer Mieterhöhung – nicht auf einen komfortablen Puffer jeden Monat zurückgreifen, erschreckte mich so, dass ich absichtlich Zimmer mietete, die ein paar hundert Pfund billiger waren, als ich mir hätte leisten können, und stopfte das übrige Geld in einen Notfalltopf. Das ist an sich keine schlechte finanzielle Praxis. Es ist sogar äußerst sinnvoll. Nur dass ich aufgrund der horrenden Londoner Mietpreise mit meinem Budget nirgendwo besonders schön wohnen konnte. Stattdessen musste ich eine Reihe miserabler Mietwohnungen ertragen, obwohl es, im Nachhinein gesehen, eine gute Investition gewesen wäre – sowohl in den Komfort als auch in mein Glück –, monatlich etwas mehr zu zahlen und dafür an einem schöneren Ort zu wohnen (auch wenn das bedeutet hätte, dass etwa die Hälfte meines nach abgezogenen Steuern übrigen Gehalts für die Miete draufgegangen wäre, ein Anteil, den die meisten Wohlfahrtsverbände und politischen Organisationen »höchst unbezahlbar« nennen. Als Faustregel gilt, dass Einzelpersonen nicht mehr als 35 Prozent ihres Nettoeinkommens[2] für Wohnen ausgeben sollten).

Die glücklicherweise kurze Zeit, in der ich in London zur Miete wohnte – insgesamt zwei Jahre – war eine der stressigsten Perioden meines bisherigen Erwachsenenlebens. Ich erinnere mich noch gut an die Angst, die sich in meiner Brust festsetzte und nur gelegentlich durch ein hohes Arbeitspensum oder eine ausgelassene Nacht betäubt wurde, bis mich ein harmloser Vorfall – zum Beispiel ein verpasster Anruf der

Hausvermietung, oder eine Mitbewohnerin lernt die Eltern des Partners kennen – im Geiste die Abfolge von Ereignissen durchspielen ließ, die mir buchstäblich den Boden unter den Füßen wegziehen könnten. In London etwas zu mieten ist eine von Unsicherheiten geprägte Erfahrung. Das gilt vor allem, wenn du wie ich am unteren Ende des Marktes mietest. Es ist eine Verhöhnung des menschlichen Urinstinkts, sich ein Nest zu bauen, eine Verhöhnung der Vorstellung, das eigene Zuhause sollte ein Zufluchtsort sein, ein Ort, an dem du am Ende des Tages die Tür vor dem Chaos der Außenwelt schließt. Für die »Generation Miete« (wie wir oft genannt werden) lauert dort die Gefahr.

Es hat nicht geholfen, dass ich erst auf einer Privatschule und dann in Oxford gewesen bin. Ich hatte infolgedessen Freunde, die oft nicht in der gleichen Lage waren wie ich. Meistens hatten sie Eltern, die ihnen große Summen für eine Kaution geben – oder ihnen gleich eine Immobilie kaufen konnten. Das ist heutzutage keine Ausnahme mehr – mehr als ein Drittel der Erstkäufer in England bitten ihre Eltern um finanzielle Hilfe, um die Immobilienleiter hochzuklettern.[3] Betrachtet man nur die unter Fünfunddreißigjährigen sind es mehr als die Hälfte.[4] Die sogenannte »Elternbank« ist heute die zehntgrößte Hypothekengeberin in Großbritannien.[5] In London kannte ich keine einzige Person, die es ohne bedeutenden finanziellen Beitrag ihrer Eltern geschafft hätte, eine Stufe weiter in Richtung einer eigenen Immobilie zu kommen.

Vor allem in meinen frühen Zwanzigern hegte ich eine Mischung aus Neid und Missgunst gegenüber Menschen, die in diese Kategorie fielen, und zwar weniger, weil sie solches Glück hatten (obwohl ich zugeben muss, dass auch das eine Rolle spielte), sondern mehr wegen der Tatsache, dass viele von ihnen gar nicht zu wissen schienen, wie privilegiert sie waren und wie es die finanzielle Landschaft ihres gesamten Lebens, weit über ihre Zwanziger hinaus, verändern würde. Ich hatte Freunde, die verständnisvoll nickten, wenn ich von den Dramen am Arbeitsplatz und der Büropolitik erzählte, und dann Dinge sagten wie: »Mein Gott, ich könnte nie in einem Büro arbeiten.« Es sollte ein Kompliment sein, in dem Sinn, dass ich härter im Nehmen sei als sie. Gleichzeitig sagten sie durch die Hintertür, dass ein Büroumfeld ihre zarte künstlerische Seele ersticken würde. In Wirklichkeit bestand der einzige Unterschied zwischen uns darin, dass sie nicht in einem Büro arbeiten *mussten*, während ich es eben tat. Stattdessen hatten sie den Luxus, mit nebulösen kreativen Interessen zu experimentieren, frei von dem Druck, über kurz oder lang Geld verdienen zu müssen, weil am Ende des Regenbogens ein Topf voller Gold auf sie wartete. Ich arbeitete in einer Branche, in der ich vor allem aus Angst vor finanzieller Unsicherheit und auf Kosten dessen, was ich eigentlich beruflich machen wollte, angefangen hatte, und ich beneidete sie um diese Freiheit.

So regte ich mich im Stillen über eine Freundin auf, die sich darüber beklagte, wie »stressig« sie den mit dem Kauf ihrer Wohnung verbundenen Verwaltungsaufwand fand. Soweit ich es beurteilen konnte, war es kaum mehr als die Teilnahme an Besichtigungsterminen und das Unterzeichnen einiger Verträge, da ihre Eltern die Wohnung direkt bezahlt hatten. Als die Eltern einer anderen Freundin ihr eine Wohnung kauften, war ich so von Neid zerfressen, dass ich sie monatelang nicht besuchte und mich jedes Mal entschuldigte, wenn sie mich zu sich einlud. Ich habe sogar die Party zu ihrem fünfundzwanzigsten Geburtstag geschwänzt. Ich konnte es nicht ertragen, die nötige Begeisterung für ihre neue Wohnung aufzubringen, zumal ich selbst damals in dem undichten, taubenverseuchten Höllenloch wohnte. Und dann die Freundin, die bei einem

Drink darüber klagte, wie schwer es sei, mit einem Budget von 600 000 Pfund (natürlich zum Teil von ihren Eltern zur Verfügung gestellt) eine Wohnung zu finden. (Nachdem wir uns verabschiedet hatten, schrieb ich eine wütende, gehässige SMS an Tommy.) Noch schlimmer war das seltsame Gefühl des Verratenseins, das ich gegenüber meinen Freunden empfand. Als wir in unseren frühen Zwanzigern gewesen waren, hatten sie sich mit mir über den Zustand des Wohnungsmarkts beschwert, hatten darüber gejammert, wie »knapp bei Kasse« sie waren, und sich von mir zum Essen einladen lassen. Und ein paar Jahre später konnten sie sich auf wundersame Weise selbst eine Wohnung kaufen, mit Unterstützung der Eltern. Warum hatten sie sich aufgeregt, dachte ich. Sie mussten doch gewusst haben, dass es früher oder später geschehen würde und dass sie insgeheim von einem finanziellen Rettungsschirm gehalten wurden. Ich fühlte mich getäuscht und von dem, was ich als eine seltsame Art von Klassentourismus empfand, verbittert. Sie probierten ein bisschen Mittelklasse aus und mieteten sich in London ein, »für die Geschichte«, bevor sie in die Sicherheit von Eigenheimen, gestrichen mit den Farben von Farrow & Ball, flüchteten. Es gibt auch eine merkwürdige Scheu, wenn es um Häuser geht, die mit Hilfe der »Elternbank« gekauft wurden (warum sagen wir nicht, was es ist: Familiengeld). Nur wenige Menschen sprechen offen über die oft üppigen Erbschaften, die diesen Käufen zugrunde liegen. Stattdessen sehen wir die Instagram-Fotos von strahlenden Zwanzigjährigen, die stolz auf den Stufen ihres neuen Hauses stehen, oder wir unterhalten uns auf einer Dinnerparty höflich über Farbmuster und Ercol-Möbel aus der Mitte des vergangenen Jahrhunderts, während wir uns im Stillen fragen: »Wie bitte?« Ich jedenfalls habe viel Zeit in meinen Zwanzigern damit verbracht, mich zu fragen, wie Leute in meinem Alter es fertigbrachten, Immobilien in London zu kaufen, und wie viel härter ich arbeiten musste, wie viel mehr ich verdienen musste, wie viele Stufen ich auf der Karriereleiter hochklettern musste, bevor ich an der Reihe war; bis schließlich der Groschen fiel und mir dämmerte, dass natürlich keines dieser Häuser mit dem Gehalt einer Account-Managerin gekauft worden war. Das vielleicht deutlichste Beispiel für diese Zurückhaltung ereignete sich kurz nachdem ich achtundzwanzig geworden war. Ich beschloss, nicht einfach aufzugeben und mich nicht damit abzufinden, dass ich niemals eine Wohnung in London würde kaufen können. Ich wollte mich lieber über die Vor- und Nachteile des Hauskaufs informieren, um einen Angriffsplan zu entwickeln. Wenn ich mir ein paar Ziele setzte und einen Plan machte oder wenn ich wüsste, wie viel mich von dem Erwerb eines Eigenheims trennte, dann hätte ich vielleicht mehr Kontrolle. Kurzum, passend zu meiner Typ-A-Persönlichkeit beschloss ich, mir einen Weg aus der Verzweiflung zu bahnen. Die nächsten Wochen verbrachte ich damit, verschiedene Hypothekenmakler und Finanzberater anzurufen, sie mit Fragen und Hypothesen zu löchern, ihnen Kontoauszüge zu schicken und sie zu bitten, vage Vorhersagen darüber zu machen, wie viel ich mir leihen könnte, wenn dies oder wenn das der Fall wäre. Ich fragte eine befreundete Finanzjournalistin über Zinssätze aus und verschlang Artikel über Kreditwürdigkeit und Beleihungsquoten. Da ich bereits selbstständig war, wusste ich, dass für mich eine Hypothek wesentlich schwerer zu bekommen war als für Angestellte. Als Freelancerin musst du den Banken Einkommensnachweise über mehrere Jahre vorlegen (im Gegensatz zu den Gehaltsabrechnungen von nur drei Monaten), und angesichts meiner unregelmäßigen Einkünfte war es sinnvoll, mit der Planung meiner Finanzen einige Jahre im Voraus zu beginnen.

Aber wie ich es auch drehte und wendete, wie kreativ ich die Zahlen hin und her rückte oder wie optimistisch ich mein zukünftiges Einkommen prognostizierte, es war einfach klar, dass ich ein wahnsinnig hohes Gehalt brauchen würde, um selbst eine kleine, heruntergekommene Hütte in London kaufen zu können – ein Vielfaches des britischen Durchschnittseinkommens und mit Sicherheit weit mehr als alles, was ich in den kommenden Jahren realistischerweise verdienen würde. Für eine Anzahlung zu sparen schien plötzlich das geringste Problem zu sein – ich verdiente einfach nicht genug Geld. (Im November 2020 kostete ein Haus in London im Durchschnitt 514 000 Pfund[6], fast das Vier- bis Zehnfache des Londoner Durchschnittsgehalts von 37 000 Pfund. Die meisten Banken vergeben Kredite nur bis zum 4,5-Fachen des Gehalts einer Person, höchstens bis zum Fünffachen.)

Es ergab einfach keinen Sinn – meine Freundin Amy hatte eine Hypothek aufgenommen, als wir beide vierundzwanzig Jahre alt waren und beide dasselbe Gehalt von 28 000 Pfund hatten. Sie sagte damals, ihre Eltern hätten ihr mit einer Anzahlung geholfen, aber wie konnte sie eine Hypothek aufnehmen, die reichte, um sich eine geräumige Zweizimmerwohnung in einem sehr begehrten Bezirk leisten zu können? Gab es vielleicht ein spezielles Hypothekenangebot für Durchschnittsverdiener, von dem ich nichts wusste? Und wenn: Würde man mir einen Kredit gewähren? Als ich ein paar Wochen später bei Amy auf dem Sofa saß, beschloss ich, das Thema anzusprechen.

»Ich hoffe, es stört dich nicht, wenn ich frage«, begann ich in diesem vorsichtigen, fast beschwichtigenden Ton, den wir gewöhnlich anschlagen, wenn wir mit anderen Menschen – sogar mit unseren engsten Freunden – über ihre Finanzen sprechen.

»Wie hast du eine Hypothek bekommen? Wie lief das ab?«

Ich fuhr fort: »Entschuldige, ich bin nicht einfach nur neugierig – ich versuche nur für die Zukunft zu planen und will herausfinden, ob ich jemals in der Lage sein werde, mir eine eigene Wohnung zu kaufen. Dieser ganze Hypothekenkram ergibt für mich einfach keinen Sinn.«

Amy sah sofort unbehaglich aus.

»Ich meine, du musst nicht darüber reden, wenn du nicht willst …«, fügte ich schnell hinzu.

Sie nahm einen tiefen Atemzug. »Okay. Es *stört* mich nicht, mit dir darüber zu reden, und ich will dir gerne bei allem helfen, wenn ich kann, aber … ich muss dir etwas gestehen.«

Ich wartete.

»Ich habe keinen Hypothekarkredit.«

»Wie bitte?«, antwortete ich, plötzlich verwirrt.

»Ich habe keine Hypothek. Ich habe meine Wohnung direkt gekauft.«

»Aber du hast doch erwähnt, dass du eine Hypothek hast«, sagte ich, immer noch verwirrt.

»Ich weiß«, antwortete Amy und wurde rot.

Verlegen erzählte sie mir die Wahrheit. Als sie vierundzwanzig war, hatten ihre Eltern ihr genug Geld gegeben, um sich eine Wohnung zu kaufen. Aus Sorge, ihre Freunde könnten sie als »reich« wahrnehmen und mehr Großzügigkeit von ihr erwarten, hatte sie das Ausmaß ihrer finanziellen Freiheit heruntergespielt und so getan, als hätte sie ein Hypothekendarlehen.

In einer Gesellschaft, die das Ansammeln von Reichtum fast als moralisch gut betrachtet, in der die Armen systematisch von den wichtigsten sozialen und institutionellen Strukturen ausgeschlossen und von fast allen kulturellen Aspekten missachtet werden, kann es nicht überraschen, wenn Menschen mit wenig Geld deswegen Scham empfinden. Scham wegen Reichtum ist etwas unerwarteter, denn trotz gelegentlicher Widerstände und einer wachsenden antikapitalistischen Stimmung, die in den kulturellen Mainstream Einzug gehalten hat, neigen wir im Großen und Ganzen dazu, die Reichen zu verehren und den traditionellen Zeichen des Reichtums eine enorme soziale Bedeutung beizumessen: schöne Autos, große Häuser, Designerkleidung. Aber so ist es eben mit der Scham. Sie entsteht aus unseren grundlegenden menschlichen Instinkten: der Angst, von anderen negativ beurteilt zu werden, dem Wunsch, dazuzugehören, dem Unbehagen, sich bloßgestellt zu fühlen. Für wohlhabende Menschen, die vielleicht auch noch politisch linksorientiert sind und somit die Idee der sozialen Gerechtigkeit schätzen, können Reichtum und die damit verbundenen Vorteile eine Quelle moralischen Unbehagens sein, vor allem, wenn der Reichtum geerbt wurde. Es ist durchaus möglich (und üblich), sich für »zu viel« Geld zu schämen, auch wenn es den meisten von uns verständlicherweise schwerfällt, für diese Haltung Verständnis aufzubringen. Amy hatte ihr Erbe nicht nur aus Angst, sie könnte von ihren Freunden anders behandelt werden, verheimlicht, sondern auch, weil es ihr – wie sie sagte – peinlich war, es in dieser Hinsicht so leicht gehabt zu haben.

Ihre Sorge war nicht völlig unbegründet. In einer Abhandlung über die Psychologie des Erbens zeigt Eric Schoenberg, Professor an der Columbia Business School, dass die allgemeine Vorstellung, »Belohnung und Anstrengung sollten in einem angemessenen Verhältnis stehen, die Gesellschaft misstrauisch macht gegenüber dem Reichtum, den Erbende ohne eigene Anstrengung erhalten«.[7] Wir bewerten die Quelle des Geldes unbewusst unterschiedlich und weisen Personen je nach Ursprung ihres Reichtums einen bestimmten Status zu. Selfmade-Millionäre werden anders wahrgenommen als Personen, die durch ein Erbe dasselbe Nettovermögen besitzen.

Die meisten Menschen betrachten geerbtes Geld als zwar legitim, aber auch etwas ungerecht.

Amy und ich unterhielten uns noch eine Weile, sie erklärte mir die Details ihrer Situation, während ich versuchte, mit dem Gespräch, das gelinde gesagt unerwartet verlief, zurechtzukommen. Die nächsten Tage ging ich im Kopf die Gespräche der letzten Jahre durch und glich Amys beiläufige Bemerkungen über Geld oder ihre Wohnung mit den mir inzwischen bekannten Tatsachen ab. Im Grunde war ich fassungslos. Es war nicht der Schock darüber, dass Amy Wohnungseigentümerin war, sondern dass und wie sie ihre wirkliche Situation verschleiert hatte. Sie hatte mich nicht nur durch Verschweigen getäuscht oder indem sie falsche Vermutungen nicht richtigstellte. Sie hatte schlicht gelogen.

»Schon in Ordnung«, sagte ich schließlich. »Ich bin nicht wütend oder so – ich habe ja gar kein Recht darauf, über deine Finanzen Bescheid zu wissen. Ich bin nur ein bisschen … überrascht.« Ich versuchte möglichst unvoreingenommen zu klingen, denn ihre Angst vor einer Verurteilung hatte ja dazu geführt, dass sie mich angelogen hatte.

Ich überlegte, bevor ich fortfuhr. »Ich will nur eine Sache sagen. Es ist nicht hilfreich, wenn du nicht ehrlich mit dieser Sache umgehst. Für mich warst du ein Beispiel dafür, dass auch ich mit meinem derzeitigen Einkommen eine anständige Hypothek bekommen kann. Und das stimmt eben nicht. Ich verstehe, warum du deine Lage nicht ausposaunen willst, aber die Leute aktiv in die Irre zu führen …« Ich seufzte. »Das ist einfach nicht hilfreich.«

Und das ist der Punkt. Wenn Menschen ihre enormen Privilegien verheimlichen – sei es die Erbschaft, die einen Hauskauf ermöglicht, oder der berufliche Aufstieg, der durch finanzielle Unterstützung ermöglicht wird –, führt das dazu, dass die weniger Bevorteilten und Glücklichen sich selbst zerfleischen und ungenügend fühlen, wenn sie nicht dieselben Meilensteine erreichen. Denn sie wissen nicht, dass es einen geheimen Schummelcode gibt, zu dem sie keinen Zugang haben.

Mit Ende zwanzig trennen sich so langsam Wege. Die individuellen Ziele und Lebensstandards in deiner Freundesgruppe fangen an sich zu unterscheiden. Manche Karrieren nehmen Fahrt auf, andere stagnieren, Gehälter steigen oder fallen entsprechend, und die Entscheidungen, die man mit Anfang zwanzig getroffen hat, machen sich bemerkbar. Plötzlich stellst du fest, dass die Freunde, die lange Zeit deine Mitstreiter waren, neben denen du in hell erleuchteten Bibliotheken gesessen und in schummrigen Klubs gewesen bist, nicht mehr unbedingt deinesgleichen sind. Während die einen ohne nachzudenken 40 Pfund für ein zwangloses Dinner am Dienstagabend ausgeben, ärgern sich andere den ganzen Rückweg über die Rechnung, weil die 40 Pfund eigentlich für den wöchentlichen Lebensmitteleinkauf vorgesehen waren. Aber sie wollten nicht geizig wirken – auch wenn sie nichts hatten von der überteuerten Flasche Wein, die irgendjemand »für den Tisch« bestellen wollte. Tatsächlich bestellen einige deiner Freunde nicht mehr den zweitbilligsten Wein auf der Karte, sondern den, der ihnen schmeckt. Sie fangen an, sich richtige Möbel zu kaufen, zu Hochzeiten zu fahren und auf Reisen in (wirklich) schönen Hotels zu übernachten. Und du fragst dich, wie sie sich das bloß leisten können. Und dann begreifst du, dass sie entweder im Lauf der Zeit viel mehr Geld verdient oder heimlich gespart (Arschgeigen) haben müssen – oder, ja, von ihren Eltern unterstützt wurden. Und manche Leute kaufen sich natürlich Häuser.

So wie die Wohnsituation stellvertretend für die Klassenunterschiede und die Vermögensungleichheit in Großbritannien insgesamt steht, indem sie uns in Eigenheimbesitzer oder Vermieter und Mieter, Habende und Habenichtse unterteilt, steht sie auch für die finanziellen – und sozialen – Unterschiede, die in manchen Freundschaften gegen Ende Zwanzig deutlich werden. Die Unterkunft (genauer gesagt: das Wohneigentum) ist die im Sand gezogene Grenze, sie bezeichnet die Unterschiede im Lebensstil und der Klassenzugehörigkeit. Ich wurde mit dieser Tatsache etwas früher konfrontiert als die meisten, denn in meinem recht privilegierten sozialen Umfeld begann die Abwanderung von der Miete zum Wohneigentum fast unmittelbar nach meinem Schulabschluss. Als ich Mitte zwanzig war, gab es um mich herum mehr Immobilienbesitzer als Mieter.

Wie stark sich unsere Geschicke unterschieden, erkannte ich kurz nach meinem siebenundzwanzigsten Geburtstag sehr deutlich. Etwa ein halbes Jahr zuvor hatte ich mein erstes Buch veröffentlicht. Seit zwei Jahren war ich selbstständig und hatte mir seitdem weder Urlaub noch überhaupt eine Auszeit gegönnt. Ich arbeitete viel und wollte mich an die Selbstständigkeit gewöhnen. Kein Wunder, dass mein Gehirn und mein Körper schließlich rebellierten und sich aus Protest nicht mehr bewegen ließen. Ich war völlig erschöpft, konnte nicht mehr arbeiten und sagte Meetings in letzter Minute ab – wichtige Meetings, Gelegenheiten, die ich normalerweise wahrgenommen hätte. Meine E-Mails zu checken erfüllte mich mit einer Angst, die in keinem Verhältnis zur Aufgabe stand. Mir wurde klar, dass ich dringend eine Pause brauchte, und so buchte ich eine Reise nach Mexiko und entfloh einem besonders düsteren britischen Winter. Zunächst erholte ich mich in einem Boutique-Hotel auf der Halbinsel Yucatán, wo ich fünf Tage lang unbeweglich in einer der hoteleigenen Strandhütten lag, bevor ich nach Mexiko-Stadt weiterreiste, wo ich schon seit Jahren hinwollte. Ich besichtigte die architektonischen Wahrzeichen der Stadt, schlenderte durch Haus und Garten von Frida Kahlos »Casa Azul« und genoss Luis Barragáns dramatische Farblandschaften. Ich aß in den angesagtesten Restaurants und auf den Märkten Ceviche und Churros und trank eiskalte Horchata. Ich entspannte mich. Ich hielt Siesta. Ich hatte Spaß. Und, für mich am bemerkenswertesten: Ich machte mir keine (allzu großen) Sorgen über das Geld, das ich ausgab. Selbst der vorsichtigste Teil in mir wusste, dass ich mir diesen Luxus redlich verdient hatte, und so war ich ausnahmsweise frei von schlechtem Gewissen, weil ich Geld »verschwendete«. (In gewisser Weise betrachtete ich die Reise auch als notwendige Investition in meine Fähigkeit, nach meiner Rückkehr nach London wieder produktiv arbeiten zu können. Das sagt einiges darüber aus, wie der moderne Kapitalismus sogar das Konzept der Freizeit beherrscht und in den Dienst der Einkommensgenerierung stellt – aber ich schweife ab.)

Als ich zehn Tage später wieder in London ankam, dachte ich über meine Reise nach, während ich in einem Zug der Piccadilly Line saß, der mich von Heathrow in die Stadt brachte, und zufrieden durch die vielen Fotos auf meinem Handy scrollte, die ich gemacht hatte. Ich hatte einen schönen Urlaub gehabt, den ich mir mit meiner Arbeit selbst verdient hatte, und es war mir gelungen, wegen meiner Ausgaben dort nicht mit mir selbst zu schimpfen. Es schien mir in mehrfacher Hinsicht ein Erfolg zu sein, und ich war stolz. Siehst du, sagte ich mir, wenn du hart arbeitest, kannst du dir etwas Schönes leisten.

Mein Telefon surrte.

Auf dem Display blinkte eine Nachricht auf. In einer kleinen WhatsApp-Gruppe, in der wir beide waren, postete meine Freundin Lea einen Link.

Lea: Möchte irgendwer eine Wohnung kaufen?

Ich lächelte schon in der Erwartung einer dieser Immobilienanzeigen, die sich gelegentlich verbreiten, weil die Besitzer irgendetwas Gruseliges oder Unerwartetes besitzen – lebensgroße viktorianische Kinderpuppen oder amateurhafte, verpfuschte Tierpräparate. Doch zu meiner Überraschung führte der Link zum Immobilienunternehmen Zoopla, in dem Leas eigene Wohnung inseriert wurde. Ihre Eltern hatten sie ihr vor vielen Jahren gekauft, und sie stand nun für 950 000 Pfund zum Verkauf. Es stellte sich heraus, dass sie und ihr Freund beschlossen hatten, die Wohnung im Zentrum Londons gegen ein Familienhaus in den Vororten einzutauschen, und auf diese Weise verkündete sie uns das.

Ich fühlte mich, als hätte ich einen Schlag bekommen. Der warme Optimismus, in dem ich gebadet hatte, verflog augenblicklich. Vor wenigen Sekunden hatte ich darüber nachgedacht, wie weit ich es im Leben bringen könnte, wenn ich mich nur anstrengte, und nun wurde ich daran erinnert, dass ich, egal wie hart ich arbeitete, wie viele Artikel ich schrieb, wie viele Workshops ich abhielt und wie viele Bücher ich verkaufte, in einer Million Jahren niemals *so* weit kommen würde.

Und dann wurde ich wütend.

Wie konnte sie so verdammt unsensibel sein. Zugegeben, Lea und ich hatten nie direkt über unsere jeweilige Situation gesprochen, aber es war doch klar, dass ich den krassen Unterschied zwischen unseren Situationen nicht unter die Nase gerieben haben wollte! Sie zog mühelos in ihr zweites Millionenhaus, während ich in meinem Jugendzimmer festsaß, wo der Gedanke, auch nur einen Zeh in Richtung Wohneigentum austrecken zu können, lachhaft war. Meine Finger schwebten schon über meinem Telefon, um zu antworten. *O ja, gerne, muss nur eben meine Eltern um ein paar Hunderttausend Pfund bitten.* Aber ich wusste, dass es ihr schrecklich peinlich wäre und allen anderen in unserem Gruppenchat auch. Es wäre eine unglaublich unhöfliche Art, auf die gute Nachricht einer Freundin zu reagieren. Vielleicht sollte ich ihr eine private Nachricht schicken, dachte ich, aber ich war zu müde, um die richtigen Worte zu finden. Stattdessen schaltete ich den Chat stumm und machte mich auf den Weg nach Hause. Meine schöne Seifenblase nach dem Urlaub war schon geplatzt, bevor ich den Haustürschlüssel umgedreht hatte.

Vielleicht war es Dünnhäutigkeit oder Naivität, weshalb mich die Tatsache, dass andere Menschen mehr haben als ich, dermaßen berührte. Ich versuchte mir klarzumachen, dass ich in einer Blase von Klassenhomogenität lebte, die meine Erwartungen an die finanzielle Entwicklung meines Lebens verzerrt hatte, und dass es keineswegs die Norm war, schon mit Mitte zwanzig Heimbesitzer zu werden (tatsächlich liegt das Durchschnittsalter von Erstkäufern in Großbritannien bei zweiunddreißig Jahren, in London sogar bei siebenunddreißig Jahren).[8] Trotzdem war es ein Schock zu merken, dass meine Freunde, mit denen ich früher auf Augenhöhe war, mir plötzlich Lichtjahre voraus zu sein schienen. In der Schule und an der Uni hatte es mich nie wirklich gestört, dass die Familien vieler meiner Freunde wohlhabender waren als meine eigene Familie, es kam mir wohl nicht relevant vor. Ich ging einfach davon aus, dass sich unser Leben ähnlich entwickeln würde, da wir alle ähnliche Noten und Abschlussergebnisse und einen ähnlichen Ehrgeiz hatten. Bildung, Bildung, Bildung. Das sollte doch der große Gleichmacher sein, oder? Doch wenn wir sehen, dass unsere Freunde so früh im Erwachsenenalter einen Vorteil haben, der unsere Leben auf ganz andere Bahnen bringt, wird der Trugschluss der Leistungsgesellschaft deutlich:

Der Multiplikatoreffekt von Klasse und Privilegien nimmt im Laufe des Lebens eher zu als ab, da der Reichtum von Generation zu Generation weitergegeben wird – oder eben nicht. Der *Guardian* berichtete im Jahr 2020: »In vielen Großstädten ist es heute praktisch unmöglich, mit einem durchschnittlichen oder sogar überdurchschnittlichen Gehalt auf dem Immobilienmarkt Fuß zu fassen … Erbschaft, nicht Arbeit, ist der Hauptweg zum Wohneigentum der Mittelschicht geworden.«[9]

Auch fiel es mir schwer, die klaffende Lücke zwischen den Zwanzigern, wie ich sie mir als Teenagerin erträumt hatte (zugegebenermaßen vernebelt von Serien wie *Friends*) und der Realität nicht zu beklagen. Die Wohnungskrise in Großbritannien hat die Erfahrung des frühen Erwachsenenalters für alle, die Mitte der 1980er Jahre oder später geboren wurden, dramatisch verändert. Steigende Wohnkosten führen dazu, dass 41 Prozent der Erwachsenen zwischen zweiundzwanzig und neunundzwanzig Jahren immer noch bei ihren Eltern wohnen,[10] oft in der Hoffnung, die durchschnittlich 42 000 Pfund[11] zu sparen, die als Anzahlung auf eine Immobilie nötig sind. So dankbar ich auch war, dass ich diese Möglichkeit hatte, so wenig wollte ich in meinen Zwanzigern bei meinen Eltern leben. Ich hatte das Gefühl, dass ich die Unabhängigkeit des frühen Erwachsenseins, nach der ich mich so gesehnt hatte, eintauschen musste, nur um die Chance zu haben, eines Tages ein eigenes Haus zu besitzen – ein Kompromiss, den viele Zwanzig- und Dreißigjährige jetzt eingehen müssen. Meine Generation wird viele der grundlegenden Freuden und Übergangsriten ins Erwachsenenleben verpassen, die wir als dazugehörig erwartet und die frühere Generationen genossen haben: die Freude an der Unabhängigkeit, die Möglichkeit, eine Wohnung nach eigenem Geschmack einzurichten und sogar die Freiheit, eine Familie zu gründen. Ich kenne Paare, die sich gegen Kinder entschieden haben, weil sie es sich nicht leisten können, eine Wohnung zu kaufen, und die Aussicht, Kinder in zunehmend unsicheren und unbezahlbaren Mietwohnungen großziehen zu müssen, ist wenig attraktiv. Die Vorstellung, dass dein Wohlstand oder deine Klassenzugehörigkeit darüber entscheidet, ob du eine Familie gründen kannst, wirkt bestenfalls dystopisch.

Und während 2002 alleinstehende Frauen wie ich in einem BBC-Bericht als »ein wichtiger Faktor auf dem britischen Immobilienmarkt«[12] bezeichnet wurden, weil auf sie eine von sieben verkauften Immobilien und 17 Prozent aller neuen Hypothekenkredite entfielen, ist das Gefälle bei der Finanzierbarkeit von Wohnraum eine der (vielen) Folgewirkungen des geschlechtsspezifischen Lohngefälles. Frauen brauchen im Durchschnitt mehr als das Zwölffache[13] ihres Jahresgehalts, um in England eine Immobilie kaufen zu können, während Männer etwas mehr als das Achtfache benötigen. In London und im Südosten steigen diese Zahlen auf das Achtzehn- beziehungsweise Vierzehnfache (abgesehen davon, dass Frauen ohnehin länger brauchen, um für eine Anzahlung zu sparen). Heutzutage ist es selbst für gut verdienende Paare schwierig, an eine Immobilie zu kommen. Welche Aussicht hat dann eine alleinstehende, selbstständige Frau, die kein Erbe hat, eine Anzahlung leisten zu können? Ein fast unmögliches Unterfangen.

Manchmal war es mir ein bisschen peinlich, dass meine Beschäftigung mit möglichem Wohneigentum sich als die typische Besessenheit der Mittelschicht entlarven lies: der Wunsch, ein immer rarer werdendes Statussymbol zu erlangen, damit ich beim Wettrüsten der Scheinbescheidenheit auf Instagram und im Vergleich von Kaminsimsen mithalten könnte. Aber meine Ängste in Bezug auf Wohneigentum kamen aus der Sehnsucht nach der langfristigen Sicherheit, die eine eigene

Immobilie bietet; ein paar Jahre, in denen es mich in diverse Londoner Mietwohnungen verschlug, und die finanziellen Sorgen, die diese ständige Ungewissheit mit sich brachte, verstärkten den Wunsch, eine Wohnung zu kaufen. Außerdem wurde mir schmerzlich bewusst, wie sehr sich Wohneigentum auf den Lebensstandard im späteren Leben auswirkt.

Erst in den nächsten Jahrzehnten, wenn meine Generation das mittlere und dann das hohe Alter erreicht, wird der Unterschied zwischen Mietern und Eigenheimbesitzern deutlich werden: Das Vermögen der Menschen, die in der Lage waren, mit ihrem Einkommen Hypotheken zu tilgen und so Wohlstand anzuhäufen, wird sich von dem derjenigen, die zur Miete gewohnt haben, stark unterscheiden. Im Jahr 2018 prognostizierte die Resolution Foundation, eine Forschungseinrichtung, die sich mit dem Lebensstandard von Haushalten mit niedrigem und mittlerem Einkommen in Großbritannien befasst, dass jede dritte erwachsene Person im Alter zwischen zwanzig und fünfunddreißig Jahren niemals ein eigenes Haus besitzen und immer noch zur Miete wohnen wird, wenn sie in Rente geht (»mieten, von der Wiege bis zur Bahre«, wie es der Bericht der Stiftung so treffend ausdrückt).[14] Vorausgesetzt, die Person hat das Glück, sich die Miete überhaupt leisten zu können. Im Jahr 2019 kam eine Untersuchung der Regierung zu dem Schluss, dass die »Generation Miete«, die keine eigene Wohnung finden kann, unvermeidlich mit der Katastrophe der Obdachlosigkeit konfrontiert sein wird, wenn sie in Rente geht und sich die steigenden Mieten nicht mehr leisten kann.[15] Mit Mitte zwanzig, als ich vorsichtig eine ganz andere und finanziell unsichere berufliche Laufbahn einschlug und die Aussicht, jemals ein eigenes Haus zu besitzen, aufgegeben hatte, beunruhigte mich die Frage, was später im Leben passieren würde. Die Kluft, die ich bereits in meinen

Zwanzigern beobachtete, würde sich im Lauf der Zeit weiter verfestigen, der Unterschied zwischen den Besitzenden und den Habenichtsen immer krasser werden. Und wie immer ist die Situation noch bedrückender, wenn der Faktor Race mit einbezogen wird. Während 68 Prozent der weißen Haushalte im Vereinigten Königreich ein Eigenheim besitzen, sinkt diese Zahl bei Schwarzen Menschen vom afrikanischen Kontinent auf nur 20 Prozent (Schwarze Menschen aus der Karibik stehen mit einer Quote von 40 Prozent etwas besser da).[16] Reichtum erzeugt Reichtum. Eine Quelle generationsübergreifenden Reichtums sind Immobilien. Ein Haus oder das Geld aus seinem Verkauf kann von Generation zu Generation weitergegeben werden.

Familienvermögen spielt auf dem britischen Wohnungsmarkt eine immer größere Rolle. In der Analyse dieser Verhältnisse richtet sich der Fokus vor allem auf die Schichtzugehörigkeit. Allerdings wird dabei übersehen, dass Menschen mit migrantischem Hintergrund oder aus ethnischen Minderheiten sehr oft gar keinen Zugang zu solchen Vermögenswerten haben, was das rassistische Wohlstandsgefälle noch weiter verstärkt.

Virginia Woolf schrieb bekanntlich, »eine Frau braucht Geld und ein Zimmer für sich allein«.[17] In meinen Zwanzigern musste ich davon ausgehen, dass ich von Ersterem nie genug haben würde, um mir Letzteres leisten zu können. Die mit Abstand größten wirtschaftlichen Ängste, die ich in dieser Zeit erlebte, hatten mit dem begehrten, aber schwer fassbaren Status »Heimbesitzerin« zu tun und mit der Frustration – oft auch Traurigkeit – darüber, dass ich diese Situation nicht selbst beeinflussen konnte. Die irrsinnigen wirtschaftlichen Bedingungen, die dem Londoner Wohnungsmarkt zugrunde liegen, bedeuteten, dass ich mich nicht einfach in Richtung

Wohneigentum vorarbeiten konnte, wie ich es zu tun gewohnt war, wenn ich etwas erreichen wollte wie gute Noten oder einen neuen Job. Manchmal hatte ich das Gefühl, eher würde ein Kamel durch mehrere immer enger werdende Nadelöhre passen, als dass ich – eine alleinstehende, selbstständige Schwarze Millennialfrau – einen Fuß auf die Immobilienleiter setzen konnte.

Und doch ergab sich Ende 2019 irgendwie die Möglichkeit.

Die Tantiemen aus meinem ersten Buch (das ein Bestseller geworden war) und der Vorschuss für mein zweites brachten mich – zu meiner Überraschung – plötzlich in eine finanzielle Lage, aus der heraus ich tatsächlich für eine anständige Hypothek infrage kam. Ein paar Wochen vor Weihnachten waren die Zahlen im Buchhaltungsbüro durchgerechnet worden, und mir wurde die gute Nachricht mitgeteilt. Ich feierte mit einer Freundin in Soho bei einem Lunch, das in ein beschwipstes Abendessen überging, bis wir zur Sperrstunde höflich rausgeschmissen wurden.

Im Januar 2020 begann ich mit der Suche und ging dabei mit wissenschaftlicher Präzision vor: Ich meldete mich bei Dutzenden von Immobilienmaklerbüros an und richtete E-Mail-Benachrichtigungen ein, ging mindestens fünfmal am Tag auf die Zoopla-Seite und durchforstete das Internet nach Tipps.

Komischerweise wurde ich bei der Wohnungssuche zu einem der Menschen, die ich am wenigsten ausstehen konnte: zu einer Immobilienspekulantin der Mittelschicht. Plötzlich las ich – eine überzeugte linksgeneigte Labour-Wählerin – die Immobilienseiten des *Telegraph*, um ein Gefühl dafür zu bekommen, was mit den Hauspreisen passierte, ob es ein guter Zeitpunkt zum Kaufen war, ob der Brexit einen Crash auslösen könnte und welche Banken die besten Zinsen boten.

Ich sagte plötzlich Sachen wie »die Gegend hat einen guten Wohnungsbestand« und fing an, mich für solche Gegenden mit gutem Wohnungsbestand zu *interessieren.* Ich begegnete meinem eigenen Snobismus, wenn ich mich fragte, was für eine Wohnung ich denn stolz mein Zuhause nennen würde, und überlegte bei Angeboten, ob ich dort wohl gern Gäste einladen und sie willkommen heißen würde, während ich den neidischen oder bewundernden Blick auf ihren Gesichtern beobachtete.

Ich erlaubte mir sogar, eine besonders vornehme Aussprache an den Tag zu legen, wenn ich mit Immobilienmaklern telefonierte, um der Wirkung meines Namens etwas entgegenzusetzen. Umfangreiche Untersuchungen haben ergeben, dass Immobilienmakler Schwarze Menschen und Angehörige von Minderheiten als Kauf- und Mietinteressenten diskriminieren. Deshalb erschien ich zu den Besichtigungsterminen in einem Blazer und mit einer teuren Handtasche und redete locker über Zulagen von 50 000 Pfund, als wäre das ein Kleckerbetrag für mich. Die Makler sollten wissen, dass ich mir das tatsächlich leisten konnte, und sie sollten nicht unterbewusst die weißen Bewerber bevorzugen, denen ich manchmal nach einer Besichtigung vor der Tür begegnete. Es war mir egal, denn immerhin war ich im Rennen. Eine Immobilie zu kaufen, das fühlte sich an wie ein Akt des Trotzes, ein Mittelfinger gegen die wirtschaftlichen und politischen Kräfte, die Menschen wie mich langsam aus den Bezirken und Städten, in denen wir aufgewachsen sind, verdrängen wollen. Ich hatte immer die Ironie der Geschichte im Kopf: Angesichts des existenziellen Stresses, mit dem wir zu kämpfen haben, können sich nur wenige Schwarze Frauen eine eigene Wohnung leisten. Dabei sind gerade wir es, die mehr als viele andere Schutz vor der Welt brauchen.

Ich war so weit, mich ernsthaft um Wohnungen zu bemühen und Angebote abzugeben, auch wenn die ersten beiden Wohnungen, auf die ich geboten hatte, aus verschiedenen Gründen nicht zu bekommen gewesen waren.

Und dann brach die Pandemie aus. Und alles brach zusammen.

Kapitel 11

Nach Hause kommen

Ende März begann der Lockdown für uns.

Wie fast alle hatte auch ich den Ernst der Lage in den ersten Tagen der COVID-19-Pandemie völlig falsch eingeschätzt. Als sich die Berichte über das seltsame Virus aus China im Januar zu verbreiten begannen, hielt ich das für eine weitere Nachricht im großen Meer der Geräusche und warf kaum einen Blick auf die Schlagzeilen, die immer häufiger auf meiner Browser-Startseite auftauchten. Anfang Februar schrieb mir ein Freund, als er in die USA flog, scherzend: *Hoffentlich hole ich mir das Coronavirus nicht!*, wobei er Coron*o*virus schrieb. Ich verdrehte die Augen, denn es war so unwahrscheinlich, als hätte er Lepra oder die Beulenpest oder etwas ähnlich Absonderliches gemeint. *Sei nicht albern*, schrieb ich zurück. Wenige Wochen später buchte ich Flüge nach Italien, um im Juli zu einer Hochzeit zu fliegen. Auch wenn Teile Italiens inzwischen einen Lockdown verhängt hatten – bis zum Sommer würde sich die Sache doch klären, oder? Ein paar Wochen später ging auch Großbritannien in einen Lockdown, was bedeutete, dass der Immobilienmarkt, wie die meisten anderen Bereiche auch, für den Geschäftsverkehr geschlossen war. Besichtigungen wurden verboten, und die meisten Banken stellten die Kreditvergabe an Erstkäufer ein. Jeder Mensch, der eine Immobilie kaufen oder auch nur umziehen wollte, musste bis zum Ende des Lockdowns warten.

Und da geriet ich in Panik – ich konnte es mir nicht leisten zu warten. Da ich selbstständig bin und mein Einkommen von Jahr zu Jahr stark schwankt, hatte sich ein Hypothekenmakler meine Konten angeschaut und mir geraten, ich solle mich unbedingt bis zum Sommer um eine Hypothek bemühen. Wenn ich es bis dahin nicht schaffte, müsse ich vermutlich noch ein paar Jahre warten, bis ich zwei Jahre in Folge mit regelmäßigem Einkommen vorweisen könne, was meistens die Bedingung ist, wenn man sich als Freelancer um eine Hypothek bewirbt. Die Uhr tickte. Mit jedem Tag, den der Lockdown dauerte, wurde es unwahrscheinlicher, dass ich mir in diesem Jahr wie geplant eine Wohnung kaufen konnte. Nach der ganzen Zeit des Sparens und Planens war das für mich verheerend.

Ich verfolgte ständig die Nachrichten, wechselte von der *BBC* zu Twitter und wieder zurück, zehn-, fünfzehn-, zwanzigmal am Tag, und suchte fieberhaft nach Hinweisen darauf, wann der ganze Mist vorbei sein würde. Die Aussichten waren nicht gut. Wissenschaftler, Journalisten und Politiker sagten Monate, wenn nicht Jahre der Unterbrechung voraus. Mir wurde klar, dass, selbst wenn der Lockdown aufgehoben wäre und ich die Jagd nach einer Wohnung wieder aufnehmen könnte, die Banken in ihrer Sorge vor einer Rezession mir als Selbstständiger mit Interesse am Kauf einer Wohnung nicht gern eine Hypothek geben würden, wenn ich denn überhaupt infrage kam.

Als mir die Bedenklichkeit meiner Lage wirklich bewusst wurde, überkam mich ein so überwältigendes Gefühl der Verzweiflung, wie ich es noch nie zuvor erlebt hatte. Nach all dem Sparen, Zählen, Planen und Sorgen schien das, was ich mir mehr als alles auf der Welt wünschte, endlich zum Greifen nahe zu sein, und ich hatte mir sogar erlaubt, schon ein wenig daran zu glauben – da verlor ich diesen Traum in dem Moment, als ich meinen Einsatz einlösen wollte. Hatte ich es vergeigt, fragte ich mich, indem ich mich zu früh gefreut hatte, indem ich gegenüber manchen Freunden ab und zu erwähnt hatte, dass ich mir Wohnungen anschaute? Oder indem ich ein Pinterest-Board eröffnete, bevor ich den Vertrag unterschrieben und die Schlüssel in der Hand hatte? Ich wusste zwar, dass ich wahrlich nicht am schlimmsten von der Pandemie betroffen war, dass ich das Glück hatte, am Leben und gesund zu sein, ein Dach über dem Kopf und Ersparnisse zu haben, von zu Hause aus arbeiten zu können und keine geliebte Person durch das Virus verloren zu haben – aber dieses Wissen brachte mich nur bedingt weiter. Um ehrlich zu sein, ich war nicht besonders dankbar. Ich war wütend und ärgerlich und fühlte mich sehr ungerecht behandelt.

»Aber wenn du sowieso noch ein paar Jahre warten musst, kannst du weiter sparen und dann eine höhere Anzahlung leisten! Wäre das nicht ganz gut?«, meinte eine Freundin und versuchte mich zu trösten, als ich ihr am Telefon mein Dilemma erklärte.

»Mmmm.« Ich *wollte* nicht mehr Zeit zum Sparen haben, ich hatte schon gespart, und dieses Jahr sollte die Auszahlung stattfinden! Ich sah keinen Silberstreif am Horizont, sondern nur meine bittere Enttäuschung.

»Es ist einfach so verdammt unfair«, antwortete ich wütend. »Ich habe doch alles richtig gemacht – hart gearbeitet, Opfer gebracht und war die meiste Zeit meiner Zwanziger zu Hause … Und es hat mir nichts gebracht. Ich kann mir immer noch keine eigene Wohnung kaufen.«

Ein zuverlässiger Grund für das Unglücklichsein ist das

Gefühl, keine Kontrolle über das eigene Leben zu haben. Vielleicht war meine Ohnmacht am schwersten zu ertragen. Wenn ich mich in der Vergangenheit in einer schwierigen Situation befand, hatte ich immer einen Weg gefunden, die Dinge in den Griff zu bekommen, ob ich einen toxischen Job kündigte, in eine andere Wohnung zog oder mich aus einer belastenden Beziehung löste. Aber das hier war viel größer als ich – dieses Mal hatte ich keine Optionen, konnte keinen Plan schmieden, konnte mich nicht aus einer Pandemie herausmanövrieren, konnte nichts anderes tun, als zu Hause zu sitzen und abzuwarten. Es half auch nicht, dass mein körperlicher Zustand meinen psychischen widerspiegelte – auch physisch eingeschränkt durch die Restriktionen aufgrund der Pandemie und beraubt der üblichen Möglichkeiten, mir selbst oder meinen Gedanken auch nur für ein paar Stunden zu entkommen. Ich war zu Hause mit meinen zersetzenden Ängsten gefangen, wälzte die Enttäuschung im Kopf herum und dachte immer wieder dasselbe: Ich wollte meinen dreißigsten Geburtstag in meiner eigenen Wohnung feiern, mein nächstes Jahrzehnt als die unabhängige, selbst verwirklichte erwachsene Frau beginnen, die ich unbedingt sein wollte, ich hatte die verlängerte Adoleszenz meiner Zwanziger endlich hinter mir gelassen. Das Jahr, das eins der besten meines Lebens werden sollte, das voller Träume, Möglichkeiten und Vorwärtsdrang begonnen hatte, entpuppte sich als eins, das so anstrengend, herausfordernd und deprimierend war wie keines zuvor.

Als Reaktion darauf wurde ich, da bin ich mir sicher, unausstehlich im Zusammenleben. Ich war bissig, streitsüchtig und zutiefst missmutig. Die Versuche meiner Mutter, mich aus meiner Niedergeschlagenheit herauszuholen, endeten fast immer mit einem Wutanfall von mir und einer zugeknallten Tür (siehe: verlängerte Adoleszenz). Der Optimismus, zu dem sie mir riet, erschien mir sinnlos, sogar riskant – ich wollte mir keine Hoffnungen machen, um am Ende enttäuscht zu sein, wenn es nicht klappte.

Vor allem aber fühlte ich mich betrogen. Als der Lockdown sich hinzog und das wahre Ausmaß der Pandemie immer deutlicher wurde, begann ich zu begreifen, dass es sich nicht um eine monatelange oder gar einjährige Unterbrechung handeln würde, sondern eher um einen Umbruch für die gesamte Generation. Das Nachbeben dieser Pandemie wird mein Leben noch jahrelang beeinflussen und einen Wendepunkt in meinem wirtschaftlichen Werdegang darstellen, es wird in meiner Geschichte ein Vorher und ein Nachher geben. Die Freunde, mit denen ich sprach, wirkten ebenso desillusioniert. Auch sie hatten gerade erst damit angefangen, ihr Leben auf die Reihe zu kriegen – sich beruflich zu etablieren und richtiges Geld zu verdienen, vielleicht die Kreditkartenschulden abzubezahlen, die sie in ihren frühen Zwanzigern angehäuft hatten, und mit dem Sparen zu beginnen, vielleicht sogar den Kauf eines Hauses in Erwägung zu ziehen, so wie ich.

Wir hatten getan, was von uns erwartet wurde – wir hatten studiert und gute Leistungen erbracht, hatten »gute« Jobs gefunden und bis zum Umfallen gearbeitet, um uns zu beweisen. Und dann, gerade als wir dachten, es würde sich alles gut fügen, kam eine Pandemie und machte unsere sorgfältig ausgearbeiteten Pläne zunichte. Jetzt klammerten wir uns verbissen an das bockende Pferd 2020 und versuchten verzweifelt, die mageren Gewinne, die wir trotz widriger Umstände erreicht hatten, nicht aufzugeben. Unsere Zwanziger schienen an beiden Enden von Rezessionen umklammert zu sein, die unsere beruflichen und finanziellen Aussichten unumkehrbar verschlechtert hatten (Daten haben immer wieder gezeigt, dass sich ein Schulabschluss in einer Rezession langfristig negativ auf die Verdienstmöglichkeit auswirkt[1]). Hinzu kamen ein jahrzehntelanges Sparprogramm und der sich abzeichnende Brexit – ein Schock, der auch vier Jahre später noch nicht abgeklungen ist.

In fast allen meinen WhatsApp-Chats machte sich grimmiger Galgenhumor breit. Wir tauschten zunehmend nihilistische Memes über unseren bevorstehenden finanziellen Untergang aus, und der Spruch »Lache, sonst wirst du weinen« wurde plötzlich zum Motto unserer Generation. Ein Freund erinnerte mich an ein Gespräch vor der Pandemie, in dem wir uns »2020 wird unser Jahr« geschworen hatten, und wir lachten hysterisch über unsere Selbstüberschätzung. In ernsteren, verletzlicheren Momenten gestanden manche, wie sehr die Pandemie sie belastete, wie deprimiert und ängstlich sie waren, dass sie eine Therapie begannen oder wieder aufnahmen, um zurechtzukommen, und über Antidepressiva nachdachten.

Dabei waren wir ja die Glücklichen! Gehörten zur Mittelschicht, hatten eine Hochschulausbildung und Jobs, die es uns relativ leicht machten, im Homeoffice zu arbeiten. Selbst diejenigen, die wie ich in der prekären Welt der Selbstständigkeit arbeiteten, waren hauptsächlich Fachleute im Lehr- und Wissensbereich, abgesichert durch eine kleine Menge an beruflichem Kapital, im Gegensatz zu Kellnern oder Verkäufern, die auf Messers Schneide in der Gig Economy arbeiteten. Das waren die Jobs, die im Lockdown als Erstes wegfielen. Ich war erleichtert, dass ich mich am Ende meiner Zwanziger befand und nicht am Anfang. Mir schauderte bei der Vorstellung, jetzt einen Einstiegsjob suchen zu müssen, während Unternehmen überall die Absolventenprogramme und Praktika abbrachen und sozusagen die Leitern einzogen, um den Sturm zu überstehen.

Auch als eine Entlassungswelle durch die Medien schwappte

und eins nach dem anderen eingestellt wurde, fragte ich mich im Stillen – und nicht zum ersten Mal –, warum in aller Welt ich ausgerechnet an diese bröckelnde Branche hatte andocken wollen, in der nur wenige Menschen eine sinnvolle Existenz aufbauen oder gar eine lebenslange Karriere machen können. Kaum war der Lockdown in Großbritannien verkündet worden, hatte ich die meisten meiner freiberuflichen Jobs für die kommenden Monate verloren und damit auch einen guten Teil meines Einkommens. Zum ersten Mal seit meiner Freiberuflichkeit musste ich erkennen, wie unsicher mein Beruf war. Ich hatte mich entschieden, meinen Lebensunterhalt mit etwas Nebulösem und völlig Unwichtigem zu verdienen, auf das die Menschen – wenn es hart auf hart kam – auch gut verzichten können.

Es ist nicht weiter überraschend, dass Frauen mit am stärksten von den wirtschaftlichen Folgen von COVID-19 betroffen sind. Sie verloren häufiger als Männer ihren Arbeitsplatz[2], weil sie in den Bereichen besonders stark präsent waren, die von der Pandemie am stärksten getroffen wurden[3], sie waren häufiger in befristeten Arbeitsverhältnissen beschäftigt, die im Lockdown sofort verschwunden waren. Frauen wurden auch häufiger als Männer beurlaubt[4] und baten häufiger um Beurlaubung, damit sie sich um ihre Kinder kümmern konnten, weil die Arbeitgeber die (oft drastisch gestiegenen) Kosten der Kinderbetreuung nicht leisten konnten oder wollten.

Die mit der Mutterschaft einhergehende Benachteiligung von Frauen am Arbeitsplatz hat sich durch die Pandemie noch verschärft und die ohnehin schon ungleiche Aufteilung der Hausarbeit noch verschlimmert. Das ist nicht neu. Allerdings vergrößert sich die Kluft zwischen Geschlechtern in Krisenzeiten exponentiell, wobei Frauen und ihre Zeit als Stoßdämpfer in wirtschaftlichen Notlagen fungieren. Während der

Rezession, die auf die Finanzkrise 2008 folgte, trugen vor allem die Frauen die gestiegene Hauptlast der häuslichen Pflichten, die aus Arbeitsplatzverlusten und der oftmals angespannten finanziellen Lage der Familien herrührten, und das Gleiche gilt für die COVID-19-Pandemie. Geschichten, die ich von Freunden mit Kindern hörte, und andere, die in den sozialen Medien geteilt wurden, zeigten überdeutlich, dass es Frauen sind, die die Hauptlast der häuslichen Pflichten tragen. Im April, nur einen Monat nach dem ersten Lockdown in Großbritannien, stellten Wirtschaftswissenschaftler der Universitäten Cambridge, Oxford und Zürich fest, dass Mütter in der Regel mindestens 50 Prozent mehr Kinderbetreuung leisteten als vor dem Lockdown und zwischen 10 und 30 Prozent mehr Zeit für die häusliche Erziehung ihrer Kinder aufwandten als Väter, was sich auf zusätzliche anderthalb Stunden unbezahlte Arbeit pro Tag summierte.[5] In den USA gab es ähnliche Ergebnisse[6]: Das Homeschooling (plötzlich eine Notwendigkeit für viele Eltern) wurde überproportional von Frauen übernommen, selbst wenn beide Elternteile Vollzeit arbeiteten. Schlimmer noch: Da Männer so oft mehr verdienen als ihre Partnerinnen, bedeutete die Schließung von Schulen während der Pandemie häufig, dass realistischerweise nur ein Elternteil Vollzeit arbeiten konnte. In vielen Fällen war es aus finanzieller Sicht sinnvoll, dass dieser Elternteil der Mann war und die Frau die Kinderbetreuung übernahm – was im Grunde einen Rückschritt in ihrer Karriere bedeutete. Auf die eine oder andere Weise wurden viele Frauen durch die Pandemie aus dem Arbeitsmarkt gedrängt. Die beruflichen und wirtschaftlichen Auswirkungen der COVID-19-Pandemie werden sich mit ziemlicher Sicherheit auch in den kommenden Jahren bemerkbar machen, selbst wenn die Unterbrechungen der Karriere nur von relativ kurzer Dauer sind. In zehn oder zwanzig Jahren wird vielleicht eine ganze Reihe Frauen von Wirtschaftswissenschaftlern als »Coronavirus-Generation« bezeichnet. Es sind diejenigen, deren Einkommen, Karrieren und Renten durch die Ereignisse im Jahr 2020 unwiderruflich geschmälert wurden.

Mindestens so verheerend traf die Pandemie Menschen aus ethnischen Minderheiten, die überproportional häufig an dem Virus erkrankten und daran starben.[7] In Großbritannien war die Wahrscheinlichkeit, an dem Virus zu sterben, bei Schwarzen Menschen vom afrikanischen Kontinent mehr als dreimal so hoch wie bei weißen Briten[8]. Das lag nicht etwa an einer genetischen Schwäche oder an Unterschieden aufgrund von Race (wie die uninformierten Salonwissenschaftler behaupten, die gern solche »Erkenntnisse« verbreiten), sondern einfach daran, dass Schwarze Menschen (und Asiaten) häufiger an vorderster Front in systemrelevanten Berufen arbeiten: Sie machen als Ärzte, Krankenpfleger, Busfahrer, Lieferanten Jobs, bei denen sie sich nicht einfach zu Hause mit Laptop und Internetverbindung abkapseln konnten, sondern ständig in Kontakt mit anderen Menschen und dadurch auch mit dem Virus waren.

Selbst für diejenigen, die sich nicht infizierten oder das Glück hatten, eine Infektion zu überleben, wirkten sich die Folgen für die Beschäftigungsquote und die finanzielle Situation oft verheerend aus. In Großbritannien arbeiten mehr Menschen aus Minderheiten in den schlecht bezahlten und unsicheren Dienstleistungsberufen, die infolge der Pandemie wegfielen, und es war wahrscheinlicher, dass die Betroffenen ihren Arbeitsplatz ganz verloren, als dass sie beurlaubt wurden[9]. Da ethnische Minderheiten in der Regel über viel geringere Ersparnisse und Vermögen verfügen, waren sie weniger in der Lage, den wirtschaftlichen Schock eines reduzierten oder ganz wegfallenden Einkommens zu verkraften. Die Pandemie hat die bestehenden wirtschaftlichen Ungleichheiten und das Wohlstandsgefälle zwischen den Bevölkerungsgruppen im Vereinigten Königreich noch vergrößert. Dabei könnte es noch Jahre, vielleicht Jahrzehnte dauern, bis das wahre Ausmaß der wirtschaftlichen Auswirkungen auf die Schwarzen und Brown Communitys sichtbar wird.

Und doch habe ich es irgendwie geschafft, inmitten dieses Chaos eine Wohnung zu finden. Sobald die Beschränkungen für Hausbesichtigungen aufgehoben wurden, setzte ich mich in Bewegung und belästigte täglich Immobilienmakler mit E-Mails und Anrufen, immer in dem Bewusstsein, dass der Countdown bis zu meiner Frist im Sommer zählte. Meine Hartnäckigkeit zahlte sich aus – innerhalb weniger Wochen hatte ich eine Wohnung gefunden, die mir gefiel, und ein Angebot abgegeben, das akzeptiert wurde. Aber natürlich stellte ich bald fest, dass die Dinge nicht so einfach laufen würden. Wie befürchtet, hatten die meisten Kreditgeber auf die Pandemie reagiert und ihre Kreditvergabekriterien verschärft, sodass es für Selbstständige und Erstkäufer schwieriger denn je war, sich für eine Hypothek zu qualifizieren. Ein paar Wochen nachdem ich meinen Antrag eingereicht hatte, bekam ich einen Anruf von dem Makler – mit schlechten Nachrichten. Das Kreditinstitut, bei dem ich mich beworben hatte und das meinen Antrag vor der Pandemie vorläufig angenommen hatte, hatte seine Meinung geändert. Der Antrag wurde abgelehnt. Es ist zwar ein Klischee zu sagen, dass einem das Blut in den Adern gefriert, aber bei mir war es in diesem Moment wirklich so.

In meiner Verzweiflung bewarb ich mich bei einem anderen Kreditinstitut. Es folgten fast zwei Monate, in denen E-Mails zwischen Makler, Steuerberater, Kreditinstitut und mir hin- und hergingen, während wir gemeinsam den Hindernisparcours aus Auflagen und endloser Bürokratie bewältigten. Wochenlang herrschte Funkstille, und dann wurden wir um weitere Informationen gebeten: weitere Steuererklärungen, weitere Hochrechnungen, meine Kontoauszüge, belastbare Einschätzungen künftiger Einkünfte, ein Referenzschreiben des Steuerberaters und ein weiteres, und zwar mit *Briefkopf*. Ich schickte alles, was sie verlangten, und dann … wieder Schweigen. Es kam mir vor, als sammelte ich Beweise für ein Gerichtsverfahren, als suchten sie nach Gründen, mich abzulehnen (was vermutlich stimmt). An manchen Tagen konnte ich vor lauter Frustration nicht arbeiten, mich nicht konzentrieren und nichts essen. Ich war sicher, dass meine Bewerbung ein zweites Mal abgelehnt werden würde.

Aber dann endlich, wie durch ein Wunder, zweieinhalb Monate nachdem mein Angebot angenommen worden war – eine Zusage. Das war der Moment, von dem ich so lange geträumt hatte, und doch war meine Erleichterung irgendwie seltsam gedämpft, weit entfernt von dem Übersprudeln aufgestauter Gefühle, wie ich es erwartet hatte. Ich konnte die Tatsache nur distanziert hinnehmen, mit einem gewissen Misstrauen. Ich war darauf bedacht, mich nicht zu sehr an gute Nachrichten zu hängen, mitten in einem Jahr, das gezeigt hatte, wie unerwartet sich das Schicksal entwickeln konnte.

Der ganze Prozess hatte mich verletzt, und es dauerte eine Weile, bis sich meine Wut gelegt hatte. Wut, weil das alles so schwierig gewesen war und so viel Zeit gekostet hatte. Wut, weil ich so viele Hürden überwinden musste und weil ich das Gefühl hatte, dass die Zuständigen mich lieber draußen als drinnen sehen wollten.

Und obwohl Immobilienmakler berüchtigt sind für ihren angeblich schlechten, weil nicht vertrauenswürdigen Charakter, war ich doch schockiert von ihrer allgemeinen Unaufrichtigkeit und davon, wie absurd kompliziert sie den Prozess gestalteten und wie undurchsichtig alles schien und wie willkürlich die Hauspreise waren. Einerseits wird in Großbritannien so viel Wert auf den Erwerb von Wohneigentum gelegt, und andererseits ist dieser Prozess schier unbewältigbar – eine grausame Dichotomie. Wie grotesk fehlerhaft ist dieses System: Du wirst dafür, dass du genug Geld hast, um dir ein Haus zu leisten, belohnt, indem du noch mehr Geld verdienst, weil dein Eigentum an Wert gewinnt, während diejenigen, die keine Anzahlung aufbringen können, im Hamsterrad der Mietzahlungen festhängen und dafür bestraft werden, dass sie die Dreistigkeit besitzen, nicht reich zu sein.

Die Ironie ist mir nicht entgangen, dass sich meine Geschicke in den letzten Jahrzehnten zwar verbessert haben, diese Entwicklung aber in krassem Gegensatz zum allgemeinen Status quo steht. Um mich herum haben sich die Dinge größtenteils verschlechtert. Seitdem meine Familie vor fünfundzwanzig Jahren nach Großbritannien gezogen ist, haben immer rigidere wirtschaftliche Maßnahmen und eine restriktive Einwanderungspolitik dazu geführt, dass viele der Wege, die es uns ermöglicht haben, Fuß zu fassen, nicht mehr begehbar sind. Die Regierungen auf beiden Seiten des politischen Spektrums scheinen wild entschlossen zu sein, die Zugbrücke hochzuziehen, damit Familien wie meine – ob mit oder ohne Migrationsgeschichte –, die davon träumen, ihr Leben an einem anderen Ort fortzusetzen, als sie es begonnen haben, keinen Zugang bekommen. Großbritannien hat eine der niedrigsten Raten sozialer Mobilität in Europa, und Wirtschaftswissenschaftler sagen voraus, dass die langfristigen Auswirkungen der Coronapandemie die bestehenden sozialen Ungleichheiten noch verschärfen werden.[10] Ich bin oft verblüfft darüber, was meiner Familie Mitte der neunziger Jahre noch möglich war – nach Großbritannien auszuwandern, eine angemessene Unterkunft und Schulen zu finden, Zugang zu gut finanzierten Gemeinschaftsprogrammen und -räumen zu haben. Heutzutage wäre das nicht mehr möglich. Ich staune über die Unehrlichkeit von Politikern, die uns weismachen wollen, es sei eine gute und notwendige Sache.

Die Vergangenheit hat eine Art, sich an dich zu klammern und deine Gegenwart zu prägen – deine Wünsche, deine Bedürfnisse, deine Bestrebungen, deine Werte. Deine Fähigkeit, diese Dinge zu verwirklichen. Bei der Wahl meiner Wohnung hatte ich bewusst nach meiner eigenen Vergangenheit gesucht und landete nur wenige Gehminuten entfernt von der Gegend, wo wir, als wir nach Großbritannien kamen, gelebt hatten und wo ich den größten Teil meiner Kindheit verbracht hatte. Es zog mich offenbar an den Ort zurück, wo ich angefangen hatte, und es kam mir wie ein Triumph vor, dort dauerhaft Wurzeln zu schlagen, der Kreis schien sich symbolisch zu schließen. Ich gehe jetzt fast täglich auf den alten Wegen, kaufe Gemüse auf dem Markt wie damals meine Mutter, und an sonnigen Nachmittagen sitze ich manchmal auf dem stillen Kirchhof, über den ich früher auf dem Heimweg von der Schule gegangen bin. Die Bibliothek, in die ich mich immer zurückzog, während meine Mutter ihre samstäglichen Besorgungen machte, liegt direkt vor meiner Haustür. Als ich eines Morgens hineinging, erklärte mir die leicht verwirrte Empfangsdame, das Gebäude werde schon seit Jahren nicht mehr als Bibliothek genutzt. In diesem Paradies saß ich damals und las und las, blätterte in *Nancy Drew*-Geschichten und Dorling-Kindersley-Büchern und bettelte um nur noch fünf weitere Minuten, wenn meine Mutter mich abholen kam. Ich war monatelang traurig wegen dieser Schließung.

Das Wort Nostalgie leitet sich ab aus dem Griechischen *nostos*, was Heimkehr, und *algos*, was Schmerz bedeutet. Manchmal werde ich von diesen Erinnerungen fast überwältigt, von der Bittersüße der Nostalgie, dem »Schmerz der Heimkehr«. Als ich vor kurzem hinten in einem Taxi durch die Gegend fuhr, fand ich mich plötzlich vor dem Hochhaus, in dem wir in den ersten Monaten gewohnt hatten, in der geliehenen Wohnung mit den rosafarbenen Teppichen. Ich hatte es nie mehr gesehen, seit wir weggezogen waren.

»Oh, da bin ich aufgewachsen!«, rief ich dem Fahrer zu, um die Bedeutung dieses Moments mit jemandem zu teilen.

»Ach ja?«, antwortete er höflich und uninteressiert.

Ich drehte mich um, damit ich das Gebäude noch länger durch die Heckscheibe sehen konnte, und blickte erst wieder nach vorne, als es nicht mehr zu sehen war.

Die Vergangenheit prägt die Gegenwart. Mit jedem Jahr, das vergeht, wird mir klarer, dass meine Vergangenheit mein größter Vorteil ist. Ein- oder zweimal, als meine Eltern bemerkten, wie ich wegen einer finanziellen Sache übermäßig in Panik geriet – vermutlich wegen einer unerwarteten Ausgabe, die ich mir eigentlich leisten konnte –, erkannten sich meine Eltern wohl in mir wieder und sprachen von Schuldgefühlen, weil ihre früheren Geldsorgen möglicherweise einen unauslöschlichen Eindruck bei mir hinterlassen hatten. Vermutlich haben sie recht – aber die Vorsicht, die sie mir eingeimpft haben, war ein wertvolles, unerwartetes Geschenk.

Jeder Mensch hat andere Methoden, um mit Geldsorgen umzugehen. Manche stecken den Kopf in den Sand, andere geben ihr Geld hemmungslos aus. Ich bin mit meinen Ängsten umgegangen, indem ich mich ihnen direkt gestellt habe, indem ich die Decke zurückgeschlagen und unter jeden Stein geschaut habe. Nur indem ich meine Finanzen genau unter die Lupe nehme, kann ich meine Gelddämonen besiegen und die Kontrolle über etwas behalten, was mir Angst macht und wovon ich fürchte, es wird mir immer ein bisschen Angst machen.

Das haben mir meine Eltern beigebracht: Gefahr erkannt, Gefahr gebannt. Von ihnen habe ich wohl das meiste über Geld gelernt. Nie mehr ausgeben, als ich einnehme, und nie finanziell von anderen abhängig sein. Anderen gegenüber so großzügig sein, wie ich nur kann. Niemals betrügen. Es war meine Mutter, die mit mir ein Bankkonto eröffnete, als ich acht Jahre alt war. Wir zahlten das Geburtstagsgeld ein, das ich von einer großzügigen Tante bekommen hatte (im Jahr zuvor hatte ich mir eine ABBA-CD gekauft und bereute den Kauf, also sollte dies meine Einführung in späte Genugtuung sein). Durch die paar Cent, die ich jedes Jahr auf dem Jahreskontoauszug der Bank sah, lernte ich das Prinzip von Zinsen kennen und war begeistert von der Idee, dass ich »Geld umsonst« bekam. Es waren meine Eltern, die mir einschärften, dass ich genauso schlau war wie alle anderen, aber schlauer sein konnte (wenn ich ihnen Glauben schenken darf). Von ihnen lernte ich meinen Wert. Mein Vater kämpfte gegen alle Lehrer, die versuchten, mich klein zu machen, und lehrte mich, dasselbe als Erwachsene zu tun. Für mich selbst zu kämpfen und mich zu behaupten und mir nicht die Butter vom Brot nehmen zu lassen. Den sauren Apfel nicht zu akzeptieren. Diese Wohnung – meine Wohnung – fühlt sich an wie die Manifestation all dessen, was sie mir gegeben haben, konkret gewordene Lektionen.

Ich war gerade dreißig geworden, als ich sie kaufte, und es war wunderbar symbolisch, das Ende meiner Zwanziger auf diese Weise zu markieren. Als ich meine Bücher in Kisten packte und meine Kleidung in die Koffer stopfte, dachte ich darüber nach, wie sehr sich mein Verhältnis zum Geld im Lauf dieses unsicheren Jahrzehnts verändert hatte. Was für eine Ironie der Geschichte, dass ausgerechnet das Schreiben – genau das, was ich aus Angst zu lange nicht verfolgt hatte – mich hierhergebracht hat. Ich bin nicht mehr dieselbe Person, die ich vor einem Jahrzehnt war. Ich tue inzwischen Dinge, die ich jahrelang nicht gewagt habe: Ich reise mehr, gebe zu viel Geld beim Ausgehen aus, nehme ein Uber, anstatt geduldig auf den Bus zu warten, und greife sogar auf meine Ersparnisse zurück, nur weil ich Lust habe, mir etwas was zu gönnen. Es klingt vielleicht widersinnig, dass ich jetzt »besser« mit Geld umgehe, indem ich objektiv »schlechter« damit umgehe. Aber hier geht es darum, weniger anspruchsvoll zu sein und mir zu erlauben, meinen ängstlichen, verkrampften Griff zu lockern. Nach und nach schüttle ich den Pessimismus ab, der mich in meinen Zwanzigern geprägt hat.

Ich habe begonnen, mich zu entspannen und den Nervenkitzel zu genießen, eine eigene Wohnung zu besitzen. Ich akzeptiere, dass dies endlich meine Realität ist; ich bin die Meisterin meines eigenen kleinen Reichs, das ich dekorieren, einrichten und regieren kann, wie ich Lust habe. Oft staune ich über mein unglaubliches Glück und kann es nicht fassen. Manchmal spüre ich ein seltsam elektrisches, fast chemisches Gefühl in mir aufblubbern, wenn ich meinen Wohnungstürschlüssel umdrehe und über die Schwelle trete, eine Welle des Stolzes packt mich – *ich habe das hier geschafft.* Ich bin so stolz, als hätte ich selbst das Fundament gegossen und die Wände gemauert.

Der Weg dorthin war ebenso herausfordernd wie aufbauend, ebenso schmerzhaft wie augenöffnend, und mit jeder Herausforderung kam eine wertvolle Lektion, bei der es um weit mehr als nur um Geld ging. Es geht um Freiheit und Voreingenommenheit, Urteilsvermögen und Kontrolle, Scham, Stolz, inneren Zwang und Angst. Es waren Lektionen über die menschliche Natur und die Verwundbarkeit, über die Welt und meinen Platz in ihr.

Diese Reise hat mir erlaubt, mich selbst klarer zu sehen. Deshalb bin ich für die schlechten Zeiten so dankbar wie für die guten, denn auch die schlechten Zeiten haben mich zu der gemacht, die ich bin.

Für alles Geld der Welt würde ich sie nicht eintauschen.

Dank

Meiner Lektorin Michelle Kane. Ich kann gar nicht sagen, wie sehr ich dich schätze und bewundere, aber als Schriftstellerin muss ich es doch versuchen! Dich kennenzulernen hat mein Leben verändert. Es ist mir eine Freude und Ehre, mit dir zu arbeiten und dich an meiner Seite zu wissen. Du bist eine brillante Lektorin und vor allem eine wertvolle Freundin. Danke für alles, was du für mich tust.

Naomi Mantin, der besten Pressefrau in der Buchbranche. Ich bin dir so dankbar für die harte Arbeit (und wie mühelos du sie aussehen lässt!) und Intelligenz, mit der du dem Buch auf den Weg hilfst.

Allen im Verlag 4th Estate. Ich danke euch für den Ehrgeiz, die Sorgfalt und Originalität, mit der ihr meine Arbeit veröffentlicht, und für den Respekt, den ihr mir als Autorin entgegenbringt.

Kathryn Holliday, einer außergewöhnlichen Faktencheckerin mit furchterregenden Fachkenntnissen. Ich bin dankbar, dass ihr messerscharfer Verstand dieses Buch beehrt hat.

Nick Rowland. Du hast mich bei Verstand gehalten, zum Lachen gebracht und die ganze Zeit über unterstützt. Ohne dich wäre ich wohl nicht, wo ich bin.

Vicky Spratt, für deine unermüdliche Unterstützung während des Schreibens an diesem Buch. Und für deine gelegentlich strenge Zuneigung (weißt du noch, wie ich einmal eine »Schreibpause« einlegen wollte? Du sagtest einfach: Nein! Das war wichtig.).

Dolly Alderton. Danke für deine Freundschaft und deinen Humor. Vor allem für die Klugheit, mit der du mir durch schwierige Aspekte beim Schreiben dieses persönlichen Berichts geholfen hast.

Und vor allem danke ich euch, meinen Eltern. Großzügig habt ihr mir erlaubt, einen Teil eurer Geschichte in diesem Buch zu erzählen. Ich danke euch für die vielen Opfer, die ihr im Lauf der Jahre für mich gebracht habt; für die Lektionen, die ihr mich gelehrt habt, für eure Integrität und die bedingungslose Liebe, die ihr mir entgegenbringt. Alles, was ich habe, und alles, was ich bin, verdanke ich euch.

Bibliographie

Adegoke, Yomi, und Elizabeth Uviebinené, *Slay In Your Lane. The Black Girl Bible.* 4ht Estate 2018.

Amoruso, Sophia, *#Girlboss. Wie ich aus einem eBay-Shop das Fashionimperium Nasty Gal erschuf.* Übers. Almuth Braun. Redline 2015.

Babcock, Linda, und Sara Laschever, *Women Don't Ask. Negotiation and the Gender Divide.* Princeton University Press 2003/2021.

Biss, Eula, *Was wir haben. Über Besitz, Kapitalismus und den Wert der Dinge.* Aus dem Englischen von Stephanie Singh. Carl Hanser Verlag 2021.

Crenshaw, Kimberlé, »Das Zusammenwirken von Race und Gender ins Zentrum rücken. Eine Schwarze feministische Kritik des Antidiskriminierungsdogmas, der feministischen Theorie und antirassistischer Politiken (1989)«. Aus dem Englischen von Céline Barry. In: Natasha A. Kelly (Hg.): *Schwarzer Feminismus. Grundlagentexte.* Unrast Verlag 2019. S. 145–186.

Crispin, Jessa, *Warum ich keine Feministin bin.* Übers. Conny Lösch. Suhrkamp 2018.

Cudd, Ann E., und Nancy Holmstrom, *Capitalism, for and against: a feminist debate.* Cambridge University Press 2011.

Federici, Silvia, *Wages Against Housework.* Power of Women Collective und Falling Wall Press 1975.

Foster, Dawn, *Lean Out.* Repeater 2016.

Friedan, Betty, *Der Weiblichkeitswahn oder Die Mystifizierung der Frau.* Aus dem Englischen von Margaret Carroux. Rowohlt 1966.

Friedman, Sam, und Daniel Laurison, *The Class Ceiling: Why It Pays to Be Privileged.* Policy Press 2019.

Hartely, Gemma, *Es reicht! Warum Familien- und Beziehungsarbeit nicht nur Sache der Frau ist.* Aus dem Englischen von Judith Elze und Katrin Harlaß. Goldmann 2019.

Hinch, Sophie (alias Mrs Hinch), *Putz dich glücklich.* Aus dem Englischen von Antje Althans. Heyne 2020.

Jerkins, Morgan, *This Will Be My Undoing. Living at the Intersection of Black, Female, and Feminist in (White) America.* HarperCollins 2018.

Klein, Naomi, *No Logo! Der Kampf der Global Players um Marktmacht – Ein Spiel mit vielen Verlierern und wenigen Gewinnern.* Aus dem Englischen von Heike Schlatterer und Helmut Dierlamm. Fischer Taschenbuch Verlag 2015.

Levy, Deborah, *Was das Leben kostet.* Aus dem Englischen von Barbara Schaden. Hoffmann und Campe 2019.

McMillan Cottom, Tressie, *Thick and Other Essays.* The New Press 2019.

Olah, Nathalie, *Steal As Much As You Can. How to Win the Culture Wars in an Age of Austerity.* Penguin books 2019.

Russell Hochschild, Arlie, *Das gekaufte Herz. Zur Kommerzialisierung der Gefühle.* Aus dem Englischen von Ernst v. Kardoff. Campus Verlag 1990/2006.

Russell Hochschild, Arlie, *Der 48-Stunden-Tag. Wege aus dem Dilemma berufstätiger Eltern.* Aus dem Englischen von Andrea Galler. Droemer Knaur 1993.

Sandberg, Sheryl, *Lean In: Women, Work, and the Will to Lead.* Knopf 2013.

Scharapowa Maria, *Unstoppable. My Life So Far.* Macmillan USA 2017.

Tolentino, Jia, *Trick Mirror. Das inszenierte Ich.* Aus dem Englischen von Margarita Ruppel. Fischer Verlag 2021.

Widdows, Heather, *Perfect Me. Beauty as an Ethic Ideal.* Princeton University Press 2018.

Wolf, Alison, *The XX Factor: How Working Women are Creating a New Society.* Profile Books 2013.

Woolf, Virginia, *Ein Zimmer für sich allein.* Aus dem Englischen von Axel Monte. Reclam Verlag 2012.

Zeisler, Andi, *Wir waren doch mal Feministinnen. Vom Riot Grrrl zum Covergirl.* Aus dem Englischen von Anne Emmert und Katrin Harlaß. Rotpunktverlag 2017.

Anmerkungen

Kapitel 1: Das Stipendiumkind

1 Pupil Exclusions, »Ethnicity facts and figures«, GOV.UK, 21. Februar 2021, https://www.ethnicity-facts-figures.service.gov.uk/education-skills-and-training/absence-and-exclusions/pupil-exclusions/latest
Siehe auch: Sally Weale und David Batty, »Fears that cancelling exams will hit BAME and poor pupils worst«, *The Guardian*, 19. März 2020,
https://www.theguardian.com/world/2020/mar/19/fears-that-cancelling-exams-will-hit-black-and-poor-pupils-worst

2 Eula Biss, *Was wir haben. Über Besitz, Kapitalismus und den Wert der Dinge,* 2021, S. 69.

Kapitel 2: Oxford – Stadt der träumenden Türme

1 Social Mobility Commission, »Elitism in Britain, 2019«, GOV.UK, 24. Juni 2019, https://www.gov.uk/government/news/elitism-in-britain-2019
Siehe auch: University of Oxford, »Annual Admissions Statistical Report, Mai 2020«, https://www.ox.ac.uk/sites/files/oxford/Annual%20Admissions%20Statistical%20Report%202020.pdf
Nick Collins, »Pupils from elite schools secure one in ten Oxford Places«, *The Telegraph*, 28. Oktober 2010, https://www.telegraph.co.uk/education/universityeducation/8090117/Pupils-from-elite-schools-secure-one-in-ten-Oxford-places.html

2 Laut ACORN, einem demographischen Instrument, mit dem die Bevölkerung des Vereinigten Königreichs nach ihrem sozio-

ökonomischen Status kategorisiert wird, ist dies ein weithin anerkannter Maßstab, der von Marketingteams und politischen Abteilungen gleichermaßen verwendet wird. Siehe: https://acorn.caci.co.uk/downloads/Acorn-User-guide.pdf

3 Website der Universität Oxford, 7. Januar 2020, https://www.ox.ac.uk/news/2020-01-07-more-black-british-students-ever-choosing-oxford

4 Lucy Sheriff, »UniLad Magazine Forced To Pull ›Surprise‹ Rape Article After Twitter Backlash«, *Huffington Post*, 31. Januar 2012, https://www.huffingtonpost.co.uk/2012/01/31/unilad-magazine-forced-to-pull-surprise-rape-article-after-twitter-backlash_n_1244173.html

5 Greta Keenan, »Re-freshers«, *Cherwell*, 24. September 2012, https://cherwell.org/2012/09/24/refreshers/

6 Charlotte Proudman, »Port and prejudice – drinking societies are the dark side of Oxbridge«, *The Guardian*, 26. Oktober 2015, https://www.theguardian.com/commentisfree/2015/oct/26/drinking-societies-oxbridge-clubs-oxford-piers-gaveston cambridge-wyverns

7 Richard Alleyne, »Oxford University drinking group condemned for drawing up ›fit list‹ of attractive freshers«, *The Telegraph*, 7. Dezember 2011, https://www.telegraph.co.uk/education/educationnews/8940800/Oxford-University-drinking-group-condemned-for-drawing-up-fit-list-of-attractive-freshers.html

8 Natalie Robehmed, »How 20-Year-Old Kylie Jenner Built A $ 900 Million Fortune In Less Than 3 Years«, *Forbes*, 11. Juli 2018, https://www.forbes.com/sites/forbesdigitalcovers/2018/07/11/how-20-year-old-kylie-jenner-built-a-900-million-fortune-in-less-than-3-years/?sh=8ce25dfaa62c#6470ad33aa62

9 Vanessa Friedman und Jessica Testa, »The Metaphysics of Kylie Cosmetics Being Sold to Coty«, *New York Times*, 19. November 2019, https://www.nytimes.com/2019/11/19/style/kylie-jenner-coty-cosmetics.html

10 Chase Peterson-Withorn und Madeline Berg, »Inside Kylie Jenner's Web of Lies – And Why She's No Longer a Billionaire«,

Forbes, 1. Juni 2020, https://www.forbes.com/sites/chasewithorn/2020/05/29/inside-kylie-jennerss-web-of-lies-and-why-shes-no-longer-a-billionaire/?sh=58a5daec25f7

11 Gay, Roxane, »Peculiar Benefits«, *The Rumpus*, 16. Mai 2012, https://therumpus.net/2012/05/peculiar-benefits/

12 Kerry A. Dolan, »Here's What Forbes Means By Self-Made: From Bootstrappers To Silver Spooners«, *Forbes*, 5. März 2019, https://www.forbes.com/sites/kerryadolan/2018/07/13/heres-what-forbes-means-by-self-made-from-bootstrappers-to-silver-spooners/?sh=5ef 51301ca3e

13 Lynn Steger Strong, »A dirty secret: you can only be a writer if you can afford it«, *The Guardian*, 27. Februar 2020, https://www.theguardian.com/us-news/2020/feb/27/a-dirty-secret-you-can-only-be-a-writer-if-you-can-afford-it

Kapitel 3: »Verzeihung, Sir, kann ich etwas mehr bekommen?«

1 Orit Gadiesh und Julie Coffman, »Companies Drain Women's Ambition After Only 2 Years«, *Harvard Business Review*, 18. Mai 2015, https://hbr.org/2015/05/companies-drain-womens-ambition-after-only-2-years

2 Hannah Riley Bowles, Linda Babcock und Lei Lai, »Social incentives for gender differences in the propensity to initiate negotiations: Sometimes it does hurt to ask«, *Organizational Behavior and Human Decision Processes* (103), 2007, https://www.cfa.harvard.edu/cfawis/bowles.pdf

3 McKinsey & Company und LeanIn.Org, »Women in the Workplace«, 2016 report, https://womenintheworkplace.com/2016#!

4 Olle Folke und Johanna Rickne, »All the Single Ladies: Job Promotions and the Durability of Marriage«, Research Institute of Industrial Economics, 2016, http://www.ifn.se/wfiles/wp/wp1146.pdf

5 Christin L. Munsch, »Her Support, His Support: Money, Masculinity, and Marital Infidelity«, *American Sociological Review* (80:3), 2015, https://www.asanet.org/sites/default/files/savvy/journals/CS/Jun15ASRFeature.pdf

6 Ashley C. Ford, »Millennial Women Are Conflicted About Being Breadwinners«, *Refinery29*, 14. April 2017, https://www.refinery29.com/en-gb/2017/04/151684/millennial-women-are-conflicted-about-being-breadwinners

7 Erica Buist, »Media stereotype women in financial coverage, study finds«, *The Guardian*, 10. März 2018, https://www.theguardian.com/money/2018/mar/10/media-stereotype-women-in-financial-coverage-study-finds

8 Jia Tolentino, »Refinery29, Kylie Jenner, and the Denial Underlying Millennial Financial Resentment«, *New Yorker*, 24. Juli 2018, https://www.newyorker.com/culture/cultural-comment/refinery29-kylie-jenner-and-the-denial-underlying-millennial-financial-resentment

9 Richard Wheatstone, »›The Heart Bleeds‹, Millennial who earns £ 70k mocked on Twitter for moaning she is ›struggling‹ and having to cancel her £ 150 gym membership so she can save for a flat«, *The Sun*, 18. Juli 2018, https://www.thesun.co.uk/news/6808745/millenial-moans-cancel-gym-membership-70000-salary-twitter-buy-flat/

10 Jessica Knoll, »I Want to Be Rich and I'm Not Sorry«, *New York Times*, 28. April 2018, https://www.nytimes.com/2018/04/28/opinion/sunday/women-want-to-be-rich.html

11 Lacey Rose, »Ellen Pompeo, TV's $ 20 Million Woman, Reveals Her Behind-the-Scenes Fight for ›What I Deserve‹«, *The Hollywood Reporter*, 17. Januar 2018, https://www.hollywoodreporter.com/features/ellen-pompeo-tvs-20-million-woman-reveals-her-behind-scenes-fight-what-i-deserve-1074978

12 Benjamin Artz, Amanda H. Goodall und Andrew J. Oswald, »Do Women Ask«, *Industrial Relations*, (57:4) https://onlinelibrary.wiley.com/doi/abs/10.1111/irel.12214

13 Linda Babcock, Sara Laschever, Michele Gelfand und Deborah Small, »Nice Girls Don't Ask«, *Harvard Business Review*, Oktober 2003, https://hbr.org/2003/10/nice-girls-dont-ask

14 Sara Laschever, »Younger women may be asking for pay rises. But let's not celebrate just yet«, *The Guardian*, 9. September

2016, https://www.theguardian.com/commentisfree/2016/sep/09/women-equal-pay-negotiate

15 McKinsey & Company und LeanIn.Org, »In corporate America, women fall behind early and continue to lose ground with every step«, »Women in the Workplace«, 2016 report, https://womenintheworkplace.com/2016#!

16 McKinsey & Company und LeanIn.Org, »Women in the Workplace«, 2018 report, https://womenintheworkplace.com/2018

17 Grundlage war das Theaterstück *Gas Light* des englischen Dramatikers Patrick Hamilton aus dem Jahr 1938.

Kapitel 4: Jungsklub

1 Hamilton Nolan, »Working at Vice Media Is Not as Cool as It Seems«, *Gawker*, 30. Mai 2014, https://gawker.com/working-at-vice-media-is-not-as-cool-as-it-seems-1579711577

2 Hamilton Nolan, »Vice UK Is Not as Cool as It Seems, Either«, *Gawker*, 15. Juli 2014, https://gawker.com/vice-uk-is-not-as-cool-as-it-seems-either-1604842641

3 Matthew Garrahan, »Vice eyes 2015 ›deal spree‹ and possible IPO«, *Financial Times*, 15. Dezember 2014, https://www.ft.com/content/06a24e18-8477-11e4-bae9-00144feabdc0

4 »VICE to Gawker: Fuck You and Fuck Your Garbage Click-Bait ›Journalism‹«, https://www.vice.com/en/page/response

5 Daniel Miller, »Vice Media sued by former employee alleging systemic pay discrimination against women«, 13. Februar 2018, https://www.latimes.com/business/hollywood/la-fi-ct-vice-media-lawsuit-20180213-story.html

6 Todd Spangler, ›Vice Media to Pay $1.875 Million to Settle Lawsuit Alleging the Company Paid Women Less Than Men‹, *Variety*, 27. März 2019, https://variety.com/2019/biz/news/vice-media-to-pay-1-875-million-to-settle-lawsuit-alleging-the-company-paid-women-less-than-men-1203173870/

7 Aus einer nach Geschlechtern gemischten Stichprobe von 5814 Beschäftigten. Siehe: Murray Edwars College, »Gender bias in

workplace culture curbs careers«, https://www.murrayedwards.cam.ac.uk/sites/default/files/files/CWM%20Gender%20Bias%20REPORT%20FINAL%2020190211.pdf

8 Emily Steel auf Twitter, https://twitter.com/emilysteel/status/944622418345250824 – sowie: Emily Steel, »At Vice, Cutting-Edge Media and Allegations of Old-School Sexual Harassment«, *New York Times*, 23. Dezember 2017, https://www.nytimes.com/2017/12/23/business/media/vice-sexual-harassment.html

Kapitel 5: Die »richtige« Art von Schwarzsein

1 Kimberlé Crenshaw, »Das Zusammenwirken von *Race* und Gender ins Zentrum rücken.« In: Natasha A. Kelly (Hg.), hier: S. 160f.
Der gegenwärtige intersektionelle Feminismus hat die ursprüngliche Definition von Crenshaw über Schwarze Frauen hinaus erweitert, um auch jede Kategorie von Weiblichkeit einzubeziehen, die außerhalb der Grenzen der weißen, cis-geschlechtlichen weiblichen Mittelklasse-Erfahrung liegt – also alle Frauen of Colour, LGBTQ-Frauen, Frauen aus der Arbeiterklasse etc.

2 Bim Adewunmi, »Maria Sharapova's Rivalry With Serena Williams Is In Her Head«, *Buzzfeed*, 9. September 2017, https://www.buzzfeednews.com/article/bimadewunmi/maria-sharapovas-rivalry-with-serena-williams-is-in-her-head

3 Gene Demby, »How Code-Switching Explains the World«, NPR, 8. April 2013, https://www.npr.org/sections/codeswitch/2013/04/08/176064688/how-code-switching-explains-the-world?t=1610582253549

4 Yomi Adegoke und Elizabeth Uviebinené: *Slay In Your Lane. The Black Girl Bible*, 2018, S. 104.

5 Ebd.: Adegoke/Uviebinené, *Slay In Your Lane*, 2018.

6 Kathleen Henehan und Helena Rose, »Opportunities Knocked? Exploring pay penalties among the UK's ethnic minorities«, Juli 2018, https://www.resolutionfoundation.org/app/uploads/2018/07/Opportunities-Knocked.pdf

7 Marianne Bertrand und Sendhil Mullainathan, »Are Emily and Greg More Employable than Lakisha and Jamal? A Field Experiment on Labor Market Discrimination«, National Bureau of Economic Research, Juli 2003, https://www.nber.org/papers/w9873

8 Alison Hewitt, »A ›black‹-sounding name makes people imagine a larger, more dangerous person, UCLA study shows«, UCLA Newsroom, 7. Oktober 2015, https://newsroom.ucla.edu/releases/a-black-sounding-name-makes-people-imagine-a-larger-more-dangerous-person-ucla-study-shows

9 Arthur H. Goldsmith, Darrick Hamilton und William Darity, »From Dark to Light: Skin Color and Wages Among African-Americans«, The Journal of Human Resources (42:4), 2007, https://www.researchgate.net/publication/23780671_From_Dark_to_Light_Skin_Color_and_Wages_Among_African-Americans

10 Ebd.

11 Jenée Desmond-Harris, »Study: lighter-skinned black and Hispanic people look smarter to white people«, *Vox*, 28. Februar 2015, https://www.vox.com/2015/2/28/8116799/white-colorism-racism-study

12 Lance Hannon, Robert DeFina und Sarah Bruch, »The Relationship Between Skin Tone and School Suspension for African Americans«, Springer, *Race and Social Problems*, 5. September 2013, https://link.springer.com/article/10.1007/s12552-013-9104-z

13 Arthur H. Goldsmith, Darrick Hamilton und William Darity, »Shedding ›light‹ on marriage: The influence of skin shade on marriage for Black females«, *Journal of Economic Behavior & Organization* (72:1), https://www.researchgate.net/publication/222543696_Shedding_light_on_marriage_The_influence_of_skin_shade_on_marriage_for_Black_females

14 ›Kanye West calls mixed girls »mutts«‹, *HipHopDX*, 1. Dezember 2006, https://hiphopdx.com/news/id.4685/title.kanye-west-calls-mixed-girls-mutts

15 The Associated Press, »Universal Distances Itself From ›Straight Outta Compton‹ Casting Call«, *Billboard*, 18. Juli 2014, https://www.billboard.com/articles/columns/the-juice/6165177/universal-straight-outta-compton-casting-racist-offensive-nwa

16 Brooke Bobb, »The Ultimate Post-VMA Power Couple Dinner: Pizza and Wine With Bey and Jay, Kimye, and More«, *Vogue*, 19. August 2016, https://www.vogue.com/article/vma-2016-kanye-kim-beyonce-jay-z-dinner

17 Tiffany Curtis, »We need to talk about women of color in creative industries when we discuss the wage gap«, *HelloGiggles*, 5. April 2018, https://hellogiggles.com/lifestyle/money-career/women-of-color-creative-industries-wage-gap/

18 Zitiert nach Elspeth Reeve, »A History of the Hot Take«, *The New Republic*, 12. April 2015, https://newrepublic.com/article/121501/history-hot-take

19 Ben Machell, »What I've learnt: Tom Jones«, *The Times*, 31. Oktober 2015, https://www.thetimes.co.uk/article/what-ive-learnt-tom-jones-j0fpf9fj3rr

20 Laura Bennett, »The First-Person Industrial Complex«, *Slate*, 14. September 2015, http://www.slate.com/articles/life/techno logy/2015/09/the_first_person_industrial_complex_how_the_harrowing_personal_essay_took.html?via=gdpr-consent

21 Morgan Jerkins, »How I Overcame My Anger as a Black Writer Online«, *Lenny*, 1. Dezember 2017, https://www.lennyletter.com/story/how-i-overcame-anger-as-a-black-writer-online

22 Amory Sivertson, »Rage Is A Red Lesson«, *Dear Sugars* on wbur, 12. Mai 2018, https://www.wbur.org/dearsugar/2018/05/12/rage-is-a-red-lesson

23 Lou Stoppard und Antwaun Sargent, »How fashion tripped over the hip-hop economy«, *Financial Times*, 28. Februar 2019, https://www.ft.com/content/8ecf1b40-3760-11e9-9988-28303f70fcff

24 Nick Squires, »Gucci withdraws ›golliwog‹ black polo neck amid accusations of racism«, *The Telegraph*, 7. Februar 2019,

https://www.telegraph.co.uk/news/2019/02/07/gucci-withdraws-jumper-blackface-backlash/

25 »Kering to improve profit and double in 2018«, *mds*, 12. Februar 2019, https://www.themds.com/companies/gucci-keeps-boosting-kering-profits-double-in-2018.html

26 Lou Stoppard und Antwaun Sargent, »How fashion tripped over the hip-hop economy«, *Financial Times*, 28. Februar 2019, https://www.ft.com/content/8ecf1b40-3760-11e9-9988-28303f70fcff

27 Edmund Lee, »The White Issue: Has Anna Wintour's Diversity Push Come Too Late?«, *New York Times*, 15. Dezember 2020, https://www.nytimes.com/2020/10/24/business/media/anna-wintour-vogue-race.html

28 Collier Meyerson, »Nameplate necklaces: This shit is for us«, *Splinter*, 1. November 2016, https://splinternews.com/nameplate-necklaces-this-shit-is-for-us-1793863356

29 Celia Ellenberg, »How a Florida Mom and Etsy Star Handcrafted 12,500 of Those Jaw-Dropping Dreadlocks at Marc Jacobs«, *Vogue*, 15. September 2016, https://www.vogue.com/article/marc-jacobs-spring-2017-wool-dredlocks-pink-purple-hair-guido-palau-jena-counts

30 Christopher Mele, »Army Lifts Ban on Dreadlocks, and Black Servicewomen Rejoice«, *New York Times*, 10. Februar 2017, https://www.nytimes.com/2017/02/10/us/army-ban-on-dreadlocks-black-servicewomen.html

31 Rebecca Klein, »New Complaint Targets School That Banned Child With Dreadlocks«, *HuffPost US*, 29. November 2018, https://www.huffpost.com/entry/florida-school-banned-dreadlocks_n_5c000d0be4b08506231a95e5

32 »Fulham schoolboy dreadlock ban overturned«, *BBC News*, 12. September 2018, https://www.bbc.co.uk/news/uk-england-london-45499584

33 Zlata Rodionova, »Black woman applying for Harrods job told she had to ›chemically straighten her hair to get job‹«,

Independent, 25. Januar 2017, https://www.independent.co.uk/news/business/news/sexist-workplace-dresscodes-high-heels-row-women-dye-hair-blonde-revealing-outfits-female-employees-offices-a7544736.html

34 Kathleen Hou, »Marc Jacobs Models Wore Dreadlocks From Etsy«, *The Cut*, 15. September 2016, https://www.thecut.com/2016/09/marc-jacobs-spring-2017-models-wore-etsy-dreadlocks.html

Kapitel 6: Die Schönheitssteuer

1 Bria Balliet, »Beauty is as beauty does«, *UCI* News, 24. Juni 2016, https://news.uci.edu/2016/06/24/beauty-is-as-beauty-does/

2 Ein Hinweis zur Methodik angesichts der Subjektivität des Konzepts Attraktivität: Wong und Penner haben die Attraktivität der Studienteilnehmer nicht selbst bewertet. Es folgt ein (leicht paraphrasierter) Auszug aus ihrer Studie, in dem erklärt wird, wie die 15 000 Teilnehmenden bewertet wurden: »Die Attraktivität wird von den Interviewern bewertet. Sie werden [nach einem Treffen mit den Studienteilnehmern] gebeten, die Frage ›Wie attraktiv ist die befragte Person?‹ auf einer fünfstufigen Skala zu beantworten, die von ›sehr unattraktiv‹ über ›etwa durchschnittlich‹ bis hin zu ›sehr attraktiv‹ reicht. Die Interviewer erhalten keine spezifischen Anweisungen, wie sie die Attraktivität der Befragten bewerten sollen.« Ähnlich wurde vorgegangen, um das Niveau der Körperpflege zu bewerten.

3 »Virgin Atlantic drops mandatory make-up rule for cabin crew«, *Reuters*, 5. März 2019, https://www.reuters.com/article/us-britain-virgin-atlantic-uniforms/virgin-atlantic-drops-mandatory-make-up-rule-for-cabin-crew-idUKKCN1QM1OG?edition-redirect=uk

4 Harriet Mallinson, »Flight secrets: Female attendants still have to abide by this rule from the 1960s«, *Express*, 18. August 2018, https://www.express.co.uk/travel/articles/1001292/flight-secrets-british-airways-female-cabin-crew-beauty

5 Amanda Hess, »›I Feel Pretty‹ and the Rise of Beauty-Standard Denialism«, *New York Times*, 23. April 2018, https://www.nytimes.com/2018/04/23/movies/i-feel-pretty-amy-schumer-beauty.html

6 In den letzten Jahren hat es eine Debatte darüber gegeben, ob das Stockholm-Syndrom tatsächlich eine gültige psychiatrische Diagnose ist, wie die investigative Journalistin Jess Hill in ihrem Buch *See What You Made Me Do: Power, Control and Domestic Violence* (2019) auslegt. Hill meint, dass das Stockholm-Syndrom ein Mythos sei, erfunden, um weibliche Gewaltopfer zu diskreditieren. Er ignoriere den komplexen psychosozialen Zusammenhang zwischen Misshandlung und weiblicher Opferrolle.

7 Jodi Kantor und Megan Twohey, »Harvey Weinstein Paid Off Sexual Harassment Accusers for Decades«, *New York Times*, 5. Oktober 2017, https://www.nytimes.com/2017/10/05/us/harvey-weinstein-harassment-allegations.html

8 Bret Stephens, »When #MeToo Goes Too Far«, *New York Times*, 20. Dezember 2017, https://www.nytimes.com/2017/12/20/opinion/metoo-damon-too-far.html

9 »Working Relationships in the #MeToo Era«, *Lean In*, https://leanin.org/sexual-harassment-backlash-survey-results

10 Abigail Abrams, »Here's How Conservatives Are Using Civil Rights Law to Restrict Abortion«, *Time*, 1. Januar 2020, https://time.com/5753300/heartbeat-bill-civil-rights-law/

11 Eric Levenson, »Abortion laws in the US: Here are the states pushing to restrict access«, *CNN*, 30. Mai 2019, https://edition.cnn.com/2019/05/16/politics/states-abortion-laws/index.html Siehe auch: Hannah Gold und Claire Lampen, »Every State That's Tried to Ban Abortion Over the Coronavirus«, *The Cut*, 14. April 2020, https://www.thecut.com/2020/04/every-state-thats-tried-to-ban-abortion-over-coronavirus.html

12 Elizabeth Dias, Rebecca R. Ruiz und Sharon LaFraniere, »Rooted in Faith, Amy Coney Barrett Represents a New Conservatism«, *New York Times*, 11. Oktober 2020, https://www.nytimes.com/2020/10/11/us/politics/amy-coney-barrett-life-career-family.html

13 Amanda Hess, »›I Feel Pretty‹ and the Rise of Beauty-Standard Denialism«, *New York Times*, 2018.

14 »Women Now Empowered By Everything A Woman Does«, *The Onion*, 19. Februar 2003, https://www.theonion.com/women-now-empowered-by-everything-a-woman-does-1819566746

15 Sarah Young, »Average British Woman Spends £70,000 on Her Appearance in a Lifetime, Research Finds«, *The Independent*, 10. März 2017, https://www.independent.co.uk/life-style/fashion/average-british-woman-spend-ps70000-appearance-lifetime-cosmetics-beauty-products-groupon-uk a7623201.html

16 »My Morning Routine by Gwyneth Paltrow«, *Goop*, https://goop.com/beauty/skin/gwyneth-paltrow-morning-routine/

17 Adriana Samper, Linyun W. Yang und Michelle Daniels, »How Beauty Work Affects Judgments of Moral Character and Consumer Preferences«, 2018, http://www.adrianasamper.com/uploads/1/0/8/2/108263827/beauty_work_full_document_-_cond_accepted_jcr.pdf

18 Amanda Mull, »The Best Skin-Care Trick Is Being Rich«, 3. Januar 2019, https://www.theatlantic.com/health/archive/2019/01/skin-care-secret-wealth/579337/

19 »Alicia Keys: Time to Uncover«, *Lenny*, 31. Mai 2016, https://www.lennyletter.com/story/alicia-keys-time-to-uncover

20 Jane Larkworthy, »Meet the Woman Behind Alicia Keys' No Makeup Look and Glowing Complexion«, *W Magazine*, 5. Oktober 2016, https://www.wmagazine.com/story/alicia-keys-no-makeup-glowing-complexion-secrets/

21 Office for National Statistics, »Women shoulder the responsibility of ›unpaid work‹«, GOV.UK, 10. November 2016, https://www.ons.gov.uk/employmentandlabourmarket/peopleinwork/earningsandworkinghours/articles/womenshouldertheresponsibilityofunpaidwork/2016-11-10

22 Anne Helen Petersen, »that unsolvable lack«, 30. Juli 2018, https://tinyletter.com/annehelenpetersen/letters/that-unsolvable-lack-1

23 Nicole Phelps, »›We're Nobody's Third Love, We're Their First Love‹ – The Architects of the Victoria's Secret Fashion Show Are

Still Banking on Bombshells«, *Vogue*, 8. November 2018, https://www.vogue.com/article/victorias-secret-ed-razek-monica-mitro-interview

24 Mary Hanbury, »The Victoria's Secret Fashion Show saw a big drop in viewership in wake of exec's controversial comments about transgender models«, *Business Insider*, 3. Dezember 2018, https://www.businessinsider.com/victorias-secret-fashion-show-2018-viewership-drops-2018-12

25 Samantha Reed, »Wellness Industry Reaches $ 4.2 Trillion Economy«, *American spa*, 8. Oktober 2018, https://www.american-spa.com/news/wellness-industry-reaches-42-trillion-economy

26 Rachel Lubitz, »This New Campaign Features Models With Pubic Hair – & It's About Time«, *Refinery29*, 26. Juni 2019, https://www.refinery29.com/en-gb/2019/06/236377/billie-razors-pubic-hair-campaign

27 Thom Waite, »Jameela Jamil says Kim Kardashian is a ›double agent for the patriarchy‹«, *Dazed Digital*, 2. September 2018, https://www.dazeddigital.com/life-culture/article/41183/1/jameela-jamil-kim-kardashian-double-agent-patriarchy-diet-appetite-suppressants

28 »Kim Kardashian called ›toxic‹ for advertising diet lollipop«, *BBC News*, 16. Mai 2018, https://www.bbc.co.uk/news/newsbeat-44137700

29 Amanda Hess, »›I Feel Pretty‹ and the Rise of Beauty-Standard Denialism«, *New York Times*, 2018.

Kapitel 7: Unsichtbare Arbeit

1 »Care Work and Care Jobs for the Future of Decent Work«, *International Labour Organisation*, https://www.ilo.org/wcmsp5/groups/public/---dgreports/---dcomm/---publ/documents/publication/wcms_633135.pdf

2 Jennifer Schaffer, »The Wife Glitch«, *The Baffler*, April 2020, https://thebaffler.com/outbursts/the-wife-glitch-schaffer

3 Gemma Hartley, »Women Aren't Nags – We're Just Fed Up«,

Harper's Bazaar, 27. September 2017, https://www.harpersbazaar.com/culture/ features/a12063822/emotional-labor-gender-equality/

4 Leah Fessler, »An extremely clear definition of emotional labor for anyone who still doesn't get it«, *Quartz*, 24. Mai 2018, https://qz.com/work/1286996/an-extremely-clear-definition-of-emotional-labor-from-adam-grants-podcast/

5 Institute for Practitioners in Advertising (IPA) Agency Census 2018.

6 Linda Babcock, Maria P. Recalde und Lise Vesterlund, »Why Women Volunteer for Tasks That Don't Lead to Promotions«, *Harvard Business Review*, 16. Juli 2018, https://hbr.org/2018/07/why-women-volunteer-for-tasks-that-dont-lead-to-promotions

7 Joan C. Williams, Su Li, Roberta Rincon und Peter Finn, »Climate control: gender and racial bias in engineering?«, Centre for Work Life Law & Society of Women Engineers, 2016, https://worklifelaw.org/publications/Climate-Control-Gender-And-Racial-Bias-In-Engineering.pdf

8 Linda Babcock, Maria P. Recalde, Lise Vesterlund und Laurie Weingart, »Gender Differences in Accepting and Receiving Requests for Tasks with Low Promotability«, *American Economic Review* (107:3), 2017, http://www.pitt.edu/~vester/aer_promotability.pdf

9 M. E. Heilman und J. J. Chen, »Same Behavior, Different Consequences: Reactions to Men's and Women's Altruistic Citizenship Behavior«, *Journal of Applied Psychology*, (90:3), S. 431–441, 2005, https://psycnet.apa.org/record/2005-05102-002

10 Office for National Statistics (ONS), »Women shoulder the responsibility of ›unpaid work‹«, 10. November 2016, https://www.ons.gov.uk/employmentandlabourmarket/peopleinwork/earningsandworkinghours/articles/womenshoulderthere sponsibilityofunpaidwork/2016-11-10

11 Eine ONS-Studie besagt, dass der durchschnittliche Mann 166,63 £ pro Woche mehr verdienen würde, wenn seine unbezahlte Arbeit bezahlt würde, die durchschnittliche Frau hingegen

259,63 £ mehr. 259,63 £ × 52 = 13 500,76 £ (wenn ich hier von »Haushaltsarbeit« spreche, schließe ich damit auch die Kinderbetreuung ein, wie es das ONS tut).

12 Claire Cain Miller, »A ›Generationally Perpetuated‹ Pattern: Daughters Do More Chores«, *The New York Times*, 8. August 2018, https://www.nytimes.com/2018/08/08/upshot/chores-girls-research-social-science.html

13 Aus dem satirischen Essay der Feministin Judy Brady, »I Want A Wife«, veröffentlicht in der ersten Ausgabe der Zeitschrift *Ms. magazine*, 1972, http://www.columbia.edu/~sss31/rainbow/wife.html

14 Jennifer Petriglieri, »What I Learned About Equal Partnership by Studying Dual-Income Couples«, *The Atlantic*, 13. Oktober 2019, https://www.theatlantic.com/family/archive/2019/10/how-dual-income-couples-find-balance-love-and-work/599938/

15 Kathryn J. Lively, L. Steelman und B. Powell, »Equity, Emotion, and Household Division of Labor Response«, *Social Psychology Quarterly*, 2010, https://www.semanticscholar.org/paper/Equity%2C-Emotion%2C-and-Household-Division-of-Labor-Lively-Steelman/6f65eb74f7709ce52e099cb1300d0d84759608c5

Kapitel 8: Der Tod des Girlboss

1 Yelena Shuster, »NastyGal Founder Sophia Amoruso On How To Become A #GirlBoss«, *Elle*, 5. Mai 2014, https://www.elle.com/ culture/career-politics/a12716/nastygal-sophia-amorusa-girl-boss/

2 Kate Clark, »New media investment firm Attention Capital acquires Girlboss«, *Tech Crunch*, 17. Dezember 2017, https://techcrunch.com/2019/12/17/new-media-investment-firm-attention-capital-acquires-girlboss/

3 Chloe Jepps, »Self-Employment in the Modern Economy in 2018«, *IPSE*, 3. Mai 2019, https://www.ipse.co.uk/resource/self-employment-in-the-modern-economy.html

4 Bärí A. Williams, »The Tech Industry's Missed Opportunity: Funding Black Women Founders«, *Fast Company*, 25. Mai 2017,

https://www.fastcompany.com/40422830/why-the-tech-industry-is-hurting-itself-by-not-funding-black-women-founders

5 The Broad Experience, Episode 27: »Rise of the well-paid woman«, 6. Oktober 2013, http://www.thebroadexperience.com/listen/2013/10/6/episode-27-rise-of-the-well-paid-woman.html

6 Erin Durkin, »Michelle Obama on ›leaning in‹: ›Sometimes that shit doesn't work‹«, *The Guardian*, 3. Dezember 2018, https://www.theguardian.com/us-news/2018/dec/03/michelle-obama-lean-in-sheryl-sandberg

7 Ann E. Cudd und Nancy Holmstrom: *Capitalism, For and Against: A Feminist Debate*, 2011, S. 137.

8 Andi Zeisler, *Wir waren doch mal Feministinnen*, 2017.

9 The Wing auf Twitter: https://twitter.com/the_wing/status/1135534349238112257?s=20

10 Chrunchbase über The Wing, https://www.crunchbase.com/organization/the-wing

11 Gillian Tan, »WeWork Is Weighing the Sale of Its Stake in the Wing«, *Bloomberg*, 1. Oktober 2019, https://www.bloomberg.com/news/articles/2019-10-01/wework-is-said-to-be-weighing-the-sale-of-its-stake-in-the-wing

12 The Wing auf Instagram: https://www.instagram.com/p/BouKsOnlk6v/

13 Linda Kinstler, »The Wing: how an exclusive women's club sparked a thousand arguments«, *The Guardian*, 18. Oktober 2019, https://www.theguardian.com/world/2019/oct/18/the-wing-how-an-exclusive-womens-club-sparked-a-thousand-arguments

14 Amanda Hess, »The Wing Is a Women's Utopia. Unless You Work There«, *The New York Times Magazine*, 17. März 2020, https://www.nytimes.com/2020/03/17/magazine/the-wing.html

15 Ebd.

16 Ebd.

17 Lauren Duca, »Donald Trump Is Gaslighting America«, *Teen*

Vogue, 10. Dezember 2016, https://www.teenvogue.com/story/donald-trump-is-gaslighting-america

18 Anna Merlan, »Lawsuit: Nasty Gal's #GIRLBOSS Fired Employees For Getting Pregnant«, *Jezebel*, 9. Juni 2018, https://jezebel.com/lawsuit-nastygals-girlboss-fired-all-her-pregnant-emp-1710042755

19 Rachel Zarrell und Stephanie McNeal, »Nasty Gal Employees Describe The Company Environment As ›Toxic‹ After New Lawsuit«, *Buzzfeed*, 10. Juni 2015, https://www.buzzfeednews.com/article/rachelzarrell/nasty-gal-a-horrible-place-to-work-if-youre-pregnant Außerdem: Anna Merlan, »After Months of Reported Dysfunction, Nasty Gal Lays Off 19 Employees«, *Jezebel*, 4. Februar 2016, https://jezebel.com/after-months-of-reported-dysfunction-nasty-gal-lays-of-1757169251

20 Noreen Malone, ›Sexual-Harassment Claims Against a »She-E. O.‹«, *The CUT*, https://www.thecut.com/2017/03/thinx-employee-accuses-miki-agrawal-of-sexual-harassment.html

21 Zoe Schiffer, »Emotional Baggage«, *The Verge*, 5. Dezember 2019, https://www.theverge.com/2019/12/5/20995453/away-luggage-ceo-steph-korey-toxic-work-environment-travel-inclusion

22 Rose Minutaglio, »Audrey Gelman Resigned As CEO Of The Wing, But Employees Say It's ›Not Enough‹«, *Elle*, 11. Juni 2020, https://www.elle.com/culture/a32841010/audrey-gelman-wing-resigned/

23 Sam Levin, »Uber's scandals, blunders and PR disasters: the full list«, *The Guardian*, 28. Juni 2017, https://www.theguardian.com/technology/2017/jun/18/uber-travis-kalanick-scandal-pr-disaster-timeline

24 Gloria Steinem, »Sex, Lies & Advertising«, *Ms. magazine*, 1972, http://www1.udel.edu/comm245/readings/advertising.pdf

Kapitel 9: Zeit des »Rumspringa«

1 *Journal of Financial Planning*, https://www.financialplanningassociation.org/learn/journal

2 Mona Chalabi, »Money dysmorphia: why I can't let myself have nice Things«, *The Guardian*, 21. März 2019, https://www.theguardian.com/money/2019/mar/21/money-dysmorphia-cant-let-myself-have-nice-things

3 Cara Feinberg, »The Science of Scarcity«, *Harvard Magazine*, Mai 2015, https://harvardmagazine.com/2015/05/the-science-of-scarcity

4 Hua Hsu, »How Can We Pay for Creativity in the Digital Age?«, *The New Yorker*, 7. September 2020, https://www.newyorker.com/magazine/2020/09/14/how-can-we-pay-for-creativity-in-the-digital-age

5 Tavi Gevinson, »Editor's Letter«, *Rookie*, 30. November 2018, https://www.rookiemag.com/2018/11/editors-letter-86/

6 Naomi Klein, »No Logo at 20: have we lost the battle against the total branding of our lives?«, *The Guardian*, 11. August 2019, https://www.theguardian.com/books/2019/aug/11/no-logo-naomi-klein-20-years-on-interview

7 Allegra Hobbs und Josh Kramer, »The Writer as Influencer«, Study Hall, 10. Oktober 2019, https://www.patreon.com/posts/writeras-30653019

Kapitel 10: Ein Zimmer für sich allein

1 Ellen Scott, »Housing issues are making people's mental health worse«, *Metro*, 2. Mai 2018, https://metro.co.uk/2018/05/02/housing-issues-making-peoples-mental-health-worse-7514176/

2 John Bibby, »What is ›affordable housing?‹«, *Shelter*, 10. August 2015, https://blog.shelter.org.uk/2015/08/what-is-affordable-housing/

3 Rob Merrick, »Home ownership now out of reach for most young people, study finds«, *Independent*, 27. März 2017, https://www.independent.co.uk/news/uk/politics/home-ownership-young-people-study-alan-milburn-government-a7651126.html

4 Shekina Tuahene, »Half of first-time buyers under 35 funded

by Bank of Mum and Dad«, *YourMoney*, 10. Dezember 2020, https://www.yourmoney.com/mortgages/half-of-first-time-buyers-under-35-funded-by-bank-of-mum-and-dad/?ac=10&as=127&ag=131

5 »Bank of mum and dad ›one of UK's biggest mortgage lenders‹«, *BBC News*, 27. August 2019, https://www.bbc.com/news/business-49477404

6 Office for National Statistics (ONS), »UK House Price Index: November 2020«, GOV.UK, https://www.ons.gov.uk/economy/inflationandpriceindices/bulletins/housepriceindex/november2020

7 Eric J. Schoenberg, »When too much is not enough: Inherited wealth and the psychological meaning of money«, Columbia University, https://www0.gsb.columbia.edu/mygsb/faculty/research/pubfiles/2669/Too%20much%20not%20enough.pdf

8 Ministry of Housing, Communities and Local Government, »English Housing Survey Headline Report, 2018-19«, GOV.UK, https://assets.publishing.service.gov.uk/government/uploads/system/uploads/attachment_data/file/860076/2018-19_EHS_Headline_Report.pdf

9 Lisa Adkins und Martijn Konings, »Inheritance, not work, has become the main route to middle-class home ownership«, *The Guardian*, 9. November 2020, https://www.theguardian.com/commentisfree/2020/nov/09/inheritance-work-middle-class-home-ownership-cost-of-housing-wages

10 »Rise of the stay-at-home generation«, *Financial Times*, https://www.ft.com/content/14c503b6-2a25-11e9-88a4-c32129756dd8

11 Ministry of Housing, Communities and Local Government, »English Housing Survey Headline Report, 2018-19«, GOV.UK, https://assets.publishing.service.gov.uk/government/uploads/system/uploads/attachment_data/file/860076/2018-19_EHS_Headline_Report.pdf

12 »Women ›home alone‹«, *BBC News*, 29. November 2002, http://news.bbc.co.uk/1/hi/business/2525561.stm

13 Sara Reis, »A home of her own«, Women's Budget Group, Juli 2019, https://wbg.org.uk/wp-content/uploads/2019/07/WBG19-Housing-report-exec-sum-digital.pdf

14 »Up to a third of millennials face renting from cradle to grave«, Resolution Foundation, 17. April 2018, https://www.resolutionfoundation.org/press-releases/up-to-a-third-of-millennials-face-renting-from-cradle-to-grave/

15 Amelia Hill, »UK's renting millennials face homelessness crisis when they retire«, *The Guardian*, 17. Juli 2019, https://www.theguardian.com/society/2019/jul/17/renting-millennials-homelessness-crisis-retire

16 Ministry of Housing, Communities and Local Government, »Home ownership«, GOV.UK, 4. Februar 2020, https://www.ethnicity-facts-figures.service.gov.uk/housing/owning-and-renting/home-ownership/latest#by-ethnicity

17 Virginia Woolf, *Ein Zimmer für sich allein*, 2012, S. 6.

Kapitel 11: Nach Hause kommen

1 Siehe z. B.: Hannes Schwandt, »Recession Graduates: The Long-lasting Effects of an Unlucky Draw«, Stanford Institute for Economic Policy Research, April 2019, https://siepr.stanford.edu/publications/policy-brief/recession-graduates-long-lasting-effects-unlucky-draw und »The Career Effects Of Graduating In A Recession«, National Bureau of Economic Research, 11. November 2006, https://www.nber.org/digest/nov06/career-effects-graduating-recession

2 Claudia Hupkau und Barbara Petrongolo, »Work, care and gender during the Covid-19 crisis«, Center for Economic Performance, Mai 2020, https://cep.lse.ac.uk/pubs/download/cepcovid-19-002.pdf

3 Robert Joyce und Xiaowei Xu, »Sector shutdowns during the corona virus crisis: which workers are most exposed?«, Institute for Fiscal Studies, 6. April 2020, https://www.ifs.org.uk/publica tions/14791

4 Laura Whateley, »From furlough to tax relief: how women's

pensions will be affected by coronavirus for decades to come«, *i news*, 11. Juni 2020, https://inews.co.uk/opinion/pensions-coronavirus-women-furlough-tax-relief-effects-explained-434486

5 Donna Ferguson, »›I feel like a 1950s housewife‹: how-lockdown has exposed the gender divide«, *The Guardian*, 3. Mai 2020, https://www.theguardian.com/world/2020/may/03/i-feel-like-a-1950s-housewife-how-lockdown-has-exposed-the-gender-divide

6 Claire Cain Miller, »Nearly Half of Men Say They Do Most of the Home Schooling. 3 Percent of Women Agree«, *The New York Times*, 6. Mai 2020, https://www.nytimes.com/2020/05/06/upshot/pandemic-chores-homeschooling-gender.html

7 Public Health England, »Disparities in the risk and outcomes of COVID-19«, https://assets.publishing.service.gov.uk/government/uploads/system/uploads/attachment_data/file/908434/Disparities_in_the_risk_and_outcomes_of_COVID_August_2020_update.pdf

8 Rianna Croxford, »Coronavirus: Black African deaths three times higher than white Britons – study«, *BBC News*, 1. Mai 2020, https://www.bbc.co.uk/news/uk-52492662

9 Marianna Hunt, »In charts: how coronavirus is worsening Britain's racial wealth gap«, *The Telegraph*, 18. Juni 2020, https://www.telegraph.co.uk/money/consumer-affairs/charts-coronavirus-worsening-britains-racial-wealth-gap/

10 Lee Elliot Major und Stephen Machin, »How to stop UK's declining social mobility amid COVID-19«, LSE, 17. Juli 2020, https://blogs.lse.ac.uk/covid19/2020/07/17/how-to-stop-uks-declining-social-mobility-amid-covid-19/

Anmerkung zur Übersetzung

Begriffe, die im Deutschen keine nichtrassistische Entsprechung haben beziehungsweise den ursprünglichen Kontext nicht hinreichend wiedergeben, werden englisch belassen. Wo nicht anders vermerkt, wurden die im Buch vorkommenden Zitate aus Artikeln und Büchern von Yezenia León Mezu übersetzt.